성과관리의
기술

The Art of Performance Management

성과관리의
기술

이현 지음

이담
Books

서문

저자로서 이 책을 누가 읽어야 되는가에 대해 먼저 알리는 것이 독자에게 도움이 될 것 같다. 만약 여러분이 직원을 한 번이라도 평가해 본 관리자라면 반드시 이 책을 읽으면 좋겠다. 분명 이 책은 팀장급 이상 경영관리자에게 도움이 될 것이다. 그리고 성과관리에 관여한 주관부서 직원들에게 반드시 이 책을 읽기를 권한다. 왜냐하면 이러한 독자들은 분명 그간 성과관리와 관련된 책들을 읽어 보았거나 조직에서 효과적인 성과관리를 어떻게 운영하여야 할지 고민을 하였기에 이 책에서 소개된 내용을 공감할 수 있으리라 생각하기 때문이다. 그리고 이들 고민은 바로 필자가 컨설팅이나 교육을 하면서 느낀 것이고, 그것에 대해 어떤 새로운 대안을 제시하여 조직의 성과를 관리하는 데 도움을 줄 수 있을까란 측면에서 이 책을 쓰기 시작하였기 때문이다. 시중에서 인사평가시스템이나 BSC(Balanced Scorecard)를 기반으로 한 성과관리 관련 책들이 여럿 발간되어 있지만 이러한 책을 읽으면 읽을수록 몇 가지 아쉽게 느껴진 점이 있어 현장의 고민에 대해 필자의 생각을 알려야겠다고 생각했다.

첫째, 이 책들은 대부분 번역된 책이어서 당연히 한국기업이 성과관리를 운영하면서 나타나는 주요 이슈와 연결하여 대안을 설명하는 데 부족하다. 또한 그러한 애로점을 짚어 내는 국내 저자들의 책들이 적다. 독자들이 이러한 번역된 책을 읽으면 저자들의 의도나 개념은 이해할 것이나 이것들을 현재 조직의 경영관리와 유추하여 생각하게 되고, 어떻게 현실과 연결하여 적용할지를 이해하는 데 어려움을 느낄 것으로 생각된다.

둘째, 성과관리를 팀 단위에서 이루어지는 범위에 한정하여 다룬 점이다. 물론 BSC(Balanced Scorecard)와 관련된 책들은 조직의 전략부터 운영까지의 성과관리를 다루고 있다. 하지만 대부분 성과관리를 다루는 책들은 팀장과 팀원의 목표설정, 실행, 평가와 피드백의 프로세스에서 중요 관리방안을 제시하거나, 기존 팀 단위에서 운영하던 목표관리(MBO: Management By Objectives)의 단점에 대해 대안을 제시하는 데 그칠 뿐 성과관리 접근을 조직 수준에서 개인까지 통합적으로 다루지 못하고 있다. 그러다 보니 궁극적으로 조직의 전체 목표가 어떻게 수립되고 조직적으로 정렬을 거쳐 하위로 전개하며, 전체적인 협력적 해결과 하위조직 내에서의 해결을 시스템적으로 명쾌하게 설명하지 못하는 경우가 많다.

셋째, 궁극적으로 조직의 성과관리는 사람의 실행력에 따라 성공이 달려 있다고 해도 과언이 아니다. 하지만 조직을 근간으로 성과관리를 바라보는 책들과 개인의 차원에서 성과관리를 위해 제언을 위주로 한 책들이 극명하게 갈려 있어 서로가 잘 연결되지 못하고 있다. 예로 비전을 근간으로 무슨 일을 어떻게 해야 한다는 일 중심의 성과관리와 개인의 성공이나 자기관리 차원에서 꿈을 그리고 이를 달성해 나가는 성과관리가 양분되어 있다.

이와 같이 성과관리를 운영하는 데 있어 기업의 경영관리자들은 여러 알려진 성과관리 운영방식을 종합적으로 이해하는데 산만할 수 있다. 따라서 이 책은 성과관리를 조직이나 개인관점, 일과 사람 관점을 종합적으로 이해하는 데 도움이 될 것이다.

사실 성과관리를 논하는 것은 그 범위가 방대하고 기업마다 다양하여 난해할 수밖에 없다. 왜냐하면 성과관리는 곧 경영활동 그 자체이기 때문이다. 기업은 마땅히 자신이 이루어야 할 성과가 존재하고, 이것의 실현을 위해 관리하지 않으면 안 된다. 그렇기 때문에 '성과관리를 이렇게 하는 것이 정답이다'라고 이야기하는 것은 무모하다. 따라서 본 책에서는 성과관리를 경영의 원칙에서 바라보았다. 이를 위해 경영에서 다루어지는 중요한 여섯 가지 요인(고객가치 창조, 시스템, 전략, 변화, 문화, 사람)으로 바라보았다. 경영학에서 연구되어 온 보편타당한 이론을 바탕으로 성과관리를 바라봄으로써 그 타당성을 가지고 성과관리의 오류를 이해하고 그 대안을 제시하고자 노력하였다. 이것들은 필자가 여러 기업현장에서 보고, 듣고, 느낀 사례를 기초로 작성하였다. 한 기업의 사례로는 보편성을 확보할 수 없기 때문이다. 이 와중에서 대중이 어려워하는 경영이론을 어떻게 기술할지 고민이었다. 경영학을 공부한 필자로서도 독자들이 알기 쉬우면서 압축된 말을 전달하기란 여간 녹록지 않았다. 필자의 한계가 여실히 드러나는 대목이다. 하지만 안간힘을 써서 노력하지 않을 수 없었다. 왜냐하면 성과관리는 조직을 경영하는 데 중심이 되는 관리수단이라 경영이론의 원칙을 근간으로 성과관리와 연결해 설명하고자 하는 욕구가 컸기 때문이다. 그래도 부족하다 싶어 각 여섯 가지 요인마다 관련 사례를 소개하였다.

필자는 조직이 올바른 성과관리를 운영할 수 있기를 바라는 마음에서 될 수 있으면 현장의 오류와 대안을 종합적으로 파악하고 기술하고자 하였다. 하지만 더 중요한 점을 놓칠 수도 있고 필자의 생각이 잘못될 수도 있을 것이다. 그러한 점이 있다면 필자에게 즉각 지도편달을 부탁드리고 싶다. 필자는 우리나라의 성과관리가 외국에 우수사례로 소개될 정도로 지속적으로 발전하는 데 일조하고자 하는 사명을 갖고 있다. 그리고 이 기회를 빌려 그러한 노력의 결과를 독자들과 계속적으로 공유하기를 바라는 마음을 전하고 싶다.

아이앤씨컨설팅 연구실에서
이현

차례

Q&A

제1장

들어가며

본 책의 목적은 기업이 경영을 하면서 어떻게 하면 성과(performance)를 제대로 관리할 수 있을까란 의문에서 출발하였다. 이를 본격적으로 논하기 위해서는 경영(management)부터 알아야 할 필요가 있다. 기업은 사업을 하는 곳이다. 사업을 하려면 경영이 필요하다. 경영은 궁극적으로 바라는 성과를 이루어 내려고 사람들이 모여 일을 해내는 조직을 만드는 것이다. 여기서 핵심은 개인이 성과를 내는 것이 아니라 조직이 성과를 내야 한다. 따라서 조직이 수행하는 사업에 맞게 수많은 직무가 만들어지고 거기에 배치되는 사람들의 역할과 책임이 정해지며, 이들이 달성해야 할 도전적인 목표가 설정되고, 이를 잘 이행했는가를 측정하며 피드백이 이루어진다. 더욱이 참여한 사람들이 팀워크를 이루어 전체성과를 달성하기 위해 끊임없는 개선을 해야 하는 등 개인이 성과를 내는 것과는 다른 모습이다. 그래서 어려운 것이 경영이다. 또한 기업은 이전의 경영환경과는 다르게 환경의 다양성과 빠른 속도의 변동에 대응하여 점점 더 도전적이고 역동적인 활동을 통해 성과를 이루어 내지 않으면 안 된다. 하지만 성과를 내기 위한 경영은 말처럼 그리 쉽지 않다. 실상 지금도 수많은 기업들은 성과를 내기 위한 고민에 빠져 있다. 그리고 한번 이루어 낸 성과는 좀처럼 지속적이지 않다.

그렇다면 기업은 왜 성과에 대해 그토록 어려워하며 어떻게 다루어야 한단 말인가? 이 질문은 다음 장부터 본격적으로 다루겠지만, 본 논의를 위해 먼저 경영의 본질을 되짚어 보고자 한다. 경영의 전체적인 모습을 이해하기 위해 <그림 1-1>을 참조해 주기 바란다. 필자의 견지로는 기업들이 지속적인 성과를 내기 위한 시스템을 갖추기 위해 노력하지만 그보다 먼저 기업경영의 목적을 분명히 정의하지 못하고 있다. 기업이 궁극적으로 무슨 성과를 내어야 하는지 그리고 어떻게 성과를 이루어 낼 것인지를 판단하는 기준이 되는 것이 바로 "고객의 가치창조"이다. 많은 기업의 미션(mission)에도 나타나 있듯이 우리의 고객은 누구이고 어떤 가치를 필요로 하는가에 대한 진정 중요한 검토를 하지 못하고 있다. 또한 그것이 경영자의 가장 중요한 사명임에도 불구하고 명확하게 밝히지 못하는 경향이 있다. 목표를 설정하고 이를 달성하고자 하는 과제를 도출하며 이것이 제대로 달성되었는지를 측정하고 문제점을 개선하는 일은 이후의 일이다. 이러한 부재 속에서 기업들은 성과를 제대로 내기 위해 평가시스템 구축에 열중한다. 기업 구성원들이 진정 가고자 하는 방향을 정하지 않고, 즉 왜 하는지가 불분명하면서 무엇을 어떻게 할 것인지를 정하는 데 열중하고 있다.

이렇듯 '가치'란 '성과'보다 더 넓은 의미를 포함한다. 궁극적으로 달성해야 할 목표, 궁극적으로 도달하고자 하는 그곳, 그 방향성을 분명히 하고, 조직구성원들이 일해야 하는 이유를 분명히 밝혀 주는 것이 "고객의 가치창조"이다. 그리고 이를 사업으로 실현시키는 것이

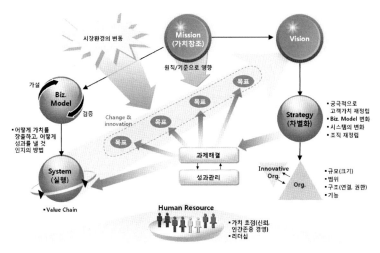

<그림 1-1> 경영의 개요

"시스템"이다. 즉 이 시스템은 기업이 가치창조를 위해 무엇을 만들고 어떻게 팔 것인가에 대한 방법을 담아 실현하는 실체이다. 또한 기업은 고객의 가치를 창조한다는 개념을 통찰하여 담아낸 시스템을 통해 기업은 원하는 "목표"를 달성한다. 그러나 이러한 목표 달성을 방해하는 것이 바로 시장의 경쟁자들이다. 따라서 이들 경쟁자들보다 우위의 "전략"이 필요하다. 한마디로 전략은 남들과 다르게 잘할 수 있는 차별적인 방법이다. 또한 이러한 전략에 맞게 "조직"이 정렬되어야 한다. 전략에 맞는 조직의 규모, 범위, 구조, 기능 등이 적합하게 구축되어야 한다. 물론 전략은 고객과 시장의 선택을 바꿀 수 있고 더 나아가 어떤 가치를 창조할 것인지를 새롭게 선택할 수 있으며, 이에 대한 제품과 서비스를 만들어 내는 시스템을 새롭게 제시할 수 있다. 이렇게 전략이 다루는 범위는 굉장히 광범위하다.

이렇듯 경영에서 성과를 논하기 이전에 다루어야 할 것이 바로 "올바른 전략적 방향"이다. 이것을 경영계획이라 밀해도 좋고 사업진략이라고 해도 좋다. 이제 이것을 실행에 옮겨야 한다. 이때 제대로 된 어떤 행위를 통해 성과를 내어야 한다. 기업이 제대로 된 행위를 하기 위해 무엇을 할 것인지를 결정해야 하는 것이다. 이것이 목표(objectives)이다. 즉 이러한 목표들은 기업이 미션, 비전을 실현하려고 할 때 무엇을 제대로 해야 하는지를 알려 주는 역할을 한다. 따라서 목표는 일반적으로 일을 추진하고 난 결과나 실적과는 의미가 다르다. 진정 미션과 비전을 실현하기 위한 핵심성공요소인 것이다. 또한 성과는 제대로 된 목표가 달성되었을 때 얻어지는 것이다. 이때 목표는 정해진 답이 없다. 각각의 경영상황에 따라 혹은 경영책임자의 해석에 따라 달라질 수 있다. 지금까지 성공적이었던 목표도 언젠가는 변경될 수 있다. 이처럼 올바른 목표를 수립하는 것은 결코 쉽지 않다. 이제 이 목표가 제대로 성과로 이루어졌는지를 알기 위해서 측정해야 한다. 그러기 위해서 목적에 맞는 측정지표를 선택하여야 한다. 이러한 측정지표는 조직전체가 올바른 것을 향해 관련된 행동을 집중할 수 있게 하며, 이것을 달성하기 위해 창의적인 노력을 할 수 있게 하는 가이드가 된다.

하지만 모든 경영상황은 이렇게 정상적으로 운영하게 놔두지 않는다. 시장에서는 고객이나 사회의 요구, 그리고 기술이 변하고 있다. 더구나 경쟁자는 방해와 새로운 힘을 과시한다. 그리하여 기업은 항상 목표달성에 한계를 느낀다. 그래서 기업은 자신의 목적을 추구하면서 새로운 "변화와 혁신"을 시도한다. 이것이 바로 기업의 성장과 발전의 원동력이다. 이러한 혁신과 변화를 성공하기 위한 답은 역시 변동을 불러일으킨 진원지에서 찾을 수 있다. 바로 "고객의 가치창조"로 되돌아가서 생각해 보는 것이다. 그리고 가장 중요한 일에 자원을 배분하는 의사결정이 필요하다. 진정한 성과를 내기 위해서는 어디에 자원을 집중할 것인지에 현명해야 한다. 여기서 집중한다는 것은 덜 중요한 것을 포기한다는 의미이기도 하다. 이러한 선택과 집중의 개념은 성과를 내기 위한 실행에서 가장 중요한 핵심원리라 하겠다.

물론 "실행"을 위한 모든 행위의 기준은 "고객의 가치 창조"에 있다. 그리고 이 모든 행위는 "사람"을 통해 성과로 전환된다. 성과는 사람들의 능력, 협력 등의 기여를 통해 이루어진다. 문제는 각 개성을 가진 사람들이 지속적인 성과를 내도록 통합해 내는 것이다. 여기서 기업문화의 핵심가치(구성원이 가지고 있는 공통적 신념)가 강력한 힘을 발휘한다. 리더들이 명심해야 할 것은 이러한 핵심가치를 지속적으로 실천할 수 있도록 리더십을 발휘해야 한다는 것이다. 그래야 구성원들이 보내는 신뢰가 생기고 이것이 조직의 힘이 된다. 그리고 경영의 가장 근원적인 사람의 존중 위에서 성과를 내어야 한다. 예를 들면 적합한 사람을 채용하고 적절한 업무에 배치하는 일, 그들 자신의 성장을 위해 지원하는 일, 자신이 하고 싶은 일에 만족하고 몰입하는 것을 통해 사람들이 스스로 동기부여하고 성과에 기여할 수 있도록 해야 한다.

지금까지 올바른 '전략적 방향'을 세우고 '실행'하는 경영의 본질을 간략하게 되짚어 보았다. 필자는, 기업이 성과내기를 어려워하는 것은 바로 경영적 차원에서 성과관리를 들여다보지 못했기 때문이라 본다. 본론에서 알아보겠지만 미시적 차원에서의 성과관리가 원인이 되었다고 생각한다. 좀 더 거시적 차원에서 성과관리를 보는 눈이 필요하다. 이 책에서는 이것을 성과경영이라고 부르고자 한다. 그렇다면 이제 우리가 알아보고지 히는 성과는 무엇이며 성과경영은 무엇인지를 좀 더 분명하게 정의하고 넘어가지 않을 수 없다.

성과란 무엇인가?

성과(成果, *performance*)란 글자 그대로 '이루어 낸 결실'을 말한다. 이것은 마치 농부가 씨를 뿌리고 물을 주고 가꾸어서 수확한 산물(産物)로, 긴 여정을 담고 있다. 영어로도 per(끝까지, 완전히), form(수행하다, 기능하다)이라는 의미이다. 성과의 정의는 다음 몇 가지로 구분될 수 있다.

첫째, 직무수행 수준에서의 성과를 들 수 있다. 교육학이나 행동과학 서적에서는 *performance*를 '수행'이라고 번역한다. 그리고 일반적으로 우리가 아는 '성과'에 해당하는 의미로 accomplishment, achievement(성취, 달성, 실현, 마무리)라는 말을 사용한다. *performance*는 구체적인 성과(accomplishment)를 이루기 위해 어떤 상황 속에서 결과물을 내기 위한 여러 행동이 어우러져야 하는데 이때 각 요소를 구성하는 단위(과제)를 수행한 효과 혹은 전체적으로 잘 조합된 행동들이 미친 효과를 말한다.[1] 이러한 의미로 보면 성과는 어떤 목표를 달성하기 위한 과정(process)에서 이루어진 성과와 결과적인 성과를 모두 의미한다. 간단히 성과를 목표의 달성 정도로 정의할 수 있지만 상황과 시기에 따라 다차원적으로 해석될 수 있다.

둘째, 조직수준에서의 성과를 들 수 있다. 기업은 미션이나 비전을 달성하고 시장에 대응하여 이를 실현하기 위한 전략과 달성할 목표를 수립한다. 이때 성과는 목표 내지 계획대비 결과를 이루어 내는 정도라 할 수 있다. 이러한 성과는 단기성과, 장기성과와 같이 시기적으로 구분하기도 한다.

셋째, 일의 프로세스 차원에서도 성과를 고려해 볼 수 있다. 이때 산출물(output)과 결과물(outcome)로 구분해 볼 수 있다. 산출물은 단지 프로세스가 끝마치면 나오는 것을 말한다. 이때 효율성(efficiency)이 언급되는데, 이는 산출물을 생산하는 데 투입되는 자원 대비 나타나는 정도에 초점이 맞추어져 있다. 반면 결과물은 프로세스의 산출물을 받는 고객이 본래 요구했던 것을 말한다. 따라서 결과물은 고객이 요구하는 수준을 내포하고 있다. 고객만족만큼 중요한 일이 어디 있겠는가? 그래서 성과를 측정하여 지속적으로 개선하기 위해서는 결과물을 더욱 알아보기 쉽게 명확화시켜야 할 필요가 있다. 이때 언급되는 효과성(effectiveness)은 결과물이 고객의 요구 수준에 다다랐는지에 초점이 맞추어져 있다. 따라서 성과측정을 위해서는 산출물보다 결과물을 더욱 강조할 수밖에 없다.

하지만 이 책에서 거론되는 성과(performance)는 상기 기술한 정의도 담고 있지만, 그 접근을 조직적 차원으로 다루고자 한다. 이 책에서 성과란 "고객이 원하는 가치를 제공하기 위하여 옳은 것(right thing)을 정하고 옳은 방식(right way)으로 탁월하게 지속적으로 이루어 내는 것"으로 정의한다. 궁극적으로 기업의 목적은 고객이 원하는 가치를 창조하여 제공하는 것이다. 이를 위하여 올바른 전략 방향을 수립해야 한다. 그리고 동시에 올바른 방법을 찾아서 적용해야 한다. 이둘 중 어느 하나만 만족해서 안 되고 두 가지가 합치되어야 한다. 그래서 나온 결과물은 평범해서는 안 된다. 도전적이지만 달성 가능한 탁월한 것이어야 한다. 그리고 일회성에 그쳐서는 안 된다. 계속해서 이러한 탁월한 결과물을 목적에 맞게 이루어 내어야 한다. 그래서 조직은 고객가치 창조와 제공을 위해서 경영의 중요한 요소들을 자신에 맞게 체계화시키고 지속적으로 개선하여야 한다.

하지만 많은 조직 구성원들은 자신이 옳은 것이라고 믿고 있는 것이 옳지 못할 때가 많다. 혹은 옳지 않은 방식으로 일하면서 옳은 방식으로 일한다고 믿고 있다.

왜 이러한 현상이 일어날까?

피터 드러커가 지적하였듯이 지금껏 기업에 있는 구성원들은 정해진 일을 정확하게 수행하는 것에 역점을 두었다.[2] 우리가 해야 하는 일은 당연히 주어졌고 이것을 달성하는 데 익숙해져 있다. 주어진 결과를 달성하는 데 문제가 발생하면 그것을 바로잡는 것을 성과라고 생각하기 쉽다. 물론 그것도 성과라 할 수 있다. 하지만 주어진 일을 정확히 수행하는 것을 넘어 어떤 것이 올바른 일인가를 고민하고 어떻게 올바르게 실현할 것인지에 대한 조직적인 노력이 동원되면, 수많은 우량기업이 그렇게 했듯이 기업은 새로운 역량을 창조하고 축적한다. 그러나 많은 기업 구성원들은 진정 옳은 것이 무엇인지에 대해 제대로 공감하지 못할 때가 많다. 특히 리더라면 도달할 옳은 점과 그 방향을 정하고 구성원들이 함께 힘을 모을 수 있도록 해야 한다. 그러나 그 과정에서 수많은 역경을 만날 것이다. 이때 어떤 옳은 방식을 적용하고 대처하여 역경을 극복해 갔는가에 따라 조직 성장이 결정된다.

더욱이 성과라는 개념이 변하고 있다. 우리에게 익숙한 대표적인 성과라면 품질, 납기, 원가이다. 그러나 오늘날 기업에서 요구하는 성과는 많이 달라졌다. 예를 들면 환경보호, 윤리준수, 공정한 경쟁, 안전과 위생과 같은 사회적 책임은 이전에 달성해야 하는 성과와 달리 추가적으로 달성해야 하는 성과이다. 한편 그동안 기업이 보유한 역량으로 고객에게 가치를 제공하면서 사업을 수행하나 항상 시장에는 새로운 경쟁자가 등장한다. 그들은 고객에게 또 다른 가치를 정의하면서 시장은 급격하게 변하게 된다. 오늘날 기업의 경영활동의 초점은 참으로 복잡하다. 즉 이전에 초점을 맞추었던 '옳은 것'이 반드시 앞으로 '옳은 것'이 아닐 수 있다. 다시 말하면 '옳다는 것'이 계속 변화시키고 있다. 그래서 기업은 기존의 성과를 지속적으로 유지하면서 개선해야 하고, 또 다른 새로운 옳은 가치를 창조하여 고객에게 제공하는 끝없는 성과창출 여정을 밟아 나가야 한다.

성과경영이란 무엇인가?

앞에서 언급한 것처럼 경영(management)은 개인이 성과를 내는 것이 아니라 '사람들이 모여 일을 통해 성과를 내게 하는 조직을 만드는 것'이다. 따라서 성과경영은 조직이 추구하는 전체 가치를 이끌어내기 위하여 직무를 수행하는 사람의 행동 변화를 기반으로 하여 직무성과를 내게 하는 것과 동시에 조직성과를 내기 위해 종합적이고 체계적인 방법을 동원하는 것을 말한다. 따라서 사람들의 행위를 통해 성과를 이끌어 내고, 이것을 전체적으로 통합하는 것이 중요하다. 반대로 조직성과를 이루기 위해 전체적 성과를 조망하고, 사람들의 행동을 통해 얻어 내려는 성과를 통합적으로 이끌어 내어야 한다.

이렇게 볼 때 성과경영을 결과중심의 관리방식으로 보기는 어렵다. 일반적 기업이 시행하는 성과평가(혹은 인사고과)에서 부각되는 것은 개인의 평가결과로 서열을 매겨 승진발탁에 사용하거나 개인의 성과 수준에 따라 보상을 차등하는 데 활용한다. 그래서 성과경영(혹은 성과관리)라고 하면 결과중심이 강조될 수밖에 없다. 하지만 이 책에서 사용하는 성과경영의 의미는 목표를 달성하는 과정에서 그 핵심성공 요인이 되는 행동을 수행하는 사람을 기반으로 하고 있다. 따라서 성과경영의 핵심은 결과를 지향하지만, 종국적으로는 선행요인이 되는 사람의 행동을 변화하고 성장시키는 데 있다. 이 사람들의 행동이 조직이 지향하는 미션과 비전을 달성하는 데 몰입하면서 자신들의 행동에 즐거움을 느끼도록 해야 하는 것이 중요하다.

조직의 성과는 결국 조직의 역량에 달려 있다. 그것을 구성하는 요소는 사람이며 사람의 역량이 결국 조직의 성과에 영향을 미친다. 단순히 사람들의 역량의 합(合)을 조직역량이라고 볼 수 없다. 하지만 개인의 역량 없이는 조직역량을 논할 수 없다. 피터 드러커가 이야기 했듯이 결국 기업은 사람이다. 중요한 것은 결과의 변화를 일으키는 사람들의 행동을 변화시켜야 하는 것이다.[3] 조직은 참으로 각기 다른 배경과 지식, 인성을 가진 사람들이 모여 형성된다. 각기 다른 사람들의 다양성을 인정하면서 전체적인 힘을 결집시키는 것이 바로 경영의 묘미이다. 여기에 성과경영은 강력한 수단이 된다. 따라서 성과경영은 조직이나 개인이 원하는 것을 달성하게 하는 수단이다. 그 기반은 사람인데 근본적인 성격, 자질까지 변화시킬 수는 없어도 행동의 변화를 통해 조직이 원하는 것을 달성하고자 하는 것이다. 그러므로 근본적으로 성과경영은 사람의 역량 성장을 지향해야 한다.

이를 종합해 보면, 성과경영이란 "① 미션, 비전을 실현하기 위한 전략을 수립하고, ② 이를 달성하기 위해 조직의 수직적 계층과 수평적 기능 간에 시너지가 발휘되도록 목표와 자원을 정렬하며, ③ 각 조직 및 개인에 맞는 합리적인 목표를 설정하고 창의적 방안을 실행하며 그 결과를 평가하고 피드백하여, ④ 개인의 성장을 도모하고 일의 만족을 통해 조직성과를 이끌어 내는 선순환적인 활동"이라고 하겠다.

이 책의 구성

성과경영의 실행은 말처럼 쉽지 않다. 이러한 현상은 아래 <그림 1-2>처럼 파국모형(Catastrophe Model)으로 간단하게 설명할 수 있다.[4] 전략 방향과 실행의 연결(균형)이 제대로 이루어진 기업은 성과를 내기 위한 압력이 높아져도 구성원들의 수용이 부드럽게 이루어진다(A→B). 그러나 연결이 제대로 이루어지지 못한 기업은 성과를 내기 위한 압력이 높으면 구성원들의 수용을 어렵게 만들어서 그 변화를 극복하기 전에 '허상의 공간'이 만들어진다(C→D). 여기서 일시적으로 성과 압력을 줄이기 위한 여러 가지 현상이 일어난다. 여러분들은 이 책에서 이러한 '허상의 공간'을 만나 볼 수 있을 것이다. 또한 이러한 허상의 공간을 유연하게 하는 방법도 알아볼 것이다.

따라서 본 책은 성과를 향상시키기 위해 노력하는 기업이 그토록 성과를 내는 데 어려워하는 원인을 '전략 방향'과 '실행'의 불균형이라고 보고, 이를 극복하기 위해 무엇을 어떻게 해야 하는지를 들여다보고자 한다.

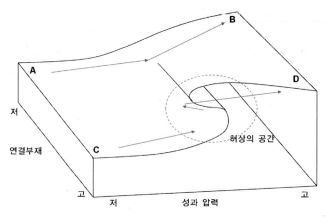

〈그림 1-2〉 성과추구에서의 허상의 공간

이를 들여다보기 위해서는 관점이 필요하다. 우리가 경영을 말하면서 가장 많이 회자(膾炙)되고 있는 경영의 요소들로 <그림 1-3>에서 보는 것처럼 가치창조, 전략, 시스템, 변화, 문화, 사람 관점에서 성과경영을 들여다볼 것이다. 하지만 조직 전체적 입장에서 이들 6가지 관점은 상호 의존적으로 영향을 미치고 있다. 결국 각각의 관점에서 성과관리를 살펴볼 때 던지고자 하는 메시지의 의미가 서로 얽히고설킬 수 있다. 그러나 6가지 관점 각각이 가지고 있는 경영에서의 본질적 의미가 있고 그 의미를 기반으로 성과관리를 바라보고자 했기 때문에 되도록 메시지가 중복되지 않으려 노력했다(이후부터는 성과경영이라는 용어 대신 현행 경영활동에서 일반적으로 사용하는 용어가 성과관리이고 독자들이 쉽게 이해하기 때문에 각 장에서는 성과관리라는 용어를 그대로 사용함. 따라서 각 장에서의 성과관리에 대한 논의수준은 아주 미시적인 사항까지 논의하고자 함).

한편 이 책은 6가지 관점으로 각 장을 구성되어 있고, 아래와 같이 동일한 패턴으로 서술하였다.

- 해당 관점의 경영학적 이해: 각 관점이 왜 중요한지, 어떠한 특성을 가지고 있는지에 대한 경영학적 이해를 도모한다. 그래야만 경영의 입장에서 성과관리를 이해할 수 있는 힘이 생길 것이다.
- 해당 관점의 핵심의미: 경영에서 각 관점이 갖는 근본적 의미를 제시한다.
- 해당 관점이 실행에서 부각되지 않는 예시: 각 관점이 갖는 의미가 경영활동에서 올바르게 적용되어야 하나 그렇지 못한 오류를 살펴본다. 결국 이것이 성과관리의 장애요인이며 '허상의 공간'을 이해할 것이다.
- 해당 관점이 제대로 이행하여 성공적인 성과를 이루어 내거나 실패한 사례: 이는 각 관점을 올바르게 이행하는 것이 성과관리에 직결될 수 있다는 증거가 될 것이다.
- 해당 관점을 성과관리 운영에 적용하기: 해당 관점을 기반으로 성과관리를 볼 때 이슈가 되는 점을 올바르게 운영하기 위한 방법을 찾아 밝혀 본다.

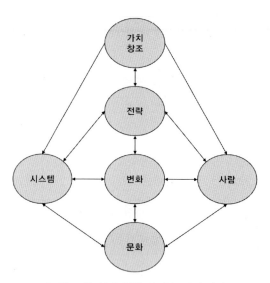

〈그림 1-3〉 성과경영을 살펴볼 6가지 관점

이러한 패턴으로 쓰인 각 장을 간략하게 소개하자면 다음과 같다.

제2장은 '고객가치 창조'가 왜 비즈니스 성공의 판단기준이 되며 기업의 목적이 되는지를 경영의 역사적 발전을 통해 이해한다. 그리고 사례를 통해 기업 목적의 의미를 재인식하고 이것을 경영활동과 연계하여 어떻게 탁월한 성과를 낼 수 있는지를 이해할 수 있다. 성과관리에서 기업의 목적, 즉 미션은 중장기 전략과제를 도출할 때 기반이 되어 올바른 전략과제 도출을 가능하게 해 준다. 또한 기업목적을 향한 경영활동의 반성을 통해 근시안적인 현재의 문제해결에 한정되는 것이 아니라 미래지향적 과제 도출과 해결에 도움을 준다. 이러한 기업 미션은 직무미션과 연계하여 조직의 목적을 지향하는 직무수행을 가능하게 한다. 이것은 결국 고객지향적인 사고의 발휘로 직무차원에서의 고객을 정의하고 고객이 요구하는 가치를 제공하는

활동을 촉진한다. 또한 리더는 기업 미션을 구성원의 일상 활동에서 사고하고 행동하는 판단기준이 되도록 하여 올바른 의사결정을 할 수 있도록 한다.

제3장의 주제인 '시스템'은 기업 경쟁력의 본질이자 실체이다. 따라서 시장과 고객의 요구에 대응하고 고객을 만족시키는 시스템의 능력을 키워야 한다. 또한 전체성, 개방성, 프로세스적 사고, 순환구조, 피드백 등과 같은 시스템의 특성을 살려 성과관리가 제대로 작동될 수 있도록 하여야 한다. 따라서 전사 전략과제의 시너지(synergy)를 위해서 지원부문이나 사업부에서의 정렬(alignment)이 필요하다. 또한 기능횡단적의 과제는 하위로 전개되기보다 별도로 혁신프로젝트 형식으로 운영될 필요가 있다. 그리고 프로세스 성과를 위한 목표달성 책임은 상위리더의 역할이 중요하며 각 프로세스의 단위요소가 협력이 될 수 있도록 목표가 수립되어야 한다. 이러한 수평적 연결도 중요하지만 조직목표와 개인목표가 서로 상호 작용하는 수직적 연결(통합)을 위해서는 리더십이 요구된다. 무엇보다도 이러한 시스템의 능력을 키우기 위해서는 약점을 개선하는 피드백(feedback) 학습과 강점을 미래의 역량으로 발휘하게 하는 피드포워드(feedforward) 학습이 필요하다.

제4장의 주제인 '전략'은 차별화된 방법을 구사하는 것이다. 전략의 일반적 운영과정은 분명한 미션과 비전을 설정하고, 불확실한 상황을 뛰어넘어 이를 달성하기 위해 내외부 환경 정보를 읽고 무엇을 할 것인지를 도출한다. 이것의 실행을 위해 올바른 자원을 선택하고 집중하며, 동시에 구성원의 실행에 대한 의지를 결집시킨다. 더불어 리더는 전반적인 전략의 개발과 실행에서 성과를 이끌어 낼 덕목을 갖추어야 한다. 이러한 실행과정에서 변화하는 상황에 맞게 주기적으

로 전략을 검증하고 수정·보완한다.

　이렇게 전략지향적 성과관리를 위해서는 논리적이고 객관적인 내외부 환경분석을 통한 전략과제의 도출이 선행되어야 한다. 또한 상위 전략목표를 하위조직이나 지원부문의 전략과제로 합리적인 전개가 필요하다. 이에 하위조직은 기본목표와 전략목표를 균형 있게 관리해야 하며, 중요한 목표에 대한 선택과 집중이 요구된다. 특히 전략목표의 검토와 조치는 그 깊이를 다루는 데 있어 다른 접근 방식이 필요하다. 또한 측정지표는 정량적 지표와 정성적 지표의 균형적 적용이 요구되며 합리적인 가중치 설정에도 유의하여야 한다. 한편 성과에 직접 영향을 끼치는 직무역량은 당해 연도 단위조직의 목표달성을 위한 중점 활동에 필요한 역량이므로 매년 탄력적으로 수립되고 평가될 필요가 있다.

　제5장의 주제인 '변화'는 기업성장의 원동력이다. <그림 1-3>에서 보는 바와 같이 변화는 거의 모든 경영 요소와 연관되어 있다. 그렇지만 무엇보다도 조직에서의 변화관리는 성과관리와 연계되어야 의미가 있다. 여기에 고려할 수 있는 시사점은 먼저 필연적이며 실현 가능한 비전을 설정하고 구성원에게 공유하는 것이다. 그리고 구성원들이 이를 달성하려고 하는 건전한 위기감을 조성하는 데 있어 도전적인 목표 설정이 중요하다. 또한 기업에서 추진하는 혁신 프로그램이 별개의 과제해결 활동으로 운영되는 것이 아닌 기업의 전략과제 해결과 연결되어야 한다. 그리고 조직은 구성원들이 도전적 혁신을 추구하는 데 있어 발생되는 스트레스를 자연스럽게 받아들이고 일에 몰입할 수 있도록 환경을 만들어야 한다. 또한 혁신적인 목표달성을 위한 동기부여 방안은 더욱 합리적으로 강구되어야 할 필요가 있다.

제6장의 주제인 '기업문화'는 기업이 추구하는 방향을 지속시키는 힘을 가지고 있다. 하지만 기업문화의 핵심인 구성원들의 공유된 믿음은 조직을 결속시키기도 하지만 변화에 걸림돌이 되기도 한다. 국내외 사례에서 살펴보겠지만 성과주의 문화와 제도의 도입은 기존 기업문화와 충돌하여 여러 악영향을 나타내고 있다. 실제 성과관리 운영 과정에서도 이러한 여러 장애요인의 극복이 요구된다. 따라서 조직의 협력강화를 위해 목표달성을 위한 추진과제를 요청하고 수용하는 하위조직들 간의 합리적 합의와 평가 방안이 동원되어야 한다. 그리고 구성원들이 기존 틀을 벗어나 목표달성 활동에 주도적이기 위해서는 새로운 정신적 안정감을 부여할 필요가 있다. 또한 리더는 기업문화의 핵심인 핵심가치를 내재화하는데 문제가 되는 직원에게 즉각적인 피드백을 통해 변화를 유도하고 행동개선 프로그램을 적용하여야 한다. 무엇보다도 직원의 행동변화와 더불어 육성차원의 면담을 통해 그들 행동의 약점과 강점을 피드백하고, 연중 활동에 구체적으로 실천할 수 있도록 연결하는 것이 필요하다. 또한 성과주의 일환으로 실시하는 평가 및 보상 차등화의 문제를 합리적으로 경쟁과 협력의 효과를 도모할 수 있는 방법을 확보해야 한다. 조직의 만성적 문제도 기업문화를 전환하는 방식으로 기존 성과관리 틀에서 벗어난 방식을 적용하여 새로운 효과를 볼 수 있다.

제7장은 '사람'에 대한 주제는 지금까지 중 제일 다루기 어려운 부분이다. 우리는 경영의 가장 기반이 되는 사람을 중심으로 경영하기보다 일을 수행하는 데 사람이 종속된다는 시각을 은연중에 갖고 있다. 이 와중에 경영환경 불확실성 속에서 조직의 미래를 보장할 수 있는 근간이 사람에게 있다는 인식은 분명해졌다. 그런데 여전히 경

영에서 사람을 바라보는 인식이 성숙되어 있지 못하고 사람 중심의 경영을 접근하는 데 어려움을 겪고 있다. 이러한 차원에서 성과관리는 먼저 조직목표와 개인목표의 일치를 고려하여야 한다. 직원의 성장과 더불어 자기가 원하는 것을 조직의 목표달성 방안에 반영될 수 있도록 운영할 필요가 있다. 특히 직원의 역량성장을 위하여 제도적인 정립뿐만 아니라 리더십이 뒷받침되어야 한다. 또한 직원들이 집단 창의력을 발휘할 수 있도록 환경을 만들어 주고 자신들이 조직목표에 기여하고 있다는 성취감을 갖는 것이 중요하다. 동시에 직원들이 주인의식을 갖고 일에서 동기유발이 되게 자율성의 보장도 중요하다. 동기유발에서 항상 직원들이 강하게 느끼는 보상의 공정성도 함께 이루어져야 한다. 한편 함께 일을 처리하는 사람들의 인식에 다양성을 인정하고 존중하는 인식을 고양해야 한다. 이러한 측면에서 성과부진자의 관리방식의 변화가 필요하다. 진정 이들의 부진 원인을 심도 있게 파악하고 그들이 경영참여에 재기할 수 있도록 하는 것이 중요하다.

마지막 제8장은 지금까지 경영의 중요한 6가지 요소에서 성과관리를 바라보고 올바르게 적용해야 할 이슈와 대안을 도출하였다. 이를 기반으로 성과관리가 경영적 차원에서 성공적으로 운영되기 위한 다음 6가지 조건을 정리하였다.

- 일 중심에서 사람 중심으로 성과를 바라봐라.
- 전술 중심에서 전략 중심의 성과관리를 하라
- 부문의 성공을 넘어 전체 시너지를 위해 협력하라.
- 계획에 한정되기보다 실행까지 창의적인 방안을 고수하라.

· 자기중심에서 가치 중심으로 실행하라.

· 실적 중심을 넘어 성과 중심의 리더십을 발휘하라.

이 책을 접하면서 성과관리의 기본지식을 가지고 있는 독자라면 먼저 제8장을 읽고 제2장부터 읽어 가는 것도 성과경영을 이해하기에 좋은 방법이 될 것이다.

제2장

가치창조, 실행
그리고 성과

모든 기업은 비즈니스의 성공을 지향한다. 그렇다면 비즈니스의 성공은 무엇인가? 또한 이러한 성공의 기준은 무엇인가? 그리고 과연 기업이 성공을 했다는 판단은 누가 하는가?

이 질문들은 경영의 역사적 관점에서 스튜어트 크레이너가 쓴『경영의 세기』를 통해 다양하게 대답할 수 있다.[1] 먼저 살펴볼 비즈니스의 성공은 1900년 초 프레더릭 윈슬로 테일러(*Frederick Winslow Taylor*, 1856~1915)의 '과학적 관리'에서 언급된 "효율성"이다. 20세기 이전에는 노동을 과학적으로 분석하지 않았고 관찰조차 하지 않았다. 그래서 당시 노동자들은 '태업'이 그들 자신에게 이익이라고 판단했다. 이에 테일러는 일을 측정하고 분석하여 노동자의 입장과 경영자의 기대치를 일치시키도록 시도했다. 이전의 형편없는 생산성보다 합리적으로 향상된 일을 표준으로 정하고, 이를 달성하면 당연히 태업이 일상화된 시절보다 높은 보수를 제공했으며, 표준 이상으로 달성하면 성과급도 제공하였다. 또한 일하는 방법을 효율화하여 낮은 비용으로 높은 생산성을 올릴 수 있게 하였다. 이러한 그의 방식은 노동자와 경영자 모두에게 이익을 주었고, '더 많은 생산'을 요구했던 시대적 요구에 맞아떨어져 산업 전반에 강력한 영향을 끼쳤다. 하지만 이러한 "효율성"을 결정하는 주체는 바로 감독, 측정 및 관찰하는 새로운 계층의 내부 관리자였다.

두 번째 비즈니스의 성공은 "인간관계"이다. 1930년대에 이르러 과학적 관리의 적용은 노동현장에서 사기가 저하되는 등 허점이 드러나기 시작했다. 이에 엘튼 메이오(*Elton Mayo*, 1880~1949)는 하버드대 연구진과 호손공장의 연구(1927~1932)에서 해결 실마리를 찾게 된다. 처음 실험은 조명과 생산성의 연관성이 밝히는 것이었지만 실패로 돌아갔다. 그 후 몇 차례 유사한 실험에서도 생산성 향상과 어떤 선행조건을 밝힐 수 없었다. 이에 그들이 놓친 점을 노동자 그룹을 선발하여 관찰한 결과를 통해 발견하게 된다. 우선 그룹 내 사람들은 선택된 그룹에 소속되었다는 것으로 동기가 고취되었고, 그룹 내에서 비공식적으로 각자 임무에 따라 서로 간에 통제력을 행사하고 있었으며, 파벌이 존재하여 상호 보호와 도움을 주며 결속을 만들었던 것이다. 이를 통해 생산성은 일 자체에서 일의 주체인 인간의 특성이 중요하다는 것을 깨닫게 되었다. 또한 기업은 유기체이며 복잡하고 끊임없이 변화하는 존재로 조직의 핵심은 인간이며, 경영은 인간을 통해 기업목적을 달성하는 기술로 인식한 계기가 되었다. 이러한 인식은 2차 세계대전 이후 더욱 강화되어 맥그리거의 'XY 이론', 헤르츠베르크의 '2요인 이론; 위생요인, 동기요인'과 같이 행동과학의 이론들이 쏟아져 나왔다. 이 역시 "인간관계"의 영향을 끼치는 주체는 바로 인간조직을 이해하고 이를 고려하여 경영하는 내부 경영자였다.

세 번째 비즈니스의 성공은 "환경의 인식"이다. 1940년대 미국은 2차 세계대전으로 엄청난 국방비를 지출하였고, 그에 따라 수많은 산업체가 생겨났으며 지금의 글로벌 우량기업이 탄생하는 계기를 만들었다. 더욱이 과학적 관리를 기초로 한 포드의 대량생산시스템이 정착한 이후 산업 전반에 더욱 빛을 발하는 시기였다. 세계대전과정에서 얻은 성과는 포드 시스템이 '비용적 문제'를 접근한 반면, 전쟁에서의 생산성 요구는 통계적 품질관리 방법을 정립하게 했다. 이것은 전쟁 후 일본에 전쟁재건을 위해 전수되었고 독특한 일본식 TQC(Total Quality Control)로 발전하였다. 그리고 비록 막스 베버(*Max Weber*, 1864~1920)가 조직의 궁극적 형태로 위계질서, 비인격성, 문서화된 행동규칙, 분업화 등으로 대표되는 관료주의적 시스템으로 바라보았지만, 기업들은 전쟁 동안 신속한 결과를 내기 위해 막 태동한 "인간관계"적인 이론과 함께 노동자와 경영자의 협동과 같은 관료제 극복에 힘을 쏟았다. 아무튼 전쟁 이후 1950년대 경영의 특징은 공급자의 증대와 더불어 시장의 권한이 생산자에서 소비자 중심의 경영으로 전환되는 때이다. 특히 피터 드러커(*Peter Ferdinand Drucker*, 1909~2005)는 1954년 『경영의 실제(*The Practice of Management*)』에서 마케팅적 사고, 즉 고객중심의 경영을 강조했다. 비즈니스의 목적은 바로 고객가치 창출이라는 것이다. 이와 더불어 수많은 마케팅 이론이 등장하였다. 또한 피터 드러커와 앨프레드 챈들러를 통해 현대 경영에서 전략이 처음으로 언급되면서 이후 본격적으로 전략이 경영에서 논의되기 시작했다. 이제 비즈니스의 관점이 내부에서 외부환경으로 옮겨졌다. 유기체적 조직이 노동의 효율성이나 인간관계의 고려를 넘어서 외부 환경과의 상호 관계를 유지하여야 생존할 수 있다는 개념이 강조되었다. 결국 드러커가 언급했듯이 "환경의 인식"을 결정하는 주체는 고객이고 그들의 가치를 창조하는 것이 경영의 주된 핵심이 되었다.

내 번째 비즈니스 성공은 "지식창출"이다. 1970년대 미국은 오일쇼크를 계기로 그동안 풍요로운 자본주의의 혜택 속에서 기업들은 지나친 자기만족으로 인한 관료화된 자신의 모습에 대해 반성하게 이른다. 미국은 이를 극복하기 위해 팀워킹(teamworking), 행동학습(action learning) 등 유럽의 새로운 경영방식에 눈을 돌렸고, 80년대는 일본의 품질을 위한 경영방식을 학습하였다. 이처럼 조직의 변화를 위해 경영의 기본으로 돌아가서 보는 열망이 높아졌다. 대표적인 경향은 리더십에 대한 연구이다. 즉 경영의 핵심에서 사람의 재발견이 이루어졌다. 또한 기업은 경영환경이 더욱 예측 불가능하게 급변함에 따라 변화와 혁신의 중요성을 더욱더 인식하게 되었고, GE나 도요타의 혁신적 경영방식과 그들의 능력을 배우는 데 열을 올렸다. 이처럼 변화와 혁신으로 생존하기 위해서 기업들은 자신의 일에 지속적인 학습이 이루어져야 했다. 더욱이 90년대는 개인학습을 넘어 조직적 학습을 통해 다양한 문제를 해결하거나 자신의 행동을 성찰하는 등 기업자체가 학습공동체가 될 수 있어야 한다는 인식이 높아졌다. 기업에서의 경영은 이제 다른 어떤 동인보다도 이러한 집단적 학습을 통해 창출된 지식이 미래를 창조해 나가는 것이 핵심이 되어 버렸다. 이처럼 기업의 성공은 고객의 가치창출이지만 그것을 가능하게 하는 것은 '외부환경의 인식과 대응'에서 핵심역량과 같은 남들과 다른 차별적인 '내부조직능력의 확보'로 전환되었다. 하지만 이것 역시 궁극적 판단은 고객이 선택하는 것이다. 즉 차별적인 조직능력은 역시 고객의 가치창조가 초점이고, 이러한 조직의 능력발휘에 대한 평가도 고객이 하는 것이다.

이렇듯 기업 경영의 성공기준은 이제 효율성이나 인간관계와 같은 내부 중심적 사고가 아니라, 고객의 가치창조라는 것이 분명해졌다. 그 성공 여부의 판단도 경영자가 아니라 당연히 고객이다. 그러므로 "진정한 성과란 무엇인가?"를 판단하는 기준은 곧 기업이 본질적으로 추구하는 "고객의 가치창조"에 있다고 하겠다.

올바른 기업목적 제시를 위한 고객가치 창조

분명 기업은 목적달성을 위해 의도적으로 사람들이 모여 일하는 곳이다. 그렇다면 기업의 목적은 무엇인가? 즉 "왜 우리가 여기 모여 일하고 있는가?" 그래서 "우리는 궁극적으로 여기서 무엇을 이루어 낼 것인가?"

이 질문의 대답이 바로 기업의 목적이자 궁극적 목표이다. 이것을 미션(mission) 혹은 사명으로도 부른다. 만약 이것이 올바르게 정해졌다면 아무리 세월이 흘러 어떤 경영 조건이 달라지더라도 변하지 않는다. 왜냐하면 기업구성원들이 기업에서 일해야 하는 존재이유가 되기 때문이다. 이 목적이 분명하면 할수록 기업이 지향하는 성공의 기준을 명확히 대답할 수 있다. 하지만 과연 '올바른' 기업의 목적이 무엇인지에 대해서는 다시 생각해 볼 필요가 있다.

조선왕조시대의 정치적 핵심은 '백성이 나라의 뿌리'라는 민본(民本) 사상으로 요약할 수 있다. 따라서 임금은 백성의 신뢰를 얻기 위한 정치를 하였는데 비록 제일 높은 위치에 있다 할지라도 힘으로 위협하거나 속이지 아니하고 백성의 마음을 얻어 존경으로 복종하게 하는 정치를 했다. 이것은 조선을 설계한 정도전(鄭道傳, 1342~1398)

이 지은 『조선경국전(朝鮮徑國典)』의 핵심이며, 조선왕조 정치의 근간이다. 한 나라를 경영하는 데 있어 올바른 목적이 백성의 마음을 얻는 것으로 두고 있다. 이것은 백성을 중심으로 목민관이 수행해야 할 몸과 마음가짐을 기술한 정약용(丁若鏞, 1762~1832)의 목민심서(牧民心書)에서도 잘 나타나 있다. 왕권정치가 끝난 지 100년이 지난 오늘날 정당정치가 국민들의 마음을 대변해 주지 못하는 상황 속에서 우리가 간절히 바라는 정치 리더십이 과거나 현재나 여전히 동일하다는 것은 '목적은 언제라도 변하지 않은 중요한 기준'이라는 것을 알려 준다.

한편 짐 콜린스는 『성공하는 기업의 8가지 습관(*Build to Last*)』에서 50년 이상 성공적인 세계적인 기업들(3M, 휴렛패커드, GE, 모토로라, P&G, 월트디즈니, 월마트, 보잉, 소니 등)의 성공요소를 밝히고 있다.[2] 그중 첫째가 바로 핵심이념의 존재이다. 핵심이념(core ideology)은 목적과 핵심가치로 나누어 볼 수 있는데, 목적은 기업이 나아갈 길을 제시하는 근본적인 존재이유이며, 핵심가치는 조직 구성원이 가져야 할 필수적이고 영속적인 신념이다. 즉 목적은 어디로 가야 하느냐에 초점을 맞추지만 핵심가치는 어떻게 가야 하는가를 언급하는 것이다(이 두 가지 모두 기업이 보존해야 할 중요한 핵심이며, 전략적 방향을 말해 주는 요소이다. 하지만 핵심가치는 본 장에서 잠시 접어 두고 제6장에서 다시 논의하기로 하겠다). 비록 기업마다 목적을 표현한 것이 다르더라도 성공기업들이 표현한 목적을 보면, 한결같이 자신의 이윤을 추구하는 것이 아닌 인류에게, 국가에게 행복, 즐거움, 적정가격, 문제해결, 편안함과 같은 가치를 봉사하고 기여한다고 쓰여 있다. 이렇게 접근하는 것은 사람들이 자기가 하는 일이 작은 입장에서 보는 것보다 큰 입장의 관점에서 접근할 때 더 행복하다고 느끼기 때문이다. 예로 어느 환경미화원이 거리를 청소하고 있다는 것보다 지구의 한 모퉁이를 청소하고 있다는 것이 더 의미를 가진다. 또한 지금 내가 하는 일의 의미를 찾는 것보다 인생의 전체를 봐서 행복한 일을 지금 하고 있다는 관점을 가지면 더 큰 의미를 느낄 수 있다. 이렇게 사람은 어떻게 하는 것이 쉬운지, 얼마나 시간이 걸리는지 등의 하위수준보다 왜 그것을 하는지에 대한 상위수준에서의 관점을 가질 때 더 큰 의미와 행복을 추구할 수 있는 것이다.[3] 이는 최근 마이클 포터(Michael E. Porter)가 주장하는 공유가치(share value)란 개념에서도 찾아볼 수 있다.[4] 여기서 공유가치란 공동체의 경제·사회적 조건을 향상시키면서 기업의 경쟁력도 함께 높이는 가치창조를 말한다. 예를 들면 기업에서는 사회공헌활동을 단지 사회에 선한 행동으로 이윤과는 별개로 생각하여 비용으로 인식되는 반면, 공유가치에서의 사회공헌활동은 장기적 발전을 위한 투자의 개념으로 인식한다. 이는 사회적 요구를 해결하는 제품이나 서비스를 제공하면서 수익을 얻는 것이다. 실제 네슬레는 인도에서 우유공급을 위해 열악한 지역에 전문가를 파견하여 젖소 전문 기술전수와 농가자금지원과 교육에 힘쓴 결과, 처음 180곳의 공급 농가가 7만 5,000곳으로 늘었고 농가소득도 50배가 증가했다. 인도 전역에 네슬레 제품의 판매 증가는 당연한 것이었다. 또한 그는 한국 사회에서 요즘 대기업에게 이윤을 재분배하라는 압박으로는 문제해결이 되지 않는다고 지적한다. 기업이 만든 이윤을 사회에 내놓기보다 사회·경제적 총합적 가치를 확장하는 편이 훨씬 효과적이라는 것이다.[5]

성공적인 기업들은 이러한 핵심이념을 보존하고 이를 믿고 일관성 있게 행동하며 지켜 나간다. 또한 이들은 현재 모습에서 새로운 사업으로 진화해 나가면서, 그 모든 사업활동들이 그들이 도달하기를 바라는 목적을 향해 꾸준히 나아가는 것을 볼 수 있다. 이것을 볼 때 기업의 목적, 그 자체가 존재하기에 지속적으로 창의력을 발휘하고 변화를 추진할 수 있는 근거를 제시해 준다. 또한 이것은 우리가 결코 도달할 수 없는 북극성과 같은 것이지만 조직 구성원들이 사고와 행동을 하는 데 올바른 흐름으로 지속적으로 나아갈 수 있게 한다.

구성원에게 잘 부각되지 않는 기업목적

이제 우리 기업으로 눈을 돌려 보자. 기업 목적이 경영 전반에 어떤 영향을 미치고 있는가? 모든 기업에 해당되는 것은 아니지만 필자가 현장에서 인식한 결과, 한마디로 구성원들은 기업목적의 의미와 업무수행과의 관계를 잘 이해하지 못하고 있는 것 같다. 다음은 그러한 현상들이다.

첫째, 많은 조직구성원들은 기업의 목적을 담은 미션(mission)을 도저히 도달할 수 없는 우리와 거리가 먼 상징적 의미로만 이해한다. 그러기에 구성원들은 대외적 홍보 혹은 대외적 명분 때문에 만들어진 말로 여기며 그저 한 번쯤 생각해 보아야 할 문장으로 받아들인다. 아주 좋은 글로 쓰인, 어쩌면 거창하지만 당연한 말로 들리는, 그러나 피부에 와 닿지 않아 개인의 업무수행에서 어떤 관계가 있는지 어떻게 받아들여야 할지 잘 알지 못한다.

둘째, 기업 내에 존재하는 경영이념, 핵심가치, 경영철학, 기업정신,

사훈, CEO 중점방침 등 조직구성원들은 어디에 중점을 둘 것인지 혼란스럽기만 하다. 어떤 기업은 CEO가 바뀔 때마다 경영이념 혹은 비전 선포식을 갖는다. 따라서 구성원은 그저 어떤 시기가 되면 치르는 연례행사처럼 느껴지고 있다. 당연히 조직에서 발표하는 선포식의 내용이 개인의 업무수행과에 어떤 연계가 되어야 하는지 잘 인지하지 못하고 있다.

셋째, 조직구성원의 입장에서는 미션이란 말이 생소하기만 하다. 비록 조직 상위층에서는 본래 의미를 이해할 수도 있겠지만 하위계층으로 내려갈수록 일하기 바빴지 그 의미가 희석되는 것을 볼 수 있다. 또한 어떤 경영관리자는 미션이란 말을 사용하는 것조차 어색하여 굳이 미션을 표명할 필요가 있는가라는 말을 하기도 한다. 그래서 그들은 최고경영자에게 중장기 목표를 달성해야 할 방안을 보고하고 사업을 수행하나, 그저 목표달성에만 매달려 있지 조직의 미션이 사업수행에 어떻게 직간접적으로 영향에 미치는지에 대해서는 인식하지 못하고 있다.

이처럼 고객을 위한 가치창조를 담은 기업의 목적이 구성원들에게 부각되지 않는다. 왜 이러한 현상이 일어날까? 한마디로 말하면 기업의 목적을 조직구성원에게 내재화시키지 못한 결과이다. 요즘 많은 기업들은 기업의 전략적 방향을 구성원에게 공유하기 위해 노력한다. 특히 핵심가치를 공유하기 위한 교육을 많이 시도한다. 그럼에도 불구하고 기업의 핵심가치를 자신의 현실에서 어떻게 연결해야 할지, 구성원들에게는 잘 와 닿지 않는 모양이다. 그것은 바로 구성원 개개인의 행동까지 그 기준을 침투시키는 어떤 조치가 부족한 까닭인 것이다. 필자는 다음의 사례에서 더욱 그러한 점을 느낀다.

기업목적의 이행과 성과

필자는 K제약회사의 팀장을 대상으로 성과관리 워크숍을 진행한 적이 있다. 먼저 자신이 업무를 수행하는 데 있어 관계되는 고객을 찾아보고 그들의 요구와 기대를 정의하며, 그 요구와 기대에 따라 자신들이 어떤 성과를 내어야 하는지를 정의해 보도록 하였다. 대부분 팀장들은 그들의 고객을 경영자, 팀원 및 관계하는 사내부서, 그리고 병원과 의사를 들고 있었다. 특이한 점은 그들이 생각하는 고객을 신약을 연구 개발하여 판매하는 병원과 의사로 생각하였지, 그 어디에도 자신의 약을 복용하는 환자라고 보지 않았다. 그러고 나서 도출된 자신들의 성과를 달성하기 위한 달성전략을 수립해 보았다. 여기서 필자는 질문하였다. "여러분들이 달성전략을 수립해 보았지만 과거에 수립된 전략과 큰 차이가 있습니까?" 대부분의 팀장들은 그 질문에 큰 차이가 없다고 했다. 그리고 그들이 도출한 목표달성 전략을 상위의 전략과 비교해 보았다. 역시 크게 다르지 않았다. 왜 이들에게 이러한 일들이 벌어지고 있을까?

결론적으로 말하자면 그들은 항상 한정된 사업경계 내에서 일상활동을 통해 성과를 이루고자 했던 것이다. 기업 차원이든 단위조직의 차원이든 그들이 추구하는 성과의 타당성에 대해, 즉 "왜"라는 질문을 던져 보지 못한 것이다. "왜 이러한 성과를 내어야 하지? 우리가 일을 통해 이러한 성과를 내는 것이 과연 가치가 있을까?" 만약 이런 질문만 던져 볼 수 있었더라면 달성해야 할 성과 그 자체나 성과를 내기 위한 전략의 범위나 질이 많이 달라졌을 것이다.

우선 앞서 언급된 K제약회사의 고민에 대해 노나카 이쿠지로가 『창조적 루틴』에서 소개한 에이사이 제약회사의 사례를 보면 새로운 성과에 대한 생각해 볼 수 있다.[6] 에이사이 제약은 1989년 "이노베이션을 위한 서약"이라는 성명서를 통해 사업활동의 목적을 "환자와 가족들의 행복에 기여"라고 명료화한다. 필자가 경험한 K제약회사의 사례가 아닌 최종 소비자를 의사나 약사에서 그 초점을 환자와 그 가족으로 옮겨 놓았다. 적은 비용으로 양질의 의약품을 만드는 사업결과에 초점을 맞추는 것이 아니라 이들의 슬로건처럼 "사람을 위한 건강관리"를 실현하고자 제품개발뿐 아니라 기업문화, 경영방식 등 모든면에서 끊임없이 새롭게 변모하는 이노베이션을 추구한다. 특히 각개인의 업무에서 환자들을 위해 기여하는 의미 찾기를 강조한다. 따라서 연구실 직원들의 성취감을 고양시키기 위해 연구목표에 대한평가와 포상 시스템을 마련하여 우수 신약의 개발 동기를 강화하였다. 또한 리더는 직원들에 대한 관심과 배려로 시장과 사회에 어떤 영향을 끼치는지를 깨닫게 했다. 이를 통해 치매로 자신의 어머니를 잃은한 연구원은 자기 인생가치를 치매치료제 개발에 두고 신약개발에매진하여 개발에 성공을 거두기도 하였다.

한편 에이사이 제약의 "사람을 위한 건강관리"는 노인전문 병동실습을 통해 실제 경험적 이해를 도모하였다. 환자의 입장에서 의약품을 어떻게 사용하는지, 환자의 감정이나 요구를 이해하였다. 이를통해 의약품을 대하는 목적을 새롭게 하게 되었다. 약은 치료의 한수단에 지나지 않으며, 진정 환자를 낫게 하고 간호하는 치료에 초점을 두어야 한다는 인식을 새롭게 한 것이다. 이러한 경험을 통해 진정 환자와 가족의 행복을 지켜 주기 위한 다양한 프로젝트가 개발되어 2006년 한 해에만 427건이 실행되었다. 실제 아리셉트라는 치매치료제 개발사례를 보면 신약 개발에만 그치는 것이 아니라 환자를 배려하는 관점을 실천한다. 아리셉트를 복용한 환자의 경험과 정서를 관찰하기 위해 환자 가족과 담당 의료인에게 일지(日誌) 기록을 부탁했으며, 이를 분석해 간호하는 가족과 의료인의 경험 공유뿐만 아니라 투여량에 따른 약효기준을 세워 마케팅과 영업에도 반영하였다. 또한 치매에 대한 사회적 인식을 높이기 위해 지역판매 책임자들이 팀을 이루어 일반인을 대상으로 치매교육을 하고, 의사들의 치매진단 기술 향상을 포함시킨 유사 포럼도 개최하였다. 이러한 후원체계 속에서 병원과의 네트워크가 형성되고 치매전문 병원까지 설립했다. 아리셉트는 단순 치매치료제가 아니라 환자, 의사, 병원 및 지역공동체 간의 관계맥락을 만들었다. 이뿐만 아니다. 에이사이는 노인의 치료 및 간호를 돕기 위한 매뉴얼을 만들어 무료로 보급하는 사회공헌을 하고 있다. 또한 노인들이 알약의 복용이 힘들다는 사실에 착안하여 소량의 물과 복용하면 10초 안에 녹아 버려 복용이 용이한 약을 개발한다. 또한 무색의 액체 주사약을 주사기에 투입하기 전 오용을 방지하기 위해 여러 번 주사약 라벨을 확인하지만 실수가 발생되면서, 업계 최초로 라벨을 떼어 주사기에 곧바로 옮겨 붙일 수 있는 주사약병을 내놓았다. 뿐만 아니라 사용설명서 끝에 숨겨져 있던 부작용 및 주의사항을 포장지에 배치함으로써 환자를 먼저 생각하는 가치를 실천하였다. 더욱이 의사와 약사만이 고객을 직접 상대한다는 관념에서 더 나아가 그들은 환자와 가족을 위해 의약품 및 일상생활에서의 의학, 약학에 대한 궁금증을 덜어 주는 무료전화 센터를 운영한다. 또한 본사의 데이터베이스에 모든 약학정보를 통합하여 각 지역 사무실에 있는 의료담당이 쉽게 참조할 수 있어서 의사나 약사의 즉각 대응도

가능해졌다. 특히 수술상황에서 특정 약물의 부작용에 대한 신속한 답변이 가능해 더 큰 역할을 해냈다. 또한 의료담당의 업무성과도 변화를 가져왔다. 과거 의사나 약사에게 약품의 정보를 제공하며 할당된 판매량을 달성하는 것이 아니라 약품을 사용한 환자의 반응에 따라 평가받는 것으로 약품의 사용 실태를 조사하고 고객만족을 실현하는 데 집중하게 되었다.

이와 같이 에이샤이 제약은 기업목적을 새롭게 정립함으로써 수많은 성과를 낼 수 있었다. 물론 기업목적의 정립만으로 성과를 이루어 낼 수는 없다. 새롭게 정립한 기업목적을 실행하기 위한 다양한 방법의 시도가 어우러져 성과를 낼 수 있었던 것이다. 이것이 창의적 기업이다. 고객이 원하는 가치를 창조하는 기업이 진정 의미 있는 일을 하는 것이다. 모방보다 창조는 역시 피나는 노력이 있어야 하고, 이러한 노력 없이 진정한 성과를 바라는 것은 분명 무리이다.

고객가치 창조를 성과관리 운영에 적용하기

기업목적(고객가치 창조)이 실제 성과관리 운영에 적용하는 몇 가지 방법을 알아보자. 이것은 기업목적을 사업수행 활동에 내재화하는 방안이 될 수 있기 때문에 실전적인 내용이 될 것이다.

2-1. 회사가 분명하게 명시한 기업목적을 기반에 두고 전략과제를 도출한다면 질적인 과제가 도출될 수 있다. 이러한 고려는 잘 알려진 BSC(Balanced Scorecard)의 네 가지 관점(재무, 고객만족, 내부 프로세스,

학습과 성장)보다 상위에 있다. 매년 회사는 중장기 전략을 새검토한다(물론 기업은 10년 이상의 장기 전략이 있을 수 있으나, 이때 중장기 전략은 3~5년 정도의 전략을 말함). 물론 BSC의 네 가지 관점에서 핵심성공요인(CSF; Critical Success Factor)이 어떤 것인지를 고려하여 전략과제를 도출할 수 있다. 이때 기반이 되어야 하는 것이 바로 기업목적이다. 물론 외부환경이나 내부환경을 조사하여 대응할 과제를 찾는다. 하지만 과제가 진정한 의미를 갖기 위해서는 환경분석에 의해 도출된 과제만 가지고 일의 방향을 잡는 것은 한계가 있다. 그 도출된 과제가 기업목적을 겨냥해 볼 때 진정 바람직한 것인지 고려해 보아야 한다. 또한 그 과제가 기업목적에 맞게 구사되려면 어떻게 다듬어져야 하는지가 논의되어야 한다.

예를 들어 필자가 아는 건강식품을 제조하는 E사의 사례를 보자. 이 회사의 미션은 '자연이 가지고 있는 풍요로운 건강적인 요소를 인류에게 혜택으로 제공'하는 것이다. 이 회사는 영업력 강화를 위해 해외진출을 모색하고 있었다. 연구개발, 마케팅, 영업 및 생산의 모든 기능을 가지고 있고 자체 브랜드도 있지만 특히 OEM(Original Equipment Manufacturing) 방식으로도 생산하고 있다. 환경분석 결과 국내 시장에서는 OEM업체가 많고 가격경쟁이 치열하며 다품종 소량생산이라 원가상승만 가져와 시장매력도가 현저히 떨어졌다. 반면 동남아를 비롯한 아시아 지역에서의 OEM 시장은 매력도가 높았다. 왜냐하면 경쟁이 낮고 이익이 높으며 제품 사이클도 긴 장점이 있었다. 그래서 논의한 결과 아예 OEM방식으로 하느니 동남아 지역을 우선으로 해외진출을 모색하는 것이 바람직하다고 판단되었다. 따라서 "아시아 지역의 전략적 파트너 확보"라는 전략적 과제가 도출되었다. 이 과제가 도출된 배경을 보면 직접 투자하여 시장 진출을 하기에는 위험성이 있어, E사의 브랜드를 사용하면서 신제품 출시를 위해 현지 영업, 연구개발의 전략적 파트너를 찾는 것이다. 물론 새로운 완제품이 나오면 현지 사무소를 개설하고 본격적인 사업활동을 시작하려고 한다. 하지만 기업목적을 고려해 볼 때 중요한 점이 빠져 있다. 그것은 어떤 건강적인 요소로 현지인에게 혜택을 줄 것인가이다. 환경을 조사할 때 최우선으로 고려해 보아야 할 것도 바로 이것이다. 따라서 "△△기능을 담은 제품을 ○○지역에 출시"라는 보다 본질적으로 추구하는 과제를 도출하여야 한다. 이러한 필자의 어필에 대해 E사는 일단 사업을 시작하면서 현지조사를 해 보고 나올 수 있는 점이라고 했다. 이러한 대답을 볼 때 그들의 개념 속에는 사업추진이 성장에 초점을 두었지 기업목적을 염두에 두고 있지 않았다. 기업의 전략도출을 기업목적과 연계시키지 않으면 사업의 성공을 돈 버는 관점으로만 치중되고 진정 사업을 추구하는 목적을 놓쳐 버릴 수가 있다. 사업의 목적은 돈 버는 수단에 집중하는 것이 아니라 궁극적으로 고객의 가치를 제공이라는 인식이 필요한 것이다.

2-2. 각 직무기술서에 작성되어 있는 직무미션이 회사의 미션인 고객가치 창조와 어떻게 연계되어 있는지를 점검해 볼 필요가 있다. 이를 통해 직무수행의 범위와 책임요소들이 수정될 수 있다. 이러한 작업은 리더가 매년 개인목표수립 단계에서 각 팀원들과 면담을 하는 데 있어 각자의 직무책임을 확인하며, 동시에 회사의 목적인 고객가치 창조와의 연계하여 개인의 직무책임을 재정립하는 데 도움을 준다.

일반적으로 기업들이 가지고 있는 직무기술서(혹은 직무 프로파일

*Job Profile*이라고도 함)에는 직무미션(혹은 직무목표라고도 함)이 기술되어 있다. 그러나 현실적으로 "조직 내에서 이 직무는 왜 필요하며, 무엇을 어떻게 수행하고 있다"라는 직무미션의 정의는 직무설계부터 해당 직무에 한정된 범위에서 기술된다. 예를 들어 앞서 언급한 E사 영업팀의 직무미션은 "시장 환경에 대한 신속한 정보수집과 분석으로 판매계획을 수립하고 영업지점과의 원활한 관계를 유지하면서 필요한 지도를 통해 고객을 만족시킬 뿐만 아니라 회사의 이윤을 극대화한다"라고 기술되어 있다. 하지만 여기에는 자연의 건강적인 혜택을 고객에게 전달하는 기업미션과 연계하여 생각하면 뭔가 부족하다. 물론 E사 영업팀은 직접 고객과 접촉하는 것이 아니라 영업지점을 지원하는 방식이지만, 그들의 기업미션에 입각하여 보자면 고객에게 E사가 발굴한 자연의 혜택을 실제로 누릴 수 있는 즐거움을 팔아야 한다. 그러려면 영업팀의 직무미션에는 불분명한 고객만족이나 회사의 이익보다 더 근본적인 고객이 건강의 가치로 즐거움을 느끼게 하는 영업활동의 목적이 포함되어야 하고, 영업지점과의 관계유지와 필요한 지도만이 아니라 실제 고객이 건강해진다는 즐거움을 느낄 수 있는 활동을 수행한다는 의미를 담아야 한다.

오늘날 기업에서는 모든 기능의 담당자에게 전략적 파트너로서 역할을 수행하기 원한다. 이는 단순히 주어진 혹은 시키는 일을 잘 수행하는 사람이 아니라 스스로 전략적 차원에서 자신의 업무를 바라보고 창의적 실행방안을 수립하여 실행할 수 있는 사람이 필요한 것이다. 이러한 측면에서 볼 때 개인의 직무수행에서 반드시 기업목적과 연계하여 직무미션을 정립하고 이를 달성하기 위한 활동이 수행되어야 더 넓은 차원이나 목적지향적인 일을 수행할 수 있다.

2-3. 직무차원에서도 직무와 연관된 고객의 가치를 제공하고 관리하기 위한 합리적인 목표를 설정하여야 한다. 직무미션을 달성하기 위한 목표설정은 직무기술서에 정해진 측정지표 혹은 KPI(Key Performance Indicator; 핵심성과지표) 목록에서 선택하는 것이 아니라 매년 고객의 요구를 확인하고, 그동안 수행해 온 자기 직무의 대응을 반성하여 어떻게 고객요구를 충족할 수 있을까 하는 과제를 도출하여야 한다. 그리고 이것을 직무의 기본목표로 책정하여야 한다(기업에서는 이를 기본목표, 개선목표 혹은 본연목표 등으로 불림).

대개 많은 기업들은 성과관리라는 차원에서 개인의 직무목표를 측정하고 평가하기 위해 직무분석이나 프로세스 분석을 통해 측정지표를 도출하여 목록화해 놓는다. 그리고 그것을 매년 상사와 직원들이 합의하여 선택하고 목표치(혹은 목표수준)를 선정하여 개인목표로 설정하고 있다. 이때 직원들은 매년 목표설정에서 아무 생각 없이 작년에 사용하였던 측정지표를 그대로 사용하는 경우가 많다. 그리고 목표치도 어떤 근거 없이 작년보다 조그만 더 높이 잡아 상사와 합의하는 경우가 많다. 하지만 곰곰이 생각해 보면 직무목표 설정의 근거 역시 자기 직무를 수행하여 결과물을 받아 가는 고객에게 있다. 그래서 리더라면 자신의 직무를 수행하는 데 있어 누가 고객인지를 먼저 살펴보아야 한다. 예를 들어 경영자, 타 부서, 공급자, 직접 고객 등이 있을 것이다. 그리고 주기적으로 이들의 요구와 기대를 파악하여야 한다. 그리고 이들의 요구와 기대에 대응하는 우리의 과제를 정의해 보아야 한다. 예를 들어 우리 연구개발팀의 사내고객인 마케팅팀에서 중·단기 제품시판의 포토폴리오를 구성해 주기를 바란다면, 우리의 과제는 빠른 시간 내 제품개발 과제도출팀을 구성하고 합의된 과제목록을 확정하는 것이다. 그리고 그러한 과제를 제대로 수행했는지를 측정하기 위한 지표를 설정하고 목표치를 부여하여야 한다. 중요한 것은 직무수행의 기본적인 목표가 고객만족에 있을 것인데, 실상은 누가 고객인지를 분명히 정하지 못하는 데 오류가 있고, 그들의 요구가 주기적으로 변하는데도 불구하고 이를 파악하지 못하는 것이 문제이다. 비록 전술적인 차원의 직무라 할지라도 그 기본적인 목표는 고객의 가치를 창출하는 것이고 그것도 주기적으로 파악하고 대응되어야 한다.

2-4. 리더는 구성원들에게 일상 활동에서도 기업목적을 기반으로 사고하고 행동하도록 리더십을 발휘해야 한다. 때때로 조직구성원들은 어떤 실행과정에서 해야 할지, 하지 말아야 할지 판단을 내려야 할 때가 있다. 이때 필요한 질문이 "과연 이 일을 수행하는 것이 회사의 목적에 적합한 것인가?"이다. 리더는 어떤 직무상황에 직면하면 직원들에게 이러한 질문을 기반으로 구체적으로 피드백할 준비가 되어 있어야 한다.

예를 들어 필자의 회사 미션은 "우리는 고객의 미래와 변화를 위해 *world class solution*(세계적인 최고급 해결책)을 제공한다"이다. 만약 직원이 고객과 상담을 하고 나서 필요한 서비스를 제공하려 한다. 그런데 마침 고객이 원하는 서비스가 단순하여 이전 수행한 방법 그대로 제공하려 한다. 그러면 필자는 이렇게 피드백한다. "지금 우리가 제공하려는 서비스가 고객의 성장을 위한 변화에 도움이 되겠는가? 또한 고객이 비록 단순한 요구를 할지라도, 과연 우리가 제공하는 서비스가 고객이 필요로 하는 진정한 해결책이 되겠는가? 그리고 그것이 최고급 수준의 해결책인가?" 이러한 질문은 직원들에게 자신의 반성을 통한 지속적인 성장의 기회가 될 뿐만 아니라 리더로서는 일관성 있는 리더십 발휘를 위한 가이드가 된다. 피터 드러커는 피드백이 제일 강력한 학습방법이라고 했다. 이러한 피드백은 회의할 때나 일상업무수행에서도 일어나야 한다. 이때 막연한 미션을 언급하는 피드백이 아니라 구체적인 해당 행동에 대해서 미션과 연결하여 볼 때 어떤 것이 수정되어야 하는지를 피드백해야 한다. 따라서 기업은 미션에 대하여 누구든지 이해하고 행동할 수 있도록 구체적으로 기술되어 있어야 한다. 이러한 피드백은 결국 기업문화에 영향을 미친다. 기업문화로 정립되려면 구성원 모두가 올바른 공동의 믿음을 갖게 될 때 가능하다. 따라서 회사는 기업목적, 즉 고객이 원하는 가치를 분명히 하고, 리더가 구성원에게 일을 수행하는 데 이러한 목적을 지속적으로 일깨워야 행동규범으로 정립될 수 있다. 그래야 공동의 믿음으로 기업문화가 정착되는 것이다.

2-5. 기업의 미래역량을 의도적으로 향상시키기 위한 과제를 도출할 때도 기업목적을 기반으로 고려할 필요가 있다. 조직이 발전하려면 평소 정립된 업무방식대로 수행하기보다 새로운 방식으로 변화와 혁신이 필요하다. 그러려면 '보이는 문제'보다 '보이지 않은 문제'를 드러내어 해결할 필요가 있다. 이때 필요한 질문이 바로 조직의 목적을 향한 우리의 반성이다. "우리 업무수행의 전반적 흐름이 진정 회사의 목적(혹은 미션)을 향해 가고 있는가? 현재 업무 이외에 회사의 목적을 달성하려면 무엇을 해야 하는가?"란 질문이다. 이러한 문제해결의 접근은 기업의 미래 역량을 향상하는 설정형 문제해결이다(발생형은 기준목표에 미달되어 발생되는 문제, 탐색형은 현재 기준보다

디 높은 기준을 설정하여 발생하는 문제, 설정형은 새로운 차원의 기준이 설정되어 미래기준을 달성하기 위해 나타나는 문제를 말함).

한편 일반적으로 목표설정 과정에서 과제에 따른 측정지표와 목표치(target value)를 확정하고 실행과제를 도출한다. 이때 실행과제는 외부환경(고객, 경쟁자, 이해관계자 등)이 목표달성에 미치는 영향력으로 말미암아 장애요인(혹은 이를 극복할 수 있는 요인)이나 성공요인에서 발굴한다. 또한 내부환경에서 과거 목표달성 활동에서의 문제점을 분석하여 극복할 수 있는 요인에서 도출하기도 한다. 그리고 우선순위를 고려하여 중요한 실행과제를 선택한다.

이러한 과정에서 담당자는 의사(醫師)와 같이 제대로 된 맥을 짚어야 한다. 진정 아픈 원인을 찾아내기 위해 관련된 곳을 진찰하여야 한다. 엉뚱한 곳을 들여다보면 소용이 없다. 특히 외부환경의 조사는 더욱 넓은 범위를 가지고 있어 사실 자신의 목표에 영향을 끼치는 요인을 찾기 어렵고, 찾아도 정량적 분석을 위한 데이터를 구하기 쉽지 않다. 그래서 평소 느끼고 경험한 감을 가지고 맥을 짚어 조사하는 경우가 많다. 이때 잊지 않고 가져야 할 개념이 상위의 기업목적이다.

예를 들어 기언급된 E사는 기존 가격보다 고가형 프리미엄 제품을 출시하는 경쟁사의 움직임을 파악하였다고 하자. 분명 E사 입장에서는 장애요인이다. 그렇다면 우리도 고가형 프리미엄 제품을 시장에 내놓아야 한다는 것인가? 물론 그럴 수도 있다. 경쟁자가 고객의 요구나 라이프스타일의 변화를 먼저 알아차리고 환경변화에 대응하는 것이라면 E사도 변화에 빠르게 대응하여야 한다. 하지만 기업목적을 다시 한번 생각한다면 더 중요한 점은 프리미엄 제품답게 자연의 건강혜택을 담은 것을 내놓아야 한다. 그러기 위해서 고객의 입장에 서서, 고객이 원하는 고급스러움이 무엇인지 조사가 선행되어야 한다. 그렇지 않으면 사람은 항상 자기가 주어진 상황에서 대응책을 내리려고 하기 때문에 일차원적 대응에 그친다. 그래서 기업목적을 감안하여 외부환경을 살펴보아야 한다. 이렇게 되면 더 높은 수준에서 맥락을 잡고 직관을 발휘할 수 있다. 그렇지 않으면 앉아서 감(感)으로 실행방안을 수립하는 경우가 많아진다. 이렇게 전 구성원들은 일차원적인 대응책을 넘어 기업목적을 지향하는 과제를 도출하고 해결하는 사고를 가져야 하겠다.

이와 같이 기업의 목적(미션, 사명)은 비전을 향한 목표달성에서 전반적 경영 활동의 원칙이자 가이드가 된다. 그러한 차원에서 그동안 기업목적을 잠시 잊고 있었다면 기업이 궁극적으로 가야 할 목표를 다시 한번 고려하여 정립하여야 한다. 이것은 지금 지구촌에서 우리나라의 위치와 역할을 재조명해 보아야 할 상황과 유사하다. 우리나라는 반세기 만에 원조수혜국에서 원조지원국으로 성장하였다. 그동안 우리는 경제성장이 제일의 가치로 '성장이 곧 우리의 자긍심'이 되었다. 그러나 이제 잘사는 나라에서 올바른 나라의 이미지를 가질 차례이다. 다른 지구촌 이웃의 어려움을 함께 돕고 나누고 베푸는 나라가 되어야 한다. 그래야 국가적 이미지가 상승하고 우리에게 다시 이익으로 돌아올 수 있다. 우리가 왜 경제성장을 하여야 하는지를 다시 한번 생각해 보아야 할 때다. 기업도 마찬가지이다. 그동안 먹고사는 문제에 매달렸다. 그래서 기업의 목적에 관심을 두기보다 성장과 이익을 내는 데 몰두했다. 하지만 이제 선진적인 경영을 하기 위해서는 올바른 기업목적을 구성원들과 공유하고 이를 향해 구성원들이 사업에 집중하게 하여 진정한 성과를 이루어 내는 데 익숙해져야 할 때이다.

제3장

시스템, 실행 그리고 성과

성공하는 사람들의 공통점은 자신의 확고한 가치관을 가지고 비전 혹은 목표를 세운다. 그리고 이것을 향해 가기 위해 주위 환경을 자신 쪽으로 돌리게 하고 자기 행동을 끊임없이 비전을 지향할 수 있도록 습관화한다. 성공하는 기업도 마찬가지다. 기업의 목적이 분명해지면 이를 구현해 내는 실체가 바로 시스템(system)이다. 그리고 개인이 습관화하는 것처럼 기업은 지속적으로 탁월한 성과를 낼 수 있는 시스템이 되도록 습관화해야 한다.

   그렇다면 훌륭한 성과를 내기 위한 시스템은 어떻게 되어야 하는가?

   이를 위해 먼저 시스템에 대한 의미부터 살펴보자. 시스템이란 개념은 1930년대에 생물학, 심리학, 생태학에서 이미 공식화되었다.[1] 이후 1940년 생물학자 베르탈란피(Bertalanffy)가 발표한 열린 시스템과 일반 시스템 이론이 조명받았다. 이를 기반으로 1950년~60년대는 시스템적 사고가 경영과 공학분야까지 다각도로 응용되기 시작했다. 그의 '열린 시스템' 개념은 생물학을 기반으로 기존 물리학 기반의 열역학 제2 법칙이 언급하는 '닫힌 시스템' 개념과 대조를 이룬다. 이러한 물리 시스템(닫힌 시스템)은 기계의 에너지가 열로 발산되면 다시 기계적 에너지로 환원될 수 없듯이 시스템의 무질서가 증가하게 되면 결국 기계가 정지될 수밖에 없다는 생각이다. 반대로 생물 시스템(열린 시스템)은 자신이 살아가기 위해 외부환경으로부터 지속적으로 에너지가 들어오고 나가면서 시스템 자체가 정적이 아닌 항상 변화하면서 질서를 유지해 가는 균형 상태(살아 있는 상태)를 가진다. 베르탈란피는 이러한 시스템이 생물뿐만 아니라 다른 여러 분야에서도 일어나고 있으며, 특수한 상황까지도 유사하게 일어나는 것을 깨닫고, 사회, 생태계에 이르는 폭넓게 적용되는 일반시스템 이론을 주장했다. 이로서 조직연구자들은 조직을 바라보는 관점이 기계적 관점에서 유기체적 관점으로 관심이 전환되었다.[2] 가레스 모건(Gareth Morgen)은 그의 책 『조직의 이미지(Images of Organization)』에서 이러한 관점을 은유적으로 구분하고 있다. 기계적 조직은 합리적, 효율적으로 조직화하고 운영하도록 초점이 맞추어져 있다. 조직을 직무단위로 구분하여 명확한 역할을 규정하며, 일을 계획하고 조직화하고 통제하는 데 역점을 둔다. 반면 유기체적 조직은 보다 자연세계로부터 논리를 배워, 조직과 환경과의 관계에 대한 이해의 폭을 넓히고 부분들의 집합체로서 정체되어 있기보다는 생존을 위한 지속적인 과정에서 변화되어 가는 유연성에 초점을 맞춘다. 그리고 조직 내부에서도 하위체계(전략, 구조, 기술, 인간 및 관리 등)들의 욕구를 균형 있게 상호 수용할 수 있어야 한다고 했다. 이렇게 시스템에 대한 인식 전환으로 우리는 조직을 바라보는 기존의 한정된 사고에서 폭넓은 사고를 할 수 있게 되었다. 그렇다면 이후 성과관리 이해의 심화를 위해 시스템이 갖는 특성을 좀 더 구체적으로 살펴보자.

첫째 특성은 전체성(holism)이다. 자동차는 수많은 부품이 조립되어 완성된다. 즉 동일한 부품이면 동일한 모델의 자동차가 끝없이 만들어질 수 있다. 그러나 생물시스템은 다르다. 동일한 유전자로 자손을 번식하더라도 다른 특성을 가진 자손이 생성된다. 우리 사람들을 보라. 같은 구조를 갖고 같은 기능을 하지만 어디 하나 같은 사람은 없다. 비록 영화 아일랜드(*The Island*, 2005)와 같이 복제인간이라 해도 다른 감정을 가진 엄연한 다른 사람이다. 이와 같이 유기적 시스템은 같은 기능과 구조를 가졌지만 전체가 각기 다른 모습을 갖고 있다.

한편 기계적인 자동차와 달리 생물은 부분으로 쪼개어서 다시 붙일 수 없다. 또한 기계는 부분을 갈아 끼워도 전체에 문제가 없지만, 생물은 부분을 갈아 끼우면 전체에 문제가 발생한다. 이와 같이 전체의 특성은 '부분들이 질서 있는 관계들의 구성'으로 만들어진다. 이렇게 시스템은 각 부분의 특성에서 볼 수 없는 전체의 특성을 가지고 있다[이러한 개념을 '창발(*emergency*)'이라고 함]. 따라서 각 부분의 이해를 통해 전체를 이해하는 것이 아니라 전체의 맥락에서 부분을 이해할 수 있는 것이다. 전체성의 개념은 바로 게슈탈트(Gestalt) 심리학에서 언급한 것처럼 부분의 합이 전체가 아닌 전체로서의 특성 그 자체로써의 이해가 필요하다. 조직도 마찬가지로 개인, 부서, 부문 그리고 전체조직으로 마치 양파껍질처럼 형성되어 있다. 실제 최하단위 개인부터 조직을 형성하면서 상호 연결되어 관계를 맺고 있다. 조직 내에서는 이러한 모습을 다양하게 볼 수 있다. 예를 들어 생산프로세스는 대체로 밀착된 관계로 형성되어 있고, 영업프로세스를 보면 느슨한 관계로 형성되어 있다. 때문에 경영컨설턴트들이 조직 시스템을 개선하고자 할 때 가장 많이 접근하는 점이 바로 이러한 관계를 진단하고 개선점을 찾아낸다. 그러나 한 가지 주의할 점이 있다. 한때 유행한 BPR(Business Process Reengineering)이 성공적인 성과를 내지 못한 것은 일의 관계에만 집중한 것이라 생각된다. 이들 관계의 핵심요소 인 사람의 관계를 결합하지 못한 것이다. 다시 말해 일의 관계에서 효율성을 정립해 놓아도 사람들의 관계가 익숙하지 않으면 관성에 의해 원위치가 되고 만다. 사람은 기계처럼 프로그램된 대로 움직여 주지 않는다는 것이 변수이자 가장 어려운 경영의 과제이기도 하다. 또한 조직의 미션, 비전과 전략 그리고 실행까지 상위조직의 요구를 하위조직과 연결하여 목표를 달성하도록 관리하는 것도 '관계관리' 라 할 수 있다. 따라서 시스템적으로 생각해 볼 때 하위조직에서의 개인 업무수행 결과가 좋고 그것이 합쳐지면 전체 조직성과가 좋아 진다고 생각되지 않는다. 왜냐하면 팀 리더는 팀 목표달성을 위한 자 원배분의 조율과 협력유도, 사람의 동기부여 등의 상하 관계를 위한 리더십을 발휘해야 한다. 뿐만 아니라 팀 간 업무협력을 통한 성과를 내어야 하며, 조직차원의 개선과제에 참여하여 성과도 이루어 내어야 하고, 더구나 외부조직과의 협력을 하여야 하는 등 상당히 복잡한 관 계를 통해 전체 조직성과에 기여하고 있기 때문이다. 따라서 조직이 구성하고 있는 실체 간 관계의 특성이 전체의 특성을 나타내기 때문 에 개인성과의 합이 전체 성과라고 보기 어렵다.

둘째 특성은 개방성(開放性)이다. 이는 시스템이 환경과 관계하는 특성을 강조한다. 건축물을 한번 생각해 보자. 현대 콘크리트 건축물 은 외부와 차단되어 있다. 더위와 추위, 각종 해충으로부터 차단된다. 거기에다 화학물질을 지닌 내부 장식으로 인해 사람들은 아토피와 같은 병에 시달린다. 그러나 전통한옥을 보면 외부와 교통하고 있다. 황토벽으로 온도와 습도가 적절하게 조절되고, 한지로 만든 창은 통풍이 잘되며, 특히 여름철에 마루에 앉아 있으면 달아오른 마당의 높은 기온과 집 뒤쪽의 차가운 기온의 차이로 인해 솔솔 부는 시원한 바람을 맞이할 수 있다. 한마디로 자연친화적이며 살아 있다. 한옥은 자기 경계를 가지면서 환경과 교류하는 건축물로 자연과 관계하는 지혜가 담겨져 있는 실체이다.

이와 같이 조직도 경계를 가지고 있지만 환경에 대해 열려 있다. 고객, 경쟁사, 이해관계자, 공급자 및 정부 등과 같이 조직과 관계하는 대상과 직간접적으로 상호 작용하고 있다. 오늘날 기업들은 전략 수립에서 자신의 미션과 비전의 달성에 영향을 끼치는 외부시장 세력들의 변화를 탐지하고 이를 대응하는 전략적 대응방안을 수립한다. 여기서 조직이 환경을 대하는 두 가지 입장이 있다. 하나는 결정론(determinism)이다. 이는 조직이 외부환경의 구조적 제약요건에 의해 결정되는 수동적인 것으로 본다. 반면 다른 하나는 임의론(voluntarism)으로 조직이 환경에 대해 능동적 자율적으로 행동하며 대응방안을 형성하는 주체로 보고 있다. 실제 조직은 이 두 개념을 모두 갖고 있다. 즉 조직이 환경의 대상들을 통제는 할 수 없지만 어느 정도 예측하고 그 영향력에 대해서 대응이 가능하다.

이렇게 환경과 조직 시스템이 적합성을 이루자면 종속적인 것이 아니라 동등한 입장에 서서 보아야 한다. 그리고 시스템이 추구하고자 하는 목적, 목표를 기반으로 영향을 미치는 환경을 예측하고 준비하는 데 있어 시스템의 능력을 키워 가야 한다. 이때 시스템의 능력은 자신이 환경을 똑바로 보고 선택하는 능력과 시스템 내부에서 대응방법을 찾아 준비하는 것이다. 예를 들어, 현재의 경기흐름에 의하면 추후 A제품의 예상수요가 많을 것으로 판단하여 과감히 투자한다.

그러나 새로운 제조방식과 대체품이 나타나면서 A제품을 대체할 만한 기업이 많이 생겨나고 시장에서 경쟁에 패함으로써 도산하였다고 하자. 과연 이 기업의 폐망은 급변하는 환경 때문일까? 경쟁자를 잘못 인식했기 때문일까? 그보다 '자신을 제대로 인식하고 이에 대한 방법을 잘못 선택'한 면이 더 크다. 즉 자신의 경험에서 나온 과욕으로 인해 자신과 환경과의 관계를 잘못 인식한 것이다. 특히 의사결정자가 자신의 자만에 빠져 '나'와 '환경'과의 올바른 단서를 잘못 해석하는 오류가 크다. 그러나 경영자가 올바른 판단을 하였지만 경영자의 전략적 이슈를 내부 시스템에서 창의적으로 대응 혹은 해결하지 못하면 아무런 소용이 없다. 훌륭한 기업의 체질이란 바로 이러한 전략적 과제해결 능력이 출중하다는 것을 말한다.

따라서 환경과 시스템의 작동 메커니즘에서 볼 때 시스템이 살아 있기 위해서는 외부에서 오는 통제 불가능한 것들을 내부에서 통제 가능할 수 있도록, 외부의 영향력을 시스템 내부로 유입하여 그 대응방법을 만들고 이를 다시 외부로 내보냄으로써 내부의 무질서를 감소시키는 끊임없는 활동을 하는 것이다.

셋째 특성은 프로세스(process) 사고이다. 앞서 살펴본 전체성, 개방성과 밀접한 연관이 있다. 전체는 부분의 집합이라기보다 부분 간 지속적인 과정(process)으로 연결되어 있다. 환경과도 끊임없는 교환과정을 통해 조직은 생존을 위해 지속적인 변화 과정을 겪는다. 이렇게 시스템은 자기 목적을 위해 끊임없이 과정을 작동시킨다. 예를 들어 살아 있는 시스템은 항상성(恒常性, *homeostasis*)의 개념을 가진다. 이것은 지속적인 상태를 유지하는 능력을 말한다. 우리 신체가 체온을 자동 조절하는 개념과 같다.[3] 이 개념은 생물뿐만 아니라 기업 조직도 항상성의 개념이 적용된다. 즉 모든 기업은 각기 다른 자신만의 전략 방향을 가지고 그에 따른 각기 다른 과정을 작동시켜 생존하는 것과 같은 의미이다.

한편 기업 내에는 많은 기능(機能)들이 상호 의존적으로 연결되어 있다. 그래서 기업이 추구해야 할 새로운 목표가 제시되면 기존 기능 자체가 변한다기보다 새로운 기능이 생기거나 기능 간의 관계가 새롭게 연결된다. 더불어 기존 기능에는 자연히 새로운 역할이 주어진다. 이때 조직구조는 상호 연결되어 있는 기능들의 집합체이다. 따라서 조직구조는 각 기능들이 어떻게 협력하거나 경쟁하며, 상호 학습하고 변화하기 위한 관계를 규정한다.[4] 이러한 기능 간의 관계는 새로운 목표를 달성하기 위한 과정을 겪게 된다. 만약 우리가 조직에서 과정이 축적된 모습을 볼 수 있으려면 이런 개념일 것이다. 산에 있는 소나무를 보면 모두 각양각색 다른 모습이다. 그 모습은 싹이 트면서 자라 온 과정들이 축적된 것이다. 분명 소나무들은 생존을 위한 과정을 겪으면서 최종상태가 모두 다른 모습을 하고 있다. 이처럼 조직도 기능간의 관계를 통한 다양한 과정을 거치면서 처음 목표한 것과 동일한 혹은 새로운 결과물을 만들어 내고, 구조도 그러한 과정을 거치면서 각양각색으로 정립된다. 따라서 시스템은 자신이 추구하여야 할 목표, 목적을 위해 각 기능이 자신의 역할을 훌륭하게 수행하면서, 기능 간의 연결된 구조에서 통합해 내는 과정을 겪는다.

넷째 특성은 순환구조(recursive structure)이다.[5] 즉 시스템이 자생적(自生的)이기 위해서는 부분에서도 전체의 모습을 지니고 있다는 의미이다. 이것은 비록 시스템이 위기상황을 만나 부분이 나누어진다 하더라도 시스템이 자율적인 자기조직화(self-organization)가 가능하고 전체 시스템으로 복귀가 가능하다는 것이다. 가레스 모건은 『조직의 이미지(*Images of Organization*)』에서 이러한 자기 조직화하는 시스템의 모습을 두뇌를 비유하여 설명하고 있다.[6] 두뇌의 특징에서 말해 주듯, 부분들이 분산되어 접근하지만 전체는 고도로 조직화되어 있는 기억능력을 가지고 있다. 또한 부분 속에 전체가 담겨 있어 각종 역량이나 통제 능력이 광범위하게 확산되어 주요 부분이 제거되어도 원래 기능을 발휘할 수 있다. 그의 책에서 실제 노르웨이의 해운회사가 비행기 사고로 전체 인원의 절반 이상을 잃어 버렸지만 얼마 되지 않아 제 기능을 발휘하는 사례를 제시하고 있다. 이 현상은 원래 역량을 공유하고 있던 나머지 사람들이 협력해 사망한 사람들에 의해 수행되었던 기능을 복원하였던 것이다. 또한 그는 『창조경영』에서 유연한 조직을 설명하기 위해 거미식물(spider plant)을 비유한다.[7] 거미식물은 중앙식물체가 있고 가지가 뻗어 나와 그 끝에 중앙식물체와 똑같은 식물체가 꽃과 같이 자란다. 거미식물은 가지 끝의 식물체를 잘라 물에 띄워 놓으면 뿌리가 나와 또 하나의 식물체가 형성된다. 조직에서도 마찬가지로 전체 시스템 내에서 같은 *DNA*를 가진 하부시스템이 존재하여야 유연한 조직이 된다는 것이다. 이러한 순환구조는 전통적 조직에서 나타나는 최고경영자가 결정한 정책과 방향을 하위계층에서 이행만 하는 것이 아닌, 하부시스템(팀 혹은 개인)도 의사결정하고 방향을 수립하며, 스스로 해당 환경을 관찰하여 관리하고 자기 조절(self-regulation)기능을 가지고 있다는 것이다. 그래서 전체 조직의 복잡성을 분산 관리할 수 있다. 따라서 각 하부시스템은 자율성(autonomy)을 가지고 있어 상위시스템에서 발견할 수 없고 할 수 없는 것들도 창출하고 수행할 수 있다. 스스로 생존하고 발전해 가는 모든 시스템(자생적 시스템)은 이러한 구조로 자기 문제를 해결하고, 자신의 정책을 결정하고 이행하는 것이다.[8]

다섯째 특성은 피드백(*feedback*)이다. 이것은 사이버네틱스(*cybernetics*) 주창자들에 의해 제기된 개념이다. 인과관계를 가진 구성요소들이 순환적으로 배열되어 있어 최초의 입력요소가 연관된 다음 요소에 영향을 미치고 결국 마지막 출력요소에 영향을 주며, 이것은 다시 처음 요소에 영향을 준다. 그러면서 시스템 전체는 순환할 때마다 목적을 위해 요소 간의 영향을 미쳐 자동 조절된다.[9] 우리가 운전을 하거나 자전거를 탈 때도 이러한 피드백의 개념은 적용된다. 즉 원하는 목적대로 가지 않을 때 우리는 올바른 방향으로 되돌린다. 이러한 개념은 우리의 몸에 있는 자율신경계에서도 적용된다. 운동을 할 때 심장박동을 높이는 역할을 하는 교감신경과 쉴 때 이를 이완하는 부교감신경의 관계가 바로 피드백이 작동되는 현상이다. 또한 사회관계나 인간관계에서도 과다한 행동에 대한 피드백으로 억제를 통해 균형을 맞추고 있다. 이렇게 피드백 특성은 목적을 지향할 수 있도록 해 준다.

한편 피드백은 시스템을 유지할 뿐만 아니라 발전을 도모하기도 한다. 예를 들어 불확실한 기업환경 속에서도 시스템은 발전한다. 기업에서는 고객 가치창조를 구현하기 위해 사업 방법을 담은 것을 비즈니스 모델(*business model*)이라고 한다. 이러한 비즈니스 모델은 경영자가 생각해 낼 수 있고, 외부 성공한 사업을 벤치마킹을 통해 수립할 수도 있다. 하지만 이것만으로 사업 성공을 보장할 수 없다. 즉 이것은 사업을 이끌어 주는 가설에 불과하다. 기존보다 다른 제품을 만들 것인가, 어떻게 잘 팔 것인가, 어떻게 잘 유통시킬 것인가라는 가설들은 기업의 경영현장에서 검증된다. 그리고 성공적이라고 검증이 되었을 때 비로소 시스템으로 정착하게 된다. 이렇게 조직시스템의 속성은 항상 새로운 사업에 대해 가설을 제시하고, 그 비즈니스 모델이 검증되면서 기존 시스템은 부분적이거나 전체적으로 변화를 하는 피드백을 통해 발전하게 된다.

시스템은 기업의 본질적 경쟁력

시스템은 앞서 살펴본 전체성, 개방성, 과정 사고, 순환구조, 피드백 등의 특성을 지니고 있다. 이러한 특성을 담고 있는 기업에서의 시스템은 조직의 미션, 비전을 달성하는 실체이며, 고객이 원하는 가치를 창조하여 제공하는 원천이다. 따라서 기업이 경쟁력을 갖기 위해서는 무엇보다도 시스템의 발전이 관심이다. 경쟁력이란 고객에게 제공하는 가치를 경쟁사보다 차별적으로 이루어 낸 것을 말한다. 한마디로 기업의 경쟁력은 차별적 시스템을 갖추느냐에 달려 있다고 볼 수 있다.

이렇게 경쟁력을 갖추기 위한 예로 필자가 골프를 배울 때를 생각해 보았다. 우선 나의 신체가 일정한 괘도를 따라 회전력을 이용하여 공을 제대로 맞출 수 있어야 했다. 그래서 각종 영상, 코칭 등의 정보를 획득하고 해석하여 신체에 저장한다. 그리고 저장된 정보를 이용하여 그대로 실행해 본다. 그 결과 목표대로 이루어졌는지에 대한 정보를 받아 교정하는 순환을 이룬다. 이러한 과정을 잘 따라서 할 수 있으면 목표를 이루는 학습능력이 좋다고 한다. 이 정도면 남들 정도나 남들보다 낮게 골프를 칠 수 있다. 그러나 이 정도로 프로와 경쟁할 수 없다(물론 필자의 수준은 더 이하이지만). 그래도 준(準)프로 정도가 되려면 자신의 신체가 유연하도록 별도의 운동을 하여야 한다. 더 높은 수준으로 치기 위해 골프 클럽을 신체에 맞추고 자신의 방법을 끊임없이 개선한다. 이 정도면 정말 연습벌레라는 별칭을 들을 정도가 되어야 이루는 수준이다. 그런데 프로 수준으로 치려면 골프장의 온갖 변수에서 오는 시행착오, 의도하지 않았지만 성공한 시도, 타 선수의 장점 등 많은 기회를 통해서 더욱 끈질기게 학습하여야 한다. 그야말로 역동적인 상황에서 자신을 끊임없이 진화시키는 능력이 필요하다. 이렇게 개인의 신체는 점차 전문수준으로 진화한다.

　이를 조직적 차원에서 보면 신체는 시스템이다. 이러한 시스템은 학습능력과 이를 지속적으로 이행하는 끈기가 경쟁력을 갖는 중요한 요인이다. 그야말로 시스템이 갖는 능력이 어떠냐에 따라 경쟁력을 말해 주고 있다. 결국 시스템의 변화능력이 곧 조직의 능력인 것이다. 조직은 지속적인 경쟁력을 갖추기를 원한다. 이 중심에는 시스템이 있다. 하지만 시스템은 영혼이 없는 신체로 인식되어서는 안 된다. 마찬가지로 조직에서의 시스템은 반드시 사람이 함께하고 있다. 장수하는 기업의 특징을 보면 그들이 가진 목적, 비전을 추구하기 위해 수많은 내외부 환경의 변동에도 불구하고 꾸준히 시스템과 사람을 통합시켜 왔다는 것을 볼 수 있다[10](사람에 대해서는 제7장에서 자세히 논하기로 함). 더 정확히 말하자면 사람이 자원(기계, 자금, 재료, 정보, 지식 등)을 이용하여 기업의 목적, 비전 달성을 경쟁자보다 더 우월하게 작동할 수 있도록 능력을 발휘하는 일체를 가리켜 '경쟁력 있는 시스템'이라고 말할 수 있는 것이다.

실행에서 잘 부각되지 않는 시스템적 사고

　기업에 있어 지속적으로 탁월한 성과를 창출하려면 경쟁력 있는 시스템을 갖추어야 한다. 앞서 언급한 시스템의 특성을 고려해 보면, 성과관리 운영에도 다음과 같은 문제가 제기될 수 있다.

　첫째, 사업성과가 나지 않으면 일부 기업에서 제일 먼저 손을 대는 것은 조직구조이다. 즉 조직개편을 단행한다. 어떤 기업은 연중에도 조직도가 몇 번씩 개정되는 것을 볼 수 있다. 하지만 조직개편의 내용은 대개 어떤 기능을 추가하여 새로운 사람을 앉히거나, 부서의 불필요한 일부 기능을 들어내거나 시너지를 내기 위해 타 부서로 이동시킨다. 이렇게 하면 기업의 성과가 나아질 것이라는 가정 하에서 의사결정을 한다. 그러나 이러한 조직개편에도 불구하고 조직은 여전히 성과를 내는 데 불충분하고 기존 문제점들은 해결되지 않는다. 왜냐하면 이러한 조치는 몇몇 부분만 고친다고 전체가 좋아지지 않는다는 시스템의 특성을 그대로 보여 주고 있기 때문이다.

　둘째, 필자가 기업문화 요소를 진단하다보면 제일 문제가 되는 것은 거의 공통적으로 의사소통이다. 그중 가장 많이 제기되는 것은 상하 간의 의사소통, 부서 간의 의사소통이다. 이 문제는 성과에 여지없이 영향을 주고 있다. 상하 간의 의사소통의 일반적 문제는 관리자가 의견을 잘 받아들이지 않고, 보고는 받으나 피드백이 부족하며, 직원의 의견을 과감히 경영자에게 보고하지 못하는 것이다. 그렇다고 직원이 경영자에게 직접 의견을 제안하기에는 현실과 괴리가 크다. 또한 부서 간의 의사소통의 일반적 문제는 부서 이기주의로 서로 부담이 되고 간섭이 될 수 있으므로 될 수 있는 한 자신의 일 이외는 크게 관여하지 않는다. 물론 협력해야 할 사항이 제시되면 움직이지만 그 외에 스스로 협력하기에는 부담스럽다는 것이다. 이렇게 상하좌우 사람 간의 연결이 되지 않는다면 시스템이라고 할 수 없다. 왜냐하면 조직이 살아 있다는 의미는 기업의 가장 근본적인 요소인 사람간의 연결이 있다는 것이고 이것이 없으면 무의미하기 때문이다.

셋째, 사람 간의 연결도 문제이지만 전체적 성과를 위해 일의 연결도 시스템적으로 고려되어야 한다. 한 예로 필자가 컨설팅한 회사 중한 기업은 미송(未送)제품에 대해 몇 년간 골머리를 앓고 있었다. 고객에게 원하는 제품을 제때 제공하여야 하는 납기문제는 한두 가지기능에 걸린 사항이 아니다. 왜냐하면 원부자재의 불량, 미납의 문제, 생산납기의 문제, 배송과정에서의 문제, 품질불량의 문제 등 자재부문, 생산부문, 품질부문, 영업부문에 걸쳐진 문제이기 때문이다. 그래서 각 부문에서는 동일하게 미송률에 대한 측정지표를 가지고 관리하고 있었다. 하지만 문제는 각 부문에서 각자의 미송률에 대한 문제점을 개선해 보아도 전체가 좋아지지 않는다는 것이다. 이는 기능 간의 문제를 해결하기 위해서는 전체적 관점에서의 접근이 필요한 사례라 할 수 있다.

넷째, 기업은 중장기적으로든 연간이든 새로운 목표가 제시된다. 하지만 직원들은 과연 그것이 실현될지 스스로 의문을 품는다. 왜냐하면 실제 자신들이 일하는 모습에 과감한 지원과 일하는 방식이 변화하지 않는다면 이룰 수 없다고 생각하기 때문이다. 여기서 경영자와 직원 간에 인식의 차이를 보인다. 경영자는 직원들의 의식을 바꾸고 열심히 하면 목표가 이루어질 것이라고 보고, 직원은 경영자가 의식을 바꾸고 제대로 된 방법으로 일하라고 지시만 할 수 있어도 많이 달라질 것이라고 한다. 과연 누구의 이야기가 맞을까? 하부시스템이 목표를 달성하기 위해서는 스스로 작동할 수 있는 역량이 있어야 한다. 스스로 의사결정하고, 스스로 환경에 대응할 수 있는 자원이 있어야 하며, 그들만의 일하는 방식이 인정되어야 한다. 직원들은 상부에게 이것을 해 달라고 요구하고 있는 것이다.

다섯째, 인사평가 시즌이 되면 평가자들은 평가를 하는 데 너무 많은 시간이 든다고 불평하고 있다. 실제 평가면담은 간략하게 끝날 수 없다. 왜냐하면 직원들은 평가자와 면담을 통해 자기평가 결과와 평가자의 평가결과와 합의한다. 그리고 가장 중요한 피드백이 남아 있다. 직원의 강점을 확인하고 차기 목표달성에 어떻게 적용하여야 하는지를 인식하고, 면담을 통해 발견한 자신의 약점을 어떻게 개선해야 할지를 논의하고 자기개발 계획을 수립하여야 하기 때문에 시간이 많이 걸린다. 하지만 이렇게 시간을 들여 평가면담을 하는 조직이 드물다. 그러한 이유는 대체로 평가를 위한 평가를 하기 때문이다. 인사평가 주관부서에서는 빠른 시간 내에 평가를 끝마쳐 달라고 하고, 평가자들은 그들의 평가기회를 직원들의 성장에 초점을 맞추고 있지 않다. 평가자들은 단지 평가를 끝마쳤다는 것이 중요하다. 진정 성과관리에 중요한 피드백 기능이 사라진 것이다.

시스템의 이행과 성과

이 세상에서 가장 많이 벤치마킹 대상이 된 것은 아마 도요타생산시스템(TPS; Toyota Production System)이 아닐까 싶다. 특히 경제가 어려워지면 기업들은 벤치마킹을 위해 수없이 쏟아져 나온 도요타 관련 책들을 들여다본다. 도대체 사람들이 여기서 무엇을 배우고자 하는 것일까? 필자가 몇 년 전 모 대기업의 의뢰로 필자의 스승님과 함께 도요타 혁신사례를 연구할 기회를 가졌다. 따라서 필자의 경험을 바탕으로 앞서 언급한 시스템의 특성을 도요타 생산시스템과 연계하여 그들이 어떻게 성과를 이루어 내었는지 살펴보기로 하자.

도요타 자동차는 1937년 설립되었으나 이미 1930년을 넘어오면서 일본 정부의 요구와 맞아떨어져 자동차를 연구하기 시작했다. 그러나 초대사장인 도요다 기이치로는 이미 1920년에 구미산업 시찰 및 포드자동차 견학을 통해 기계가공분야의 최신 기술과 넘쳐나는 자동차를 보고 세태 변화를 파악하기 이른다. 도요타의 도전은 포드의 소품종대량생산체제의 효율성을 추구하기보다, 시장은 수요가 낮고 적은 자원과 자본으로 빠른 현금 흐름이 필요할 수밖에 없는 사정이었기에 다품종소량생산체제에서의 효율성을 갖추는 것이었다. 더구나 도요타는 전쟁 패망 후 1949년 통화긴축정책으로 판매부진에 따른 재고로 위기에 봉착하였으며(이후 한국전쟁의 특수로 위기 극복), 수입 자유화로 인해 미국 차와의 가격 경쟁력을 확인하고 나서 소비자 중심의 사고가 생성되었다. 이때 '한량생산'의 개념이 탄생되었다. 이는 소비자의 요구량에 맞추어 생산하여 수요의 증감과 상관없이 이익을 내는 생산체제를 구축하자는 것이다. 이는 TPS의 원리가 되었다. 이로서 도요타 특유의 생존공식이 생겼는데, "이익＝판매가－원가"라는 개념이다. 이것의 의미는 기업의 영속을 위해 이익이 나야 하는데 판매가는 고객에 의해 좌우되는 것으로 기업이 통제 불가능하며, 결국 기업이 통제 가능한 변수는 원가인데 이는 차별적인 제품 만드는 방식을 통해 이룰 수 있다는 것이다. 따라서 어떻게 하면 고객의 요구에 즉시 대응하면서 품질을 유지하고 저렴한 생산방식을 갖추는가가 TPS의 추구목표가 되었다. 물론 이 생존공식은 현재도 계속 적용되고 있다.[11]

이러한 TPS를 구성하는 하나의 큰 축은 JIT(Just-in-Time)이다. 이것의 뿌리는 이미 도요타 기이치로가 1938년 부품협력업체 간담회에서 설명하고 있다.[12] 그것은 이전 로트(lot) 생산을 그만두고 흐름작업을 도입하면서 '유동작업방식', 즉 매일 필요한 부품을 필요한 만큼 만들라는 것이었다.[13] 이러한 JIT의 목표는 전체 시스템을 최적화하는 것이다. 이를 위한 전제상은 '정체 없는 흐름'의 구축이다. 따라서 설계, 생산, 물류의 전 과정에서 물(物: 각종 자재, 부품, 재공품 등)의 흐름과 정보의 흐름에 방해가 되는 요소를 관리하여 단축시키고, 또한 물과 정보의 흐름을 일치시키고자 하였다. 다시 말해 물의 흐름과 정보의 흐름을 단축하고 일치하는 데 있어 비효율성을 지속적으로 개선하여 이상적(理想的) 시스템을 갖추자는 것이다. 또한 시스템 내 모든 요소를 긴밀하게 상호 의존적으로 한 몸체로 일체화시키고 있다. 일체화된 시스템에서는 전체의 흐름에 어느 하나의 약점이 있으면 바로 드러나게 된다. 예로 시스템에 더 빠른 납기(納期) 요구수준을 제시하면 그동안 보이지 않은 약점이 드러나면서 이를 개선하여 기존 시스템을 고도화하게 된다.

이러한 개선 접근의 대표적인 개념이 3M(무다 muda, 무리 muri, 무라 mura; 혹은 3불, 불필요, 불합리, 불균일로 불림)이다.[14] 무다는 불필요한 낭비적인 행동인 비부가가치적인 것을 말한다. 무리는 적성한 수단이 동원되지 못해 설비나 사람을 압박하는 것으로 수단의 과소를 말한다. 무라는 수단의 과잉과 과소가 반복되어 일정한 상태가 유지되지 못함을 말한다. 이러한 무라(불균일)는 외부적으로 고객의 수요에 의해 변동이 생기기도 하고 내부적으로 생산 환경에 의해 변동이 생기기도 한다. 이러한 대응을 위해 '평준화(平準化)'란 개념이 생겨났다. 이는 일일이 고객주문의 변동에 맞춰 생산하는 것이 아니라 일정기간 동안 총 주문량을 받아 기간과 생산량을 균일화하여 생산할 수 있도록 매일 처리하는 방식이다. 일정기간의 고객주문은 다양한 제품의 구성과 일정 수량을 담고 있으며, 이를 기준으로 수량과 조화를 이루어 균일하게 예측 생산하는 것을 말한다. 정확히 말하면 다양한 고객주문의 불균일도 흡수하면서(주문생산) 균일하게 예측 가능한 연속생산(예측생산)을 동시에 하는 것이다. 이를 '혼류(混流)생산'이라고 한다. 그러나 다양한 제품생산에 대응하기 위한 가장 애로사항이 설비교체 시간을 단축하는 일이다. 실제 그들은 준비작업을 체계화하여 극한적으로 교체시간을 단축하는 개선에 매달려 1945년부터 1954년에는 약 2시간, 1964년까지는 15분, 1970년에는 3분으로 단축하였다.[15] 또한 현장에서 평준화 구현에 대한 이해를 용이하게 하기 위해서 7대 낭비(과잉생산, 가공, 운반, 동작, 대기시간, 재고, 불량품)를 개념화하였다. 이를 제거하기 위한 관리방법으로 '5S'(정리, 정돈, 청소, 청결, 습관화)를 정착시켰으며, '5정'(정위치, 정용기, 정량, 정품, 정시)도 함께 실현시켰다. 예로, 정돈을 위해서는 정위치, 정용기에 있어야 하며, 그것은 정품이어야 하고 필요한 수만큼(정량), 원하는 시기(정시)에 있어야 한다. '눈으로 보는 관리'도 마찬가지이다. 가능한 모든 것을 눈으로 인식할 수 있도록 하고 이를 벗어나는 상태를 문제로 규정하게 한다. 예를 들어 어디에 무엇이 몇 개 있는지에 대한 표시판을 정하고 이것을 관리표준으로 정착시킨 것이다.

그리고 오오노 타이이치(초대 사장이 JIT의 개념을 설파하고 나서 1945년 "3년 안에 미국을 따라잡자"라는 도전적 목표를 제시하는 데 관심을 보인 TPS 구축의 핵심인물)가 1953년 기계공장 공장장이 되면서 '간판방식'을 적용하였다. 이것은 필요한 제품을, 필요한 시기에, 필요한 수량만큼 생산하는 일종의 정보시스템으로 JIT 생산방식의 기반이다.[16] 특히 TPS의 특성은 당기기 방식(pull) 시스템이다. 이는 후행공정이 선행공정으로부터 필요한 부품을 인수해 나가는 것으로, 이에 따라 선행공정은 인수해 간 만큼 부품을 생산한다. 이렇게 후행공정에 맞게 모든 공정에 적절한 생산시기와 수량을 정확히 알리는 수단으로 사용되었다. 따라서 일반적으로 선행공정에서 후행공정으로 밀어내기(push) 방식과 달리, 도요타의 간판방식은 제시된 정보에 따라 불량 없이 정확하게 준수하여야 하는 매우 밀착된 시스템이다. 이는 생물시스템과 유사하다. 대뇌는 환경변화의 정보를 처리하고 대응지침을 내리고, 이를 자율신경계는 시시각각 변하는 정보에 자동적으로 반응하며, 세포는 스스로 제어하여 자율적으로 행동한다. 오오노 타이이치는 생산관리를 없애고 생산 활동 안에 자율신경계를 끼워 넣자는 발상을 하게 된다.[17] 이것은 1962년 이후에 되어서야 도요타의 전 공장에 적용되었고, 협력사에도 간판방식을 적용하기 시작한다. 1970년이 되면서 협력사의 60%, 1982년에는 협력사의 98%가 외주간판을 사용하게 되었다[이것을 도요타에서는 동기화(同期化)생산시스템이라고 함].[18]

TPS의 또 하나의 큰 축은 지동화[自働化, 고품질을 보장하는 시스템으로 인간의 판단력을 가진 自動化(자동화)란 의미]이다. 종전(終戰)

후 아이러니하게도 미국이 전쟁보상으로 받아 가기 위해 도요타의 설비를 지정하였고, 설비 보전 의무를 위해 미국 보전전문가의 지도를 받아 가면서 설비를 사용한 것이 오히려 설비관리에 도움이 되었다. 초기 생산성향상을 위해 기계부품 가공공정에서 1인이 기계 2대를 맡는 시도를 하게 된다(그 후 1인 3~4대를 관리함). 그러려면 작업자와 공구 수리 전문공이 별도로 필요하였다. 따라서 1인이 여러 기계를 운영하려면 기계의 이상발생 시 작업자에게 알려 주는 기능과 작업완료 시 스스로 옆으로 이동시켜 주는 자동화 기능이 필요하게 되었다. 그리고 기계를 기능별 라인배치에서 '공정별 라인배치'로 전환하였다. 이는 수월한 공정간 흐름을 위해 가공되는 순서대로 기계를 배치하여 연속 가공할 수 있는 라인화를 실시한 것이었다. 또한 작업자는 공정 내 여러 종류의 기계를 담당하게 되는 '다공정 혹은 다기능 보유체제'가 성립되었다.[19]

결국 자동화는 설비와 사람으로 인한 불합리를 최소화시켜 품질의 불균일을 제거함으로써 JIT구현이 가능하도록 한 것이다. 설비는 스스로 불합리한 오류를 감지하여 작동을 멈추고, 작업자는 불합리(무리)한 상황 발생 시 작동을 멈추는 시스템이다. 예를 들어 '라인스톱제'가 그것이다. 작업자가 전체 작업이 표준작업 편성에 따라 실행되지 않거나, 불가능하다고 판단되면 라인을 정지시킬 수 있는 권한을 준다. 주로 실제 작업에 비해 사이클 타임이 짧거나 투입인원을 너무 줄인 경우 선행공정에서 불량품이 들어오는 경우 등이다. 이때 감독자는 원인을 찾고 수정하는 조치를 취한다. 이러한 라인스톱제는 1955년 안돈(불량 알림 등)이 도입되고 1973년 협력사에 TPS가 전체적으로 전개될 때 비로소 현장에 완전히 침투하게 된다. 이로써 적은 인원으로 과잉재고 없이 100% 우량제품을 생산 가능하게 하고 불량에 대한 문제점을 드러내어 개선을 가능하게 하는 시발점이 되었다.[20]

한편 TPS는 하드(*hard*)한 JIT와 자동화라는 시스템과 함께 소프트(*soft*)한 학습시스템이 존재한다. 이것은 TPS가 스스로 진화하는 능력을 가질 수 있는 핵심이며 TPS의 보이지 않는 힘이다. 그래서 TPS를 벤치마킹하여 접목하기 어렵다고 하는 이유가 TPS의 도구와 기법보다 훨씬 중요한 '지속적 개선' 문화를 따라 하기 힘들기 때문이다.[21] 이러한 학습시스템은 기본적으로 지속적인 문제발견과 이를 해결하는 과정에 의해 이루어진다.

문제발견에도 크게 '시스템에 의해 문제를 드러나게 하는 방법'과 '사람에 의해 의도적으로 탐색하여 문제를 드러내는 방법'으로 나누어 볼 수 있다. 첫째, '시스템에 의한 문제발견'은 JIT와 자동화를 통해 가능하다. 도요타에서는 문제를 숨길 수 없게 되어 있다. 불량이 발견되면 작업자가 라인스톱을 하거나 설비가 자동적으로 정지된다. 간판방식에 의해서도 문제가 드러난다. 간판의 수가 곧 재고이고 이것이 낭비이므로 간판의 수를 줄이기 위해서는 현장감독자 주관으로 작업자 배치를 바꾸거나 표준작업 편성을 변경해서 리드타임을 줄여야 한다. 또한 표준작업은 생산성을 높이는 것이 목적이지만 이것도 눈으로 보는 방식으로 시각화하여 작업장에 비치하게 되고 이를 벗어나면 문제로 인식되어 감독자가 지도에 들어가며, 표준 자체에 문제가 있으면 즉시 수정한다. 한마디로 시스템에 의해 강제로 문제를 발견하게 된다. 둘째, '사람에 의한 문제발견'은 사람들의 역량에 의해 달라진다. 그들은 각종 IE(Industrial Engineering)빙법도 동원하지만, 경영마인드와 기업문화가 되어 버린 개선능력이 특이하다. 도요타는 문제를 제거하려는 '지지 않기 위한 개선'이라기보다 상식을 초월한 새로운 시스템으로 변화시키기 위한 '이기기 위한 개선'을 한다.[22] 한 가지 오해하지 말아야 할 것은 TPS에서 언급하는 '지속적 개선'은 개선의 크기가 작은 제안을 꾸준히 도출하고 개선하는 것이 아니다. 이것은 극한 준비교체시간, JIT의 실현 등을 보면 상식을 초월한 개선임을 알 수 있다. 그야말로 TPS는 도요타 사람들이 크고 어렵고 대담한 목표를 느리지만 일관적으로 지속적으로 개선해 낸 결과이다. 그리고 도요타 사람들은 이것을 당연한 행동규범으로 습관화하였기 때문에 계속적인 도전이 일어나는 것이다.

이들의 문제해결 방식도 독특하다. 먼저 가장 기본이 되는 사고가 3현(3現, 겐치 겐부츠)이다. 이는 현장에서 현물을 보고 현상을 파악하여야 한다는 것을 말한다. 또한 이는 사실관리와 의미가 유사하지만 숫자나 통계 그 이상의 의미가 있다. 예를 들어 오오노 타이이치의 원(圓)이 있다.[23] 그는 직원의 훈련을 위해 현장에서 원을 그리고 그 안에서 하루 종일 프로세스를 직접 보고 생각하게 했다. 중요한 것은 진행 중인 주체나 문제의 본질은 관찰하고 생각하고 분석하여 평가하는 힘을 기르는 것이다. 또한 이 사고의 핵심은 문제해결의 장소를 문제가 발견된 현장으로 삼는다는 점이다. 현상의 본질을 감추어서는 안 된다는 것이다. 이미 도요타에서는 3현의 사고가 사장을 비롯한 전사원의 현장경영 문화(핵심가치)로 정착되어 있다.

이러한 문제발견과 해결에서 또 하나의 중요한 사고는 직원을 학습의 주체자로 인식하는 인간존중의 정신(도요타의 핵심가치 중 하나임)이다. 직원을 단순히 생산에 동원되는 기계장치와 같은 부속물이 아니라 사고능력을 갖춘 생산의 주체로 인식한다. 이들에게 생산시스템에서 비부가가치(낭비)를 발견하고 이를 새롭게 정립하는 역할을 맡기는 것이다. 이에 비해 미국의 생산방식은 부가가치를 강화하는 데 주목한다. 따라서 생산 활동 전반에 걸쳐 엘리트 엔지니어를 투입하여 부가가치를 극대화하는 방안을 설계하거나 문제가 발생되면 이들이 해결한다. 또한 작업자들을 단순히 생산하는 부분으로 보았고, 실행의 검토도 엘리트들이 해야 한다고 생각했다. 이와 다르게 TPS는 생산현장의 세밀한 정보를 가지고 있는 현장 작업자들의 참여와 개선활동을 통해 생산시스템을 진화하는 방식을 택했다.

이렇게 서구와 다른 사고가 바탕이 되어 도요타식 변화가 일어났다. 먼저 상식을 초월한 변화의 과제가 던져지면, 우선 해 보자는 의식이 발동된다. 이것은 사람들의 인식에 위기를 불러일으켜 과제에 대해 모든 사람이 해결하고자 내몰게 된다. 이 와중에 중심인물(현장 엔지니어)은 일단 현장에서 시도해 보고 대체로 어떻게 하면 되겠다는 결론을 낸다. 이것을 구체적이고 반복적으로 고집스럽게 시도하는 협력집단이 받쳐 준다. 대표적인 것이 QC서어클(우리나라는 분임조 활동이라 부름)이다. 결국 TPS는 상식을 초월하는 자주적인 개선활동이 필연적으로 일어나고 끊임없는 개선활동의 결과로 생긴 것으로, 전 구성원의 아이디어와 지혜를 집대성하여 탄생한 것이다.

시스템적 사고를 성과관리 운영에 적용하기

시스템적 사고를 실제 성과관리 운영에서 적용할 수 있는 몇 가지 사항을 알아보도록 하자.

3-1. 전사차원의 전략이 개발되고 나면 전략목표(*strategic objectives*)가 수립된다. 그리고 이를 달성하기 위한 전략과제(CSF; *Critical Success Factor*)와 측정지표(KPI; *Key Performance Indicator*) 및 목표치가 설정되고 공유된다. 그리고 이것을 지원부문이나 사업부(혹은 사업부문)에서 추진하게 된다. 이때 전사적인 입장에서 시너지(*synergy*)를 창출하기 위해서 지원부문이나 사업부에 걸쳐 정렬(alignment)이 필요하다.[24] 이는 시스템의 전체성(holism)의 특성과 같이 부분의 합보다 전체가 더 커지도록 하려는 것이다.

이를 위해 고려해 볼 관계는 전사와 사업부 간, 지원부문과 사업부 간, 사업부와 사업부 간, 사업부와 고객 간, 사업부와 외부조직(공급자, 협력업체 등) 간 등을 들 수 있다. 즉 전사전략을 효과적으로 수행하기 위해서 경영활동의 각 요소들이 어떻게 연결되어야 시너지가 날 수 있을지를 고려하는 것이다. 예를 들어 중요한 전사 전략들이 어느 사업과 우선적으로 연계되어야 하는지, 지원부문은 사업부분에 어떤 것을 우선적으로 지원하여야 하는지, 사업부 간에 공유되거나 공통적으로 추진하여야 하는 것은 없는지, 고객의 요구사항을 사업부 전략에 반영하고 있는지, 공급자와 협력업체와 함께 추진되어야 할 전략적 과제가 사업부에 제대로 반영되고 있는지 등을 검토하는 것이다. 각각의 관계에서 이러한 효과성을 검토할 때 구체적인 방안을 내기 위해서 BSC의 4가지 관점(재무, 고객, 내부 프로세스, 학습과 성장)으로 바라보는 것도 좋다. 재무적인 시너지가 날 수 있는 것은 무엇인지, 고객에게 더 훌륭한 가치를 제공하기 위해서는 어떻게 할 것인지, 내부 프로세스의 시너지를 내기 위해서는 무엇이 중요한지, 무형의 자산을 개발하고 이를 활용하기 위해서는 어떻게 할 것인지 등으로 접근할 수 있다.

또한 정렬을 위한 검토는 최고경영자와 경영진들이 모여 수행하는 것이 바람직하다. 사실 전사전략이 공포되고 나면 각 임원들은 이를 그대로 받아들이지 실제 전체 효과를 내기 위해 어떻게 추진할지에 대해 논의할 기회가 별로 없다. 이러한 정렬을 위한 논의를 통해 지원부문과의 자원할당에 대한 문제, 타 사업부의 제품과 공동 판매, 필요한 기술이나 인력의 공동 활용 혹은 개발, 마케팅, 유통 등의 기능의 통합적 활용을 통한 규모의 경제 도모, 사업부 간 탁월한 지식의 전파 등 수없는 과제가 정렬될 수 있다.

따라서 정렬은 단순히 하위조직으로 전개[이를 캐스케이딩(*cascading*)으로 부르기도 한다]하는 것과는 다르다. 이는 상위전략을 달성하기 위해 하위조직에서 그 수단(방안)을 도출하는 것을 말한다. 물론 하위조직으로의 전개는 정렬의 일부분일 수 있다. 하지만 전사전략이 수립되고 이를 달성하기 위한 하위조직의 전개만 이루어진다면 전체적 성과를 조망하기보다 하위조직 입장에서 수행되는 수단 도출만 강조되기 쉽다. 전체가 시너지가 나는 효과적인 방안을 정렬한 다음 하위조직으로 전개하는 것이 순서라 하겠다.

3-2. 전사차원의 전략과제들 중에서는 전사 차원에서 수행되어야 효과가 있지 하부부문으로 전개하여 수행하면 효과가 없는 과제가 있다. 왜냐하면 시스템의 과정(*process*)은 일련의 사건과 활동의 연속이다. 이러한 흐름에서의 결과물은 기능횡단적(*cross-functional*)으로 연계된 문제이고 이를 해결하여야 비로소 가치 있는 결과가 나오게 된다. 그렇지 않고 이를 각 하부조직으로 전개하면 각 부문별 과제(상위 과

제를 해결하기 위해 하위 수단으로 도출된 과제)로 설정되어 각 부문별 책임 하에 수행하게 된다. 당연히 부문 간의 연계된 문제는 소홀하게 되고, 이후 이러한 전략과제들은 추진과정에서 다시 부문 간 협력하여야 하는 문제가 남겨지게 된다. 이러한 상황은 시스템 특성상 프로세스 사고와 연계된다.

한 사례로 필자가 컨설팅에 참여했던 K사는 OEM(*Original Equipment Manufacturing*)을 포함하여 화장품을 연구, 제조, 판매하는 회사다. 조직적 성과의 문제 동인은 시장 경쟁이 치열하고 고객의 요구변동이 심해 과거보다 주문이 다품종 소량이고 요구 납기도 변동이 많을 뿐만 아니라 납기도 짧아졌다. 내부적으로 보면 시장정보의 탐색 능력이 약해 신제품을 내놓기 쉽지 않았다. 또한 고객요구의 변동이 많기에 연구와 생산의 빠르고 유연한 대응이 어려웠다. 더구나 협력업체 원부자재의 품질, 납기 등 문제로 본 생산시스템과 연동하는 데 문제가 있었다. 특히 생산부문에서는 품종이 많아져 설비교체시간이 많이 들었고 한 달 안에도 생산시기가 불균형하여 월말에 잔업이 몰렸다. 한마디로 '고객주문에 유연한 대응시스템'이 필요하였다. 물론 K사는 이러한 문제에 대해 영업-생산, 연구-생산 간의 발생되는 문제를 회의를 통해 해결을 시도하고 있었다. 하지만 K사가 해결해야 할 문제는 전체 시스템에 관한 상황이다. 또한 단기간에 해결될 문제도 아니다. 그래서 전 부문에서 유능한 인력을 차출하여 과제를 해결하기로 하였다. 장기적인 로드맵(road map)을 수립하여 단계별로 과제를 분할하였다. 1단계는 유연생산시스템을 갖추기 위해 필요한 각 부문의 내부역량 향상, 2단계는 부문 간 연결된 프로세스 향상, 3단계는 외부 협력사와의 프로세스 연계성 향상에 대한 과제로 단계화하였다.

그리고 단계별 과제해결을 위한 개선반이 형성되었고 이들을 통해 프로젝트 형식의 문제해결활동이 시작되었다. 반별로 프로젝트 계획을 사장에게 발표하고 승인하는 절차를 가졌고 연말에 종합 평가를 실시하여 보상도 이어졌다. 분명 그동안 부문별로 각자 목표달성을 위한 관리활동과는 다르게 진행되면서 이들의 성과는 몰라보게 달라졌다.

3-3. 성과관리를 운영하다 보면 각 부문별로 설정된 측정지표(KPI; Key Performance Indicator)를 달성하는 데서 다른 부문과 대립되는 상황이 발생한다. 예로 품질부문에서 품질을 높이려면 여러 검사와 항목에 소요되는 시간이 필요하다. 이렇게 되면 영업부문은 납기에 문제가 생긴다. 또한 생산부문에서 원가절감이라는 효율성 추구는 영업에서 중요하지 않을 수 있다. 영업은 판매를 늘려 매출액을 높이는 것이 중요하다. 시스템의 최종결과물은 부문 간의 상호 작용과 조합으로 이루어지는 프로세스(process) 활동의 결과이다. 결국 상호 작용에서 품질, 납기, 원가 등 각종 문제를 해결하여야 하는데, 이때 부문 간의 대립은 기본적으로 나타나는 현상이다. 핵심은 부문 간의 승/패(win/lose)가 아니라 승/승(win/win)의 상호 작용이 되어야 한다는 것이다. 이것이 시스템에서의 프로세스적 사고이다.

이러한 하위부문 간 대립의 해결을 위해서는 상위자가 나서야 한다. 프로세스 성과에 대한 책임은 상위자에게 있다. 일반적으로 기업들이 저지르기 쉬운 실수는 바로 프로세스 성과의 책임을 하위자가 가지고 있다는 것이다. 예를 들어 필자가 대기업에 부품을 납품을 하는 어느 한 중견기업에서 경험한 일이다. 생산부서가 영업부서의 적기납품율에 대한 측정지표를 가지고 있었다. 그 이유를 물어보니 비록 영업부서가 대기업에 납품하는 책임이 있지만 완제품을 제때 생산하는 것이 생산부서에도 책임이 있어 서로 책임분담 차원에서 동시에 설정되었다고 한다. 그러나 생산부서 사람들은 영업부서에서 대기업의 오더(order)를 시도 때도 없이 받아 오니 적기에 제품을 생산할 수 없다고 불평하였다. 또한 연구부서도 필요한 시방서를 제때 보내지 않아 더욱 생산에 차질이 생긴다고 하였다. 그래서 올해부터 연구부서도 적기납품률에 대한 측정지표를 관리할 것이라고 하였다. 어찌 보면 대기업에 적기 납품하는 것이 이 기업의 생존에 더 없이 중요한 성과이므로 모두가 책임을 져야 하니 동일한 측정지표로 관리해야 하는 것처럼 보일 수 있다. 하지만 이 회사는 적기납품에 대한 목표를 두고 서로의 탓만 하고 어느 누구도 제대로 관리할 수 없는 지경이 된 것이다. 그래서 필자는 그 목표를 사장이 직접 관리하도록 하였다. 그리고 그동안 전체관점에서 충돌되는 이슈를 과제화하여 각 부서의 목표로 재설정해 줌으로써 협력적인 활동이 가능하게 되었다.

프로세스 성과는 협력이 되어야 이루어질 수 있다. 그러나 기본적으로 해당부문은 자신의 목표달성에 집중하고 협력에 소홀할 수밖에 없다. 그래서 프로세스 성과는 상위자가 직접 챙겨야 한다. 상위자는 하위부문에게 승/승의 관계로 접근하지 않으면 언제든지 승/패의 관계가 된다는 것을 깨닫게 해 주어야 한다. 그리고 각 부문들이 협력하여 프로세스 성과를 위한 활동에 관심을 갖고 주기적으로 점검하고 필요한 조치를 취해 주어야 한다. 이러한 리더십은 부문 간의 '연결' 활동이다. 예를 들면 필요한 우선순위를 조정하거나, 인원투입 등 자원운영을 조율하거나, 아이디어를 촉진하며 부문 간에 지식을 교류하게 하거나, 필요 자원을 지원하거나, 문제가 야기되는 점을 미리 조치, 지시, 결정하는 등의 활동을 말한다.

3-4. 리더는 목표달성을 위한 수평적 연결도 중요하지만 수직적 연결(통합)에도 관심을 가져야 한다. 조직은 공동의 목적이나 목표를 위하여 사람들이 모여 일하는 곳이다. 따라서 경영에서의 리더십은 개인의 목적달성을 도우면서 동시에 전체 목적을 달성할 수 있도록 도와야 한다. 다시 말해 조직 내 다양한 배경과 성격을 가진 개인들에게 각각의 역할이 주어지고, 이들의 역할수행을 전체 성과로 통합시켜야 한다. 이들 양자(兩者)는 조직목표를 위해 개인목표 달성을 도우고 개인목표 달성은 조직목표 달성에 기여하는 상호 작용이 되어야 한다.

이때 구성원들은 자신에게 의미 있는 역할이 주어지고 조직에 기여하고 있다고 느낄 때 소속감을 가지게 되며 비로소 몰입하게 된다. 그렇지 않으면 구성원들은 소외감을 느끼게 된다. 따라서 구성원들이 하는 일에 독립성과 자율성이 주어져야 한다. 그래야 책임 있는 역할수행이 가능하다. 이러려면 구성원은 역할 수행에 걸맞은 역량이 있어야 하고 권한이 있어야 한다. 실제 많은 기업들이 이러한 권한위임의 효과를 맛보지 못하는 것 같아 안타깝게 생각된다.

한편 리더는 간섭과 관여를 제대로 구분해야 한다. 간섭은 부당하게 개입하는 것이라면 관여는 성과를 실현하는 데 참여하는 것을 말한다. 즉 리더는 권위적인 통제보다 사람들에게 자율성을 보장하면서 동시에 조직 목적 혹은 지향하는 방향으로 '연결'하여야 한다. 실제 개인 스스로 목표달성을 위해 연결하는 노력보다 리더가 연결하는 영향력이 훨씬 크다. 물론 자율성을 기반으로 한 구성요소들이 자발적인 상호 작용을 통하여 끊임없이 질서(관계나 패턴)를 만들어 가는 자기조직화(self-organization)라는 의미가 있을 수 있다.[25] 하지만 지금까지 최고의 성과를 내는 방법으로 검증된 것은 리더십으로 구성원들의 '연결'을 통해 팀워크를 발휘하는 것이다.

예를 들어 모 중견기업의 몇몇 팀장들과 그동안 성과관리를 어떻게 운영했는지가 궁금하여 대화를 나눈 적이 있다. 대부분 팀장들은 하달된 상위 목표달성을 위해 매년 팀목표 달성 방법(전략)을 수립하기 위해 팀 워크숍을 실시한다고 했다. 그동안은 팀장 혹은 팀장과 선임이 구체적 방안을 수립하고 하달하였지만 이제는 팀원들이 참여하고 서로 합의하고 있다고 했다. 하지만 팀장들의 고민은 워크숍에서 나온 방안이 질적으로 높지 않다는 것이었다. 좀 더 획기적인 방안이 나왔으면 하는데 매년 큰 차이가 없다는 것이다. 팀장들은 특히 이들이 아이디어를 많이 낼 수 있도록 워크숍에서 팀원들의 의견에 간섭하지 않기 위해 그들만의 시간을 내버려 둔다고 하였다. 그야말로 자율성을 보장한다고 내린 결정인데 정작 중요한 건 팀원들과의 대화에서 밝혀졌다. 팀원들이 자신의 아이디어를 내어보아야 별 소용이 없다는 것이다. 지난 몇 년간 획기적인 방안을 내보았자 지원이 이루어지지 않아 실행이 흐지부지되어 버린 것이다. 이는 상위자가 위험을 감수하지 않으려는 것이었고, 할 수 있는 것에만 집중하자는 암묵적 지시가 있었기 때문이다. 팀원들은 팀장의 눈치를 보고 있었고, 팀장은 임원의 눈치를 보고 있었다. 더구나 팀 목표설정 이전에 이미 예산관리 절차상 부서예산이 결정되어, 연중 예산변경을 위해 상사를 설득하는 작업도 만만치 않았다. 그렇기 때문에 팀원들에게 배분되는 목표도 일상 업무에서 처리할 수 있는 범위에서 합의하고 있었다. 팀원들은 목표설정 워크숍에 크게 의미를 두지 않았고 흥미가 없었다. 필자는 임원들과의 대화에서 더욱 이를 확인할 수 있었다. 임원들은 팀장의 자질을 비판하였다. 팀장들이 조직의 성과를 좌우하는 데 이들의 능력이 부족하다고 한탄했다. 즉 뭔가 획기적인 실행방안을 내고 이를 실행하는 능력이 미흡하다는 것이다. 이런 모든 문제가 아래에서 귀착된다고 생각하고 있었다. 임원들은 팀장들이 훌륭한 방안을 내놓으면 결정해 줄 텐데 왜 그렇게 하지 않는지 답답해하였다.

이 조직은 무엇이 문제일까? 권한위임이라고 해서 간섭하지 않는 것이 아니라 중요한 관여는 하여야 한다. 팀장들은 팀원들에게 의미 있는 목표를 갖게 하여야 한다. 그래야 목표를 중요한 임무라고 생각하고 이것이 자신의 것으로 생각할 수 있기 때문이다. 그러기 위해 팀장과 팀원은 상위목표 달성을 위한 방안(과제)을 도출하기 위해 치열하게 논의하여야 한다. 팀장은 이러한 분위기를 이끌어야 한다. 더구나 결정된 팀의 실행방안, 즉 추진과제를 팀원에게 배분하며 측정지표와 목표치를 설정하고, 팀원들이 달성해야 할 세부방안에 대해 필요한 자원을 보장하여야 한다. 그리고 팀원이 실행에 필요한 정보나 지식을 제공할 수 있어야 한다. 또한 이들에게 돌아갈 적절한 보상을 인식하게 하여야 한다. 그리고 실행의 결론을 팀장도 책임진다는 것을 분명히 밝혀야 팀원들은 마음 놓고 도전할 수 있다. 팀원 자신이 전적으로 책임진다면 팀장의 책임전가로만 인식되고 도전을 기대하기 어렵다. 이러한 상하 간을 연결하는 리더십 메커니즘은 상위자일수록 더욱 중요한 역할임이 분명하다. 참으로 이 회사의 상황은 전체성이라는 시스템 특성을 다시 한번 생각하게 한다.

3-5. 시스템이 진화하고 발전하려면 학습이 중요하다. 더욱이 시스템적으로 학습되어야 한다. 이 의미는 무엇일까? 개인의 학습에 머무르지 않고 개인 간의 정보, 지식이 교류, 충돌, 평가되고 상호 인정되어 통합, 확장 및 폐기되는 등 조직경쟁력을 위해 새로운 지식이 관리되는 것을 말한다. 이러한 학습의 가장 기본은 '성찰'이다. 인류문명, 종교, 철학, 모든 학문의 발전에는 성찰이 있어서 가능했다. 또한 경영의 발전도, 조직 내 단위조직의 목표달성을 위해서도 마찬가지로 성찰이 필요하다. 그러나 사람은 자기 스스로 한 일에 대해 자기정당화를 시키는 본성이 있다. 그래서 타인이나 스스로 의도적 성찰 기회를 통해 자신의 생각이나 행동의 정황을 재인식해야 한다. 여기에는 피드백(feed back)과 피드포워드(feed forward)란 개념이 있다. 피드백은 우리가 정한 기준, 표준을 준수하거나 목표를 달성하는 데 있어 현재와 차이가 나는 문제에 대해 해결 방안을 강구하는 것이다. 잘 알려진 6시그마, 품질관리활동, 일상개선활동 등의 모든 문제해결을 통한 학습이 여기에 해당된다. 반면 피드포워드는 우리가 기본으로 생각하는 가정, 규범, 방향 등의 자체가 변화되는 것을 말한다. 예를 들어 새로운 미션의 정의, 핵심가치의 정립과 기업문화 개발 등을 통한 변화를 경험하는 학습을 말한다. 피드백은 반성을 통한 학습이 중요한 반면, 피드포워드는 미래의 성공을 위해 핵심요소가 어떻게 발휘될 것인가를 통찰하는 학습이라 둘다 중요하다.

이러한 학습은 성과관리에서도 그대로 적용된다. 먼저 '피드백 학습'에 대한 내용이다. 필자가 경험한 바로는 기업이 성과관리를 운영하면서 가장 애로점이 바로 목표달성을 위한 습관화된 점검활동이다. 우선 단위조직의 연간 목표를 월별로 할당하는 것부터 어려워한다.

이유는 어떻게 정확히 할당할 수 있느냐는 것이다. 하시만 미리 달성해야 할 목표를 그려 보고 어떻게 달성할 것인가 방안을 강구하다 보면 여러 제약조건, 내부 상황을 고려할 수 있고 월별 목표를 충분히 예측할 수 있다. 그리고 월별로 목표달성에 대한 점검을 통해 차월 목표를 수정한다. 여기서 문제는 월별 목표달성 점검 활동을 게을리 하거나 대충 한다는 점이다. 주요 이유는 팀장이나 팀원들이 바쁘고 자료작성에 부담을 느낀다는 것이다. 그러나 필자는 주기적 월별목표 달성상황의 점검하여 문제점을 분석하고 개선방안을 차월활동에 반영하는 것이 목표달성의 성공요인임을 강조하지 않을 수 없다. 특히 리더는 중요한 전략 목표에 대해 팀원들의 달성활동 내용을 점검하고 부족한 점에 대해 피드백하며, 예상되는 장애요인에 대한 극복방안을 함께 수립하여 활동방향을 명확히 하는 것이 중요한 관리방법이다. 한 가지 덧붙일 것은 성과관리의 운영은 간결하여야 한다. 월별 성과점검 미팅을 위해 너무 많은 시간을 소비한다면 과연 팀원들이 즐겁게 참여하겠는가? 본질적 문제해결에 집중하여야 한다. 이와 같이 다들 어려워하는 이유는 있겠지만 이러한 주기적 피드백 활동이 습관화되기까지가 문제이지 일단 습관화되면 크게 어렵지 않다는 것을 밝혀 둔다.

다음으로 '피드포워드 학습'에 대한 내용이다. 필자가 현장에서 느낀 점은 리더들이 연말에 하는 평가면담을 어려워하며, 평가면담 시간이 너무 많이 든다고 한다. 사실 제1장에서 언급했듯이 성과관리 운영의 목적 중에 가장 중요한 점은 팀원들의 역량향상이다. 이를 위해 리더들이 팀원당 몇 시간의 면담시간이 든다고 해서 불만을 터뜨리는 것은 심각한 문제이다. 왜냐하면 진정 리더가 해야 할 가장 중요한 역할이 이것이기 때문이다. 이러한 평가면담에서 중요한 요소를 빠뜨리고 있는 것은 리더들이 팀원들에게 동기부여를 하는 것이다. 그중 가장 중요한 것은 팀원의 강점에 대한 피드포워드이다. 평가면담에서 리더는 중장기적으로 회사가 나아가야 할 방향을 재확인하고 이에 따라 팀이 나아가야 할 방향을 인식시킨다. 비록 팀원이 지난 일에 대한 잘못된 약점을 개선하는 것도 중요하지만, 자신의 강점이 향후 팀이 나아가야 할 방향에서 성공하려면 어떻게 발휘되어야 하는지를 인식시키는 것이 중요하다. 때로는 리더의 경험에 비추어 그러한 개인의 강점이 팀의 미래목표를 위해 어떻게 발휘되는지를 자세히 설명하여 공감하게 할 필요가 있다. 그래야 팀원이 차년도 추진해야 할 자기 목표에 대한 달성 시나리오를 더욱 실감나게 그릴 수 있는 것이다.

제4장

전략, 실행
그리고 성과

전략이라고 하면 『손자병법(孫子兵法)』을 먼저 떠올린다. 왜 이렇게 『손자병법』은 동서고금을 막론하고 많이 읽히는 것일까? 분명한 것은 이 책에서 언급된 주옥같은 말들은 개인이나 조직의 여러 상황에서 난관을 헤쳐 나가는 데 유용하게 적용될 수 있는 이치가 담겨져 있기 때문이다. 이처럼 전략을 통해 단순히 전쟁에서 이기기 위한 방법을 언급한 것이 아니라 최종 목적을 이루기 위해 다루어야 할 원칙을 배울 수 있다. 그렇다면 이렇게 많이 회자(膾炙)되고 있는 전략에 대해 기업에서는 어떻게 이해하고 적용하여야 할까?

"전략은 무엇인가?"라는 질문에 명확히 대답하기란 결코 쉽지 않다. 하지만 전략이라는 용어의 원류는 분명 전쟁에서 나온 것이다. 그리스어로 *strategia*에서 파생된 전략(strategy)이란 말은 지휘관의 전체적 용병술이나 광범위한 군의 운영을 의미한다. 비잔틴 제국의 장군이란 용어가 *stategos*였다.[1] 그렇기 때문에 전략의 사전적 정의가 '군사적 행위를 계획하고 통제하는 과정'으로 되어 있다. 하지만 비즈니스에서 전략이란 말이 사용된 것은 그리 오래되지 않았다. 1960년대 들어와서야 이고르 앤소프(*Igor Ansoff*), 앨프레드 챈들러(*Alfred D. Chandlera*) 등에 의해 전략개념이 발표되었다. 이때 전략은 소식의 장기목적과 목표의 결정 및 이러한 수행을 위한 행동과정을 채택하고 자원을 배분하는 것이다.[2] 이것은 기존에 사용했던 정책(policy)이라는 개념(기능의 통합, 조정에 맞추어졌음)보다 진일보한 개념이다. 이후 1970년대는 에너지 파동 등 경제 환경의 불확실에 대한 효과적 대처가 절실히 요구되었다. 또한 60년대 이후 경영다각화가 활발하게 진행되어 오면서 자원배분의 문제가 중요시되어 전략의 중요성과 기법이 더욱 부각되었다.[3] 이어 1980년에 들어와 유명한 마이클 포터(Michael Eugene Porter)의 경쟁전략이 발표되었다.[4] 이는 매력적인 산업을 결정짓는 여러 요인에 대항해서 지속적 이익을 낼 수 있는 경쟁우위의 지위를 확보하기 위해 추구하는 전략이다. 이를 위해서는 먼저 산업의 수익성을 결정하는 다섯 가지 경쟁요인(잠재진입기업, 공급자, 구매자, 경쟁자, 대체품)의 영향에 대처하거나 기업 자체의 전략이 이들에게 영향을 끼칠 수 있도록 해야 한다. 또한 상대적 지위를 확보하기 위해서는 원가, 차별화, 집중화 전략(세분화된 영역에서의 원가우위 또는 차별화 우위 추구)을 통해 성과를 얻는 본원적 전략을 구사할 수 있다. 그러나 경쟁 환경은 전략수립에서 반드시 제약요소로 취급되지 않을 수 있고, 경쟁을 위해 요구되는 자원을 내부적으로 통제해야 한다는 가정이 여전히 적용 가능한지, 또한 경쟁자가 제품시장 특성을 모방할 경우 경쟁우위의 위치가 항상 지속 가능하다는 주장은 한계를 보여 준다. 이리하여 1990년대로 넘어오면서 '자원기반관점(Resource-based View)'이 등장하였다. 이는 경쟁자보다 이질적이고 복제가 어려운 자원과 역량이 전략적 우위와 최상의 회사성과를 제공하는 기반이라는 개념이다. 이것은 제품시장에서의 위치로 경쟁우위를 가늠하는 것에서, 가치 있는 자원(회사의 프로세스, 기업 특성, 정보, 지식 등 넓은 개념)이 경쟁우위에 기인한다는 것이다.[5] 그야말로 패러다임이 제품과 시장의 지위를 획득하여 경제적 가치를 확보하는 것에서, 기업의 핵심자원과 역량을 개발하고 육성하여 가치를 창출하는 것으로 전환되기 시작했다. 그러나 이러한 자원기반관점은 급변하고 비예측적인 변화의 상황에서 어떻게 경쟁우위를 가질 수 있는지 적절한 설명이 부족하다는 비판이 제기되었다. 즉 경쟁우위를 창출하는 데 어떤 자원이 기여하고 있는지 분리하기 어렵거나 해당 자원이 어떻게 발달되고 축적되는지 밝혀내기 어렵다는 것이다.[6] 따라서 전략은 역동적 시장에서 과거 성공적 경험이나 특정 행동에 얽매이지 않고 넓고 중요한 이슈를 다루어야 하며, 새로운 지식을 빠르게 창출하고 환경에 적응적이나 비예측적인 산출물을 반복적으로 실행하는 조직능력에 관심을 가지게 되었다. 또한 이러한 조직의 역동적 능력(dynamic capability)을 진화시키는 핵심을 학습능력 혹은 혁신능력에 초점을 두게 되었다(이에 대한 내용은 다음 장에서 자세히 다룬다).[7] 한편 조직은 과거와 다르게 조직의 환경을 '생태계'라는 관점을 통해 보게 되었다. 월마트와 마이크로소프트사의 비즈니스 지배력은 회사 자체의 역량보다 더 큰 차원인 '비즈니스 생태계'의 성공에 기인한다는 것이다. 월마트는 실시간으로 고객요구와 특성에 대한 정보를 제공하는 구매시스템을 구축하였으며, 마이크로소프트는 소프트웨어 업체들이 자사의 운영체제에서 작동되는 프로그램을 창출해 줄 수 있는 도구와 기술들을 제공하였다. 이렇게 그들이 속한 생태계의 전반적 건강상태를 증진시킴으로써 상호 의존적 공생관계를 맺고 함께 성장할 수 있는 전략을 선택하게 되었다.[8]

지금까지 전략의 특성이 진화되어 온 과정을 실펴보았다. 이제 비즈니스 전략에서 중요하게 고려되어야 하는 사항을 전략의 원칙(『손자병법』을 참고함)과 연결하여 살펴보기로 하자.

첫째, 『손자병법』의 모공편(謀攻篇)의 첫 구절은 "범용병지법, 전국위상, 파국차지, 전군위상, 파군차지(凡用兵之法, 全國爲上, 破國次之, 全軍爲上, 破軍次之)"로 쓰여 있다. 이는 적국이나 적군을 온전하게 두고 이기는 것이 최상책의 용병이고 적을 파괴하여 이기는 것은 차선책의 용병이란 말이다. 전쟁에도 분명한 목표가 있다. 굳이 적을 짓밟는 것만이 목표가 아닌 것이다. 비즈니스에서의 전략도 조직 구성원의 의지를 담은 비전과 이를 달성하기 위한 구체적 목표를 분명히 하는 것이 중요하다. 물론 기업 전략의 궁극적 목표는 경쟁사에 비해 고객가치를 지속적으로 더 잘 제공하는 것이다(고객가치 창조는 조직목적 혹은 미션이며, 이는 제2장에서 자세히 설명되었다). 따라서 전략은 조직의 목적인 미션을 지향하여야 한다. 때때로 미션을 비전으로 제시하는 기업을 볼 수 있다. 하지만 미션은 기업의 궁극적 목적을 표현한 것으로 잘 변경되지 않으나, 비전은 일정기간에 자신의 포부를 담은 바람직한 미래의 결과를 그려 놓은 것이므로 다소 의미가 다르다.

한편 매년 전략검토 혹은 전략수립에 있어 비전(이것은 중장기 목표 혹은 BHAGs로 표현되기도 함. *Big Hairy Audacious Goals*)은 가장 중요한 입력물이자 가이드가 된다. 이렇게 매년 비전을 재검토하는 이유 중 하나는 구성원들이 어느 정도 목표를 달성하면 안도하는 증상에 빠질 수 있으므로 새로운 비전을 마련하여 이러한 현상을 방지하기 위함이기도 하다. 따라서 비전에는 일정기간 내 달성해야 할 도전적인 목표와 그것에 대한 정의가 담겨져 있어야 한다. 또한 훌륭한 비전은 비록 위험이 따르지만 구성원들에게 자신의 기업 발전을 위해 자극이 되고, 힘을 결집시키겠다는 의지가 표출되어야 한다. 그리고 잊지 말아야 할 것은 비전은 미션(핵심가치를 포함한 조직구성원의 경영의 의도적 방향)과 맥을 같이해야 한다.[9] 또한 수월한 목표는 조직구성원의 잠재력을 끌어낼 수 없다. 또한 너무 추상적인 비전은 인식하기 어려울뿐더러 이를 조직적으로 관리할 수 없다. 결국 비전도 관리해야 할 대상이므로 측정 가능해야 한다. 예를 들어, 산업 내 하위권의 기업이 '5년 내 수익성으로 업계 3위권 내에 드는 자동차 전기장치 전문 부품회사가 된다'고 표현할 수 있다. 이렇게 제시된 비전은 내외부 환경을 분석하여 전략적 이슈를 도출하고, 이를 해결하기 위한 전략을 선택하고 나면, 좀 더 구체적인 전략목표들이 제시될 수 있다. 예로 상기 자동차 전기장치 전문 부품회사가 '기존 연료 소모량보다 20% 적게 드는 하이브리드 차량의 엔진장치에서 시장점유율 20%를 달성한다'와 같은 구체적인 표현이 나올 수 있다. 이 내용에서 유의해야 할 것은 구체적인 목표, 고객에게 제공되는 차별적 가치, 사업영역이 함께 포함되어야 한다. 또한 이를 달성하기 위한 전략과제, 측정지표 및 목표치들을 구체화할 수 있다.

둘째, 전략의 근원은 불확실성에서 시작된다. 이에 대한 대처가 바로 지피지기(知彼知己)를 통해 상황을 읽고 무엇을 할 것인지를 도출하는 능력이라고 할 수 있다. 『손자병법』의 모공편(謀攻篇) 마지막 구절에는 "지피지기, 백전불태, 부지피이지기, 일승일부, 부지피부지기, 매전필태(知彼知己, 百戰不殆, 不知彼而知己, 一勝一負, 不知彼不知己, 每戰必殆)"란 말이 있다. 이것은 적을 알고 나를 알면 백 번 싸워도 위태롭지 않고, 적의 상황을 모르고 나의 상황만 알고 있다면 한 번은 승리하고 한 번은 패배지만, 적의 상황을 모르고 나의 상황도 모르면 매번 위태로워진다는 의미이다.

주변 환경은 끊임없이 변한다. 이 말은 나와 관련된 환경을 열어놓고 보고 있다는 말이다. 그런데 그 변화가 불확실하다는 것은 나와 연관된 환경들이 나에게 어떻게 다가올지 예측이 되지 않는다는 것이다. 특히 더 불확실성을 키우는 것은 시장에서 나에게 영향을 주는 연관된 주체들(예: 경쟁자, 신규진입자, 기술 등)에 의해 발생되는 상황이 더욱 예측하기 어렵다는 의미이다. 그러므로 시장 및 고객과의 평소 밀착된 모니터링이 필요하다. 그리고 우리가 추구하는 미션과 비전을 위해 우리 자신을 환경과 관련지어 볼 때 무엇을 해야 하는지를 아는 것이 중요하다. 이때 가장 많이 사용되는 내외부 환경분석 방법이 SWOT기법이다. 하지만 이러한 객관적 자료만이 아니라 현장의 자기 경험을 토대로 타인과의 공유과정에서 환경과 자신을 이해하고 전체입장에서 무엇을 할 것인지를 결정하는 것도 중요하다. 노나카 이쿠지로가 『창조적 루틴』에서 소개한 다음 사례를 보자.[10]

'마에카와'사는 1924년 창업하여 2007년 냉동고 업계 세계 2위, 20개국 60개 계열사를 둔 기업이다. 에너지와 식품 프로세싱, 초저온 저장설비 등 다양한 분야로 확장해 오면서 독특한 '독립법인' 조직을 갖고 있다. 특정지역이나 특정분야에 주력하는 독립법인은 직원 수가 10명에서 15명으로 틈새시장에서 신속성과 유연성으로 고객요구에 대응한다. 또한 독립조직이기는 하지만 다른 독립법인과 대화도 하고 사무실도 함께 사용하면서 가끔 새로운 프로젝트나 독립법인이 생기기도 한다. 마에카와의 전략은 '따로 또 함께 전략'이다. 직원모두가 의사결정에서 독립적인 주체가 되어야 하나 전체 비전을 달성하는 데는 적극적으로 참여해야 한다는 의미이다. 이들의 전략수립과정은 이렇다. 먼저 독립법인의 토론회 이전에 구성원들은 실제 시장의 변화를 감지하고 기존 정보를 종합하여 토론에 참여한다. 또한 이들은 환경을 대상으로 보지 않고 자신을 환경의 일부로 간주하고, 전체적 관점으로 자신의 위치를 관련지어 사고한다. 그래서 토론에서 평소 일상적인 환경에서 느낀 점을 표현한다. 즉 평소 고객과 함께 숨 쉬면서 경험한 암묵지(tacit knowledge)를 다른 독립법인의 직원들과 대화를 통해 형식지(explicit knowledge)화하여 진정 고객의 필요와 요구에 대응하는 방안을 창조해 내는 것이다. 이렇게 전체 환경에서 독립법인의 적절한 위치를 정해 보는 자기 탐구를 시도한다. 이런 토론에서 최종협약서(수행을 위한 가이드 역할)를 도출한다. 그러고 나서 이들은 자신과 환경을 직관적으로 들여다보고 그 변화를 감지하여 현재를 뛰어넘는 미래의 이미지를 그린다. 이 과정에서 구성원은 자신이 무엇을 할지 더욱 깊게 인식하게 된다. 즉 비전을 실현하기 위해 자신뿐만 아니라 다른 독립법인, 더 넓게 블록(독립법인의 집합체), 다른 기업과의 관계를 어떻게 형성하고 변화시킬 수 있는지를 생각해 내는 것이다. 이때 기업의 핵심가치나 미션이 제반적으로 사고에 깔려 있어 그 방향을 잡아 준다. 그러고 나서 구체적인 실행계획을 수립한다. 이러한 방식은 상위단위의 독립법인 리더가 참여한 블록에서도 똑같은 과정으로 반복해서 진행된다. 그러고 난 후 전반적인 새로운 계획안을 개괄하여 다시 독립법인에게 배포한다.

이 과정은 분명 톱다운(*top-down*)방식으로 비전을 설정하고 객관적 자료를 통한 환경분석을 기반으로 전략을 수립하는 과정과는 사뭇 다르다. 하지만 분명한 것은 현재 불확실한 상황에서 출발하여 구성원이 가지고 있는 암묵지를 다른 사람과 공유하여 형식지화하고 이를 창조적인 미래로 뛰어넘는 작업을 하고 있다. 이들은 외부환경과 자기 내부를 전체적 관점에서 들여다보고 자신이 무엇을 할 것인지를 이끌어 내는 역량이 돋보인다.

셋째, 전략을 실행하는 구성원들의 의지를 고양해야 한다. 이를 위해서 경영자는 구성원에게 왜 전략적 변화를 시도하지 않으면 안 되는지에 대해 공유하여야 한다. 특히 다양한 증거와 이슈들을 가지고 조직적 파급이 큰 핵심인물을 먼저 설득하는 것이 중요하다. 필자가 거의 모든 기업 구성원에게 듣는 성과관리의 문제는 '뭘 하려고 해도 리더 때문에 안 된다'는 것이다. 만약 기업의 임원들이 적극적인 전략 실행을 통해 목표를 달성하길 원한다면 전략개발 단계에서부터 비전의 타당성, 변화의 방향에 대한 이해의 폭을 넓히고, 적극적으로 환경분석 및 전략적 이슈도출, 전략목표 및 과제도출 등의 과정에 참여해야 한다. 팀장이나 시니어 직원들을 통해 보고받는 것만으로는 문제의 본질을 충실하게 이해하기 어렵다. 자신의 생각을 반영하고 팀 단위의 아이디어를 결합하여 직접 전략 개발에 참여해 보아야 한다. 이러한 상하 의사소통 과정을 통해 직원뿐만 아니라 임원 자신도 더욱 전략에 대한 이해의 폭이 커지고, 성공적인 실행방안에 대한 의사결정이 수월해질 수 있다.

한편 구성원에게 건전한 위기감을 조성하는 것도 중요하다.[11] 상위에서 일방적으로 내려 보내는 변화요구는 구성원들이 수용하기 어렵다. 사람이 새로운 방식을 수용하기 위해서는 이해와 합의가 있어야 한다. 자신이 그동안 성공한 경험을 버리고 새로운 방식으로 수행하기란 결코 쉽지 않다. 특히 성과를 잘 내는 기간 동안 기업은 위기감이 낮을 수밖에 없다. 잘 하고 있는데 왜 새로운 일을 해야 하는가라는 저항이 나오기 마련이다. 전략도 다르지 않다.『손자병법』의 시계편(始計篇)을 보면 전략을 결정하는 다섯 가지 요소 중 첫 번째가 도(道)이다. 이는 백성으로 하여금 군주와 일심동체가 되어, 함께 죽을 수 있고 함께 살 수 있게 하며, 위험을 두려워하지 않게 하는 것이다. 이것이 되지 않고는 전쟁을 시작하지도 말라는 것이다. 기업도 마찬가지로 구성원의 위기감이 없어도 새로운 전략을 수행할 수 있지만 실패할 확률이 그만큼 많다는 것이 문제이다.

넷째, 전략을 실행하는 준비가 철저해야 한다.『손자병법』의 군형편(軍形篇)에는 "승병선승이후구전　패병선전이후구승(勝兵先勝而後求戰 敗兵先戰而後求勝)"란 말이 있다. 승리하는 군대는 먼저 승리할 수 있는 상황을 구해 놓은 후에 전쟁을 하나, 패배하는 군대는 먼저 전쟁을 일으키고 이후에 승리를 구한다는 것이다.

전략의 실행은 선택과 집중이 필요하다. 이것은 조직의 경영관리의 규율인 만큼 중요한 개념이다. 80/20법칙, 파레토법칙이 그것이다. 20%의 고객이 80%의 매출을 올려 준다거나 20%의 문제가 전체 원인의 80%를 차지한다는 개념이다. 그래서 기존의 한정된 자원을 효과적으로 사용하려면 20%의 선택에 집중하라는 것이다. 이러한 법칙은 특히 품질경영의 역사(예: 일본의 TQC, GE의 6시그마 등)를 통해 검증되어져 왔다. 리더는 특히 실행을 준비하는 데 이러한 법칙을 적용해야 한다. 한정된 자원을 어디에 사용할지를 우선순위를 정하고 거기에 집중한다. 집중한다는 의미는 성공을 위한 아이디어나 방안을 내기 위한 시간을 들이고, 인력집중을 위해 기존 업무분장을 재조정하며, 필요한 정보, 인력 및 기타 자원을 파악하여 준비하고, 특히 직원들이 업무에 집중할 때 나타나는 장애요인을 제서하여야 한다. 하지만 이와 같이 조직에서의 자원배분은 말처럼 쉬운 일이 아니다. 전형적인 관료조직에서 볼 수 있는 그릇된 예는 '밥그릇 챙기기'이다. 실제 자원이 더 필요한 부문에서 힘이 약해 피해를 입고 있다. 예를 들어, 현재 기업에 돈을 많이 벌어 주는 부문에서의 요구와 신사업으로 새로운 성장동력을 확보하고자 하는 부문 간의 요구에서 자원배분의 균형은 쉽지 않다. 더구나 성과에 따른 보상이 걸려 있다면 구성원들은 현재 돈을 많이 벌어 주는 부문에 집중하자고 할 것이다. 대개 이러한 갈등이 조성되면 이를 해소하고자 사업에서 버는 만큼의 비율대로 자원을 배분해 준다. 이렇게 정치적 갈등에 휩싸인 나머지 신성장을 위한 지원이 소홀해지면 당연히 악순환이 가속된다. 그래서 신사업을 위해 우수한 인력도 떠나게 되고 이름뿐인 신성장동력 사업부로 남게 된다. 여기서 경영진이 해야 할 일이 있다면 바로 객관적인 시각을 가지고 판단하는 단호한 의사결정일 것이다.

다섯째, 전략을 수립하고 실행하는 리더십이다. 『손자병법』의 시계편(始計篇)에서는 전략의 결정요소를 도(道), 천(天), 지(地), 장(將), 법(法)으로 거시적으로 파악하고 전쟁을 결정하라고 하였다. 이 중 장(將)이 바로 리더를 가리킨다. 리더가 갖추어야 할 품성이 지혜(智), 신의(信) 인애(仁,) 용기(勇), 엄격(嚴)이 있는데, 이 중 지혜가 으뜸이다. 지혜는 이해, 사고, 관찰, 비판, 판단, 결정하는 종합능력이라고 할 수 있다. 따라서 리더들의 모든 활동에 지혜가 따라다녀야 한다. 한 인간으로서의 리더의 지혜는 한계가 있다. 하지만 지혜는 직원들로부터 모으면 나올 수 있다. 지혜는 지식의 넓이와 깊이를 함께 요구히므로 여러 분야의 전문가가 필요하다. 따라서 전략개발이나 실행의 방안을 수립할 때도 직원들의 참여가 필요한 것이다. 신의는 약속을 반드시 지킨다거나 일관된 신용을 보이는 것을 말한다. 인애는 직원들을 아끼고 사랑한다는 것이다. 이는 생사고락을 함께하며 솔선수범을 보이며 성의를 다하는 관계를 말한다. 용기는 용감하다는 것이다. 이는 지혜와 함께 겸비되어야 한다. 어리석은 용기는 무모한 것이기 때문이다. 엄격은 리더부터 법을 솔선하여 지키고 모든 사람에게 공정하게 적용되어야 한다는 것이다.[12]

이것은 서양의 변혁적 리더십과 닮아 있다. 이상적 영향력(idealized influence), 영감적 동기부여(inspirational motivation), 지적 자극(intellectual stimulation), 개별적 배려(individual consideration)가 그것이다. 이는 거래적 리더십(업적에 따른 보상, 예외관리)에 의한 기대된 성과보다 초월한 성과를 가져온다.[13] 이상적 영향력은 신의와 엄격과 연결되고, 영감적 동기부여는 용기와, 지적 자극은 지혜와 관계되며, 개별적 배려는 인애와 뜻을 같이한다. 이와 같은 리더십은 전략을 개발하고 실행하는 데 분명히 갖추어야 할 덕목이라고 할 수 있다.

여섯째, 전략을 수립하고도 상황이 변하면 수시로 전략을 수정하여야 한다.[14] 『손자병법』의 허실편(虛實篇)에는 "병무상세, 수무상형, 능인적변화이취승자, 위지신(故兵無常勢, 水無常形, 能因敵變化而取勝者, 謂之神)"란 말이 있다. 군대의 형세는 항상 변해야 한다. 물이 언제나 일정한 형세가 없듯이, 적이 변화하는 원인에 따라 나를 변화시켜서 승리하는 자가 귀신같은 군대가 된다는 것이다. 기업에서 전략을 바라보는 오류 중에 하나는 한번 결정된 전략은 끝까지 밀고 나가야 한다는 생각이다. 예를 들어, 연중 실행과정에서 자주 목격하는 상황은 진정 바라는 성과가 나지 않을 때 전략을 수정하지 않고 실행에 대한 전술적 문제 수정에 초점을 두고 있다. 경쟁지의 활동변화에 대해 자신의 방향을 수정해야 함에도 불구하고 기존 전략의 활동을 강화하거나 수정하는데 그친다. 이는 쓸데없는 일에 열심히 하는 꼴이 될 수 있다. 그래서 기업은 전략을 수행한 결과에 대해 최소 연간, 혹은 분기, 월에 걸쳐 주기적으로 검토하고 조정해야 한다. 때로는 기존 전략의 목표치나 달성방안을 재조정하기도 하고, 더한 경우는 전략목표를 변경하여 새로운 측정지표와 달성방안을 수립하기도 한다. 외부환경의 변화가 급변하다면 전략자체를 변경하여야 한다. 전략의 개발과 실행은 가설에 대한 검증을 지속적으로 수행하는 것과 같다. 그런 의미에서 전략은 가설의 집합체라고 할 수 있다. 그래서 혹자는 전략의 무용론을 주장하고 있으나, 그래도 꾸준한 가설에 대한 검증을 통해 기업의 올바른 경영방향을 설정하는 역량을 배울 필요가 있다.

이를 종합하면 기업은 분명한 비전과 도전적인 목표를 구체적으로 제시하고, 이에 대한 고객 및 시장에서의 정보를 자신의 기업 상황과 결합하여 무엇을 할 것인지를 도출해 내어야 한다. 또한 이를 실행하기 위한 올바른 자원을 선택하고 집중하며, 동시에 구성원의 실행에 대한 의지를 결집시켜야 한다. 그리고 리더는 전반적인 전략의 개발과 실행에서 성과를 이루어낼 수 있도록 리더십을 갖추어야 한다. 이러한 실행과정에서 변화하는 상황에 맞게 주기적으로 전략을 검증하고 수정·보완하여야 한다.

전략은 차별화다

전략을 간단하게 말하면 목표를 설정해 놓고 그 목표를 향해 구성원들의 모든 에너지를 쏟아붓는 것이다. 하지만 전략을 단순히 구성원들이 목표를 향해 어떻게 총력전을 펼치는 것으로만 설명하기에는 부족하다. 왜냐하면 전략은 수많은 상황을 고려하여 시장에서 경쟁우위를 얻고 유지하기 위한 선택을 해야 하기 때문이다. 어떤 고객과 시장(사업영역)을 선택할지, 고객에게 어떤 제품과 서비스를 제공할지, 우리의 내부역량을 어떻게 가져가야 될지, 자원은 어떻게 배분해야 할지, 조직구조는 어떻게 바꾸어야 할지 등 모든 것이 전략의 영역이라 할 수 있다. 그래서 전략을 한마디로 말하면 "차별화"라고 할 수 있다. 하지만 가장 근본적인 것은 기업의 경영이념(ideology)을 준수하면서 차별적인 방법을 구사해야 한다. 이것이 건전한 전략이다. 그렇지 않다면 고객을 기만하게 되고, 경쟁사와도 정당하지 못한 경쟁이 되고 만다. 비즈니스의 전략은 반드시 승패만 있지 않다. 승승(勝勝)도 얼마든지 있기 때문에 같은 시장에서도 자신의 이념을 지키면서도 경쟁에서 얼마든지 승리할 수 있다.[15)]

핸리 민츠버그(Henry Mintzberg)는 하버드 비즈니스 리뷰(Harvard Business Review)에서 전략을 다양하게 정의하고 있다.[16)] 계획으로서의 전략은 특정 상황에 대처하기 위한 의도적 행위나 지침으로 만들어진 것을 말하며, 책략(poly)으로서의 전략은 특정한 경쟁상황에서 경쟁자에게 의도적으로 영향을 끼치게 하기 위한 것으로 정의한다. 한편 패턴(pattern)으로서의 전략은 사전적 의도와 상관없이 특정기업에게 일관성 있게 나타나는 행위결과의 흐름을 말한다. 이는 당초 계획과는 다르게 실행과정에서 우빌적인 전략으로서의 성과를 나타낸 것이다. 포지션(position)으로의 전략은 시장(외부환경) 속에서 기업을 적절하게 위치시키는 방법으로 정의된다. 이것이 가장 일반적인 정의로 기업의 한정된 자원으로 경쟁우위에 서도록 제품 혹은 시장역역에서 틈새를 찾아 결합시키는 것을 말한다. 관점(prospective)으로서의 전략은 조직구성원들이 그들의 의도와 행위 등을 통해 서로 공유하고 있는 특정한 관점을 말한다. 예로 기업의 공유된 가치(shared value)가 공동의 목표달성에 기여하는 것을 말한다. 이렇게 조직에서의 전략들은 여러 가지로 정의될 수 있으나 이들은 상호 보완적이다. 무엇보다도 기업의 생존과 발전을 위해서는 시장에서 경쟁우위를 확보하여야 한다. 따라서 자신의 역량을 어떻게 시장에 포지셔닝하느냐가 중요하다. 이와 동시에 내부적으로 전략을 대하는 구성원들의 사고방식이 바로 되어 있지 않으면 안 된다. 기업마다의 가치관, 그들만의 방식이 성공적인 목표달성을 이끈다. 이러한 와중에서 구성원들이 환경과 자신에 대한 통찰력을 가지고 교류하여 방안을 도출한다면 의도적으로 계획한 방향이나 행위가 있겠지만 의도적이지 않은 전략의 성공이 나타나기도 한다.

실행에서 잘 부각되지 않는 전략

'기업은 때때로 우리의 전략은 왜 실행되지 않는 것인가? 전략수립 자체의 방향이 잘못된 것인가? 전략수립의 내용이 부실하기 때문인가?'라고 고민한다. 필자의 경험으로 보면 전략은 다소 차이는 있지만 외부 컨설팅을 받거나 내부에서 오랜 토론 끝에 탄생된 전략수립의 내용이 잘못된 것은 별로 없다. 그런데 이를 실행하는 데 문제가 있다는 것은 그 전략을 실행에 옮기는 구성원들의 인식이나 마음에 문제가 있다는 것이다. 그러한 몇 가지 현상을 알아보자.

첫째, 구성원들이 그들이 수행할 전략을 잘 모르는 경향이 있다. 이 말은 구성원들이 전사나 부문의 전략을 기억하느냐가 아니라 그들의 일이 전략과 어떻게 연계되어 있는지를 잘 모른다는 것이다. 상위의 전략을 인식할 기회도 부족할뿐더러 전략목표에 관심을 두지 못하고 있다. 왜냐하면 성과관리에서 전략목표를 중심으로 부문, 부서가 얼마나 기여하였는지를 평가하는 것이 아니라, 단위조직의 목표달성을 중심으로 평가하고 보상하다 보니 상위목표에 관심을 두지 못한다. 그러니 자기 일이 회사에 어떻게 기여하는지에 대한 큰 그림을 그리지 못하고 참여에 대한 성취감이 그만큼 떨어지게 된다.

둘째, 새로운 전략이 발표되었다고 하는데 그에 따른 조직구조가 실행을 받쳐 주지 못하다는 경우가 있다. 다음은 필자가 어느 기업에서 경험한 상황이다. 그 기업은 전략목표와 전략과제가 도출하면 이를 하위조직에서 시행해야 하므로 지정하여 배분만 해 준다. 이에 대해 일부 구성원들은 새로운 전략의 등장에 대해 자기 일하기도 바쁜데 언제 저것까지 다 하느냐며 푸념만 늘어놓는다. 또한 어떤 이들은 부문 간의 협조가 많아지고 그에 따른 갈등이 불거질 것이라며 걱정을 앞세운다. 예로, 새로운 전략을 수행하려면 어느 한 전략과제를 맡은 주무부서는 여러 부서의 협조가 필요하지만 협조부서의 태도에 대해 속만 태우고 있다. 그들의 속마음은 이렇다. '저렇게 협조를 해 준다고 평가에 가점을 받는 것도 아니고, 나에게 어떤 보상이 올지도

애매하다. 위에서 하라고 하니 하겠지만 내가 할 수 있는 정도에서 지원해 주고 만다.'

셋째, 전략과 전술을 구분하지 못하는 경우가 있다. 이러한 현상은 대개 관료적 성향이 강하고 경쟁이 심하지 않은 조직에서 나타난다. 전략은 어떤 일을 다르게 하는 데 초점을 둔 반면, 전술은 어떤 일을 더 뛰어나게 하는 데 초점을 둔다. 필자가 전술에 초점을 둔 회사의 연간 사업계획을 발표하는 회의에 참여한 일이 있다. 그런데 CEO는 사업부문 발표를 모두 듣고 큰 피드백도 없이 앞으로 잘해 보자고 마무리만 하였다. 무슨 연례행사를 치루는 느낌이었다. 전사목표는 사업부문이 발표한 내용의 집계하여 자동적으로 수립되었다. 역시 영업부문의 사업계획을 들여다보니 여러 전략을 추진한다고 거창하게 발표하였으나 모두 전술적인 측면이다. 그들이 전략이라고 하는 것은 판매촉진을 위해 진열의 방식은 어떻게 하고, 에누리는 기준대로 준수하여야 하고, 신제품을 어떻게 고객에게 어필하겠다는 것들이다. 당연히 전사 차원의 전략목표가 부재하고 사업부문 차원에서 각기 전략을 수립한다고 했으나 전술방식을 벗어나지 못했다. 더구나 부문 간의 발표내용이 제각각이라 전체 시너지 효과를 찾아볼 수가 없었다. 더욱 놀란 것은 직원들은 자신들이 전략이 부재하다는 사실을 잘 알고 있다는 것이다. 하지만 전략을 수립하고 결정하는 것이 자신의 책임이 아니기 때문에 어떻게 할 수 없다고만 한다.

넷째, 기업들의 전술에 치우친 또 다른 모습은 기본목표와 전략목표를 구분하지 못하고 있다는 것이다. 기본목표는 해당조직의 고유 미션을 위해 기본적으로 달성되어야 하는 목표인 반면, 전략목표는 자신과 경쟁사들 사이에서 의미 있는 차별성을 유지하기 위해 달성해야 하는 목표이다. 하지만 일부기업들에서 찾아볼 수 있는 예는 이러한 전략목표를 도출하고 관리하는 개념이 부재하였다. 해마다 목표계획 시기가 되면 단위조직의 리더는 이미 정해 놓은 측정지표 목록(pool)에서 당해 연도에 적합한 것을 선택하여 사용한다. 그래서 매년 유사한 측정지표가 등장한다. 이들 조직은 단위조직의 업무수행의 합이 전체 조직의 경영활동이라고 생각한다. 그러니 단위조직의 업무수행이 중요하고, 매년 유사한 측정지표의 달성에 매달려 계획대비 실적에 치중한다. 즉 계획된 것을 잘 이행했는가에만 집중한다. 반면 전체 조직이 차별적인 방향으로 나아가기 위해 필요한 성과를 달성하는 데 어떻게 기여하는지에 대한 고민은 부재한 것이다. 이 역시 직원들의 불만은 실제 중요한 일, 즉 상위에서 제시한 전략적인 일에 매진하고 있는데, 평가는 매년 똑같은 측정지표로 받고 있어 진정 자신이 한 일에 대한 평가를 받지 못하다는 것이다.

전략의 이행과 성과

이렇게 전략의 실행을 어려워하는 기업들이 주목해 보아야 하는 기업이 있다. 그것은 월마트(Wal-Mart)이다.[17] 월마트는 2011년 포브스(Forbes) 기준 세계 18위, 매출액 4,218억 달러로 매출만으로는 세계 1위의 글로벌 기업이다. 하지만 샘 월튼 회장은 1945년에서 5년간 아칸소 주 뉴포드 인구 7,000여 명의 소도시에서 잡화점(벤프랭클린 가맹점)으로 출발하였다. 그 후 그 지역뿐 아니라 벤프랭클린 중 1위 상점으로 성장시켰다. 이때 그는 저가(低價)로 많이 판매하는 것이 총이익을 늘린다는 박리다매(薄利多賣) 전략이 옳다는 것을 깨닫게 되었다 (이것은 이후 월마트의 경영의 원칙이 됨). 이를 위해 그는 트레일러를 매단 차를 몰고 좋은 가격으로 살 수 있는 제품을 구매하거나 제조업자를 찾아 직접 거래하는 방식을 추진했다. 지금도 15개 국가에 설립된 월마트는 원가경쟁력을 위해 직접 구매 비율을 높여 원가를 낮추려는 노력을 계속하고 있다. 그 후 임대계약 연장에 실패한 샘 월튼은 이전보다 작은 밴톤빌 소도시에서 새로운 상점을 열었고(월튼스 염가상품판매점이라고 불렀음) 셀프서비스 판매방식이 성공을 거두었다. 1960년대는 다른 소도시에 13개 상점을 더 내었고 소도시에서 성공은 계속되었다. 그는 독창적인 아이디어를 가지고 사업을 이끌었다기보다는 경쟁자의 매장을 항상 관찰하면서 아이디어를 얻어 적용하였고, 새로운 성공요인이 있다면 밤새 먼 길을 달려가서라도 직접 확인 하였다. 그리고 그것이 적용될 수 있다고 판단되면 무모하게 실행에 옮겼다. 셀프서비스 판매방식도 그중 하나였다. 이후 1962년 월마트가 개점할 때까지 17년간 여러 방식을 실험하고 혁신한 노력의 결과가 오늘날 월마트의 경영방식이 된 것이다. 그것은 처음 월마트의 간판에 쓰여 있는 것처럼 싸게 팔고 고객만족을 보증하는 것이었다. 마이클 포터의 본원적 전략처럼 소도시라는 세분화 시장에 결코 나쁜 품질이 아니라 좋은 품질로 경쟁자보다 싸게 팔아서 경쟁우위를 점했다. 그들은 고객이 싼 가격을 정말 원한다는 것을 깨달았기 때문에 구입가에 일정한 이익만 붙이고 싼값으로 팔았다. 경쟁자와 비교해 몇 퍼센트만 낮추는 것이 아니라 아무리 싸게 구입한 제품이라도 그 가격에 일정한 이익만 붙이고 나머지는 고객에게 이익을 돌리는 원칙을 지켰다. 그만큼 싸게 구입한 자신들의 노력을 고객에게 이익으로 돌림으로써 경쟁력을 확보할 수 있었던 것이다. 그렇기 때문에 월마트 사람들은 비용을 낮추기 위해 미친 듯이 일했고, 따라서 월마트 매장은 항상 버젓함과 거리가 있었다. 초기에는 제대로 상품분류법도, 효과적 디스플레이도, 실제적인 유통체계도 가지고 있지 못했다. 그저 저렴하게 물건을 살 수 있기 위해 노력하였다. 이후 월마트의 매장은 확대되었고 이들의 매출은 높아져 갔다. 그중 괄목한 방법은 판촉활동이었다. 매장뿐만 아니라 공급자나 시장에서 많이 팔리는 물건을 분석하고 귀 기울였다. 그리고 상품을 선택하면 치약과 같은 기본적인 상품이라도 대대적으로 물건을 사들여 극적으로 진열하고 파격적인 가격에 판다는 소문으로 손님을 끌며 일정 기간에 팔리면 정상적인 진열을 했다. 그렇게 전 월마트의 매장책임자들이나 누구든지 현명하게 상품을 선택하고 판촉의 어려움만 감수하면 폭발적 매출을 일으킨다는 신념을 갖게 되었다. 그리고 이들은 매주 토요일에 모든 매장책임자들이 모여 스스로 비판마당을 가졌다. 이것은 토요일 아침회의로 오늘날까지 월마트의 문화로 시행하고 있으며 사세확장의 원동력이 되었다. 그들은 여기서 구입물건과 비용지출을 점검하고 판촉방안의 계획을 세우고, 실수를 공유하고 어떻게 바로잡을지를 강구하였다. 그리고 그들의 능력을 보완하기 위해 작은 매장이나 K마트와 같은 큰 규모의 경쟁자를 조사하여 좋은 면을 보고 아이디어를 얻었다. 샘 회장은 당시 전국을 돌아다니며 할인판매 개념을 연구하였다. 많은 매장과 회사본부를 방문하고 사람들과의 이야기를 통해 아이디어를 얻었다. 끊임없이 실험하고 연구하여 적용하고 변화를 시도하였다. 그러나 가장 중요한 것은 그들이 가진 원칙을 고수하는 것이었다. 품질 좋은 상품을 갖추고 최저 가격과 구매한 물건의

보증, 친절하고 똑똑한 서비스, 즐거운 쇼핑경험 등이 그것이다. 이들에게서의 원칙은 곧 전략이 되었다. 왜냐하면 이러한 원칙을 위해 수많은 방법을 세우고 해결해야 했다. 최저가로 가격을 확보하기 위해서 그들은 중개인들과의 협상에서 까다롭게 하였다. 월마트 사람들은 월마트로부터 최저가 상품을 기대하는 수많은 고객의 기대에 부응하기 위한 협상이기 때문에 까다롭게 대하는 것에 미안하게 생각하지 않는다. 그러나 월마트 사람들은 P&G와 같은 공급자와의 관계를 갑을(甲乙) 관계에서 동반관계로 바꾸어 나갔다. 어쨌든 월마트는 공급자와의 유기적인 관계를 유지하여 상품 공급선의 안정적인 확보와 함께 납품가를 낮추어야 했다. 공급자를 동일한 고객의 만족을 위해 봉사하는 동반자로 인식하고 제판동맹(製販同盟)에 의한 관계 강화를 추진하였다. 제판동맹이란 제조업자와 소매업자가 상품 공동개발과 판매 및 재고목록 정보 공유를 중심으로 전략적 제휴관계를 맺는 것이다. 이는 히트상품 개발을 비롯해 제조로부터 판매까지 합리적 시스템을 구축함으로써 유통재고 삭감, 배송시스템 개선 및 제품가격 인하에 기여한다. 또한 월마트는 소도시를 중심으로 성장하여, 대도시의 K마트와 달리 몇 백 킬로미터를 차를 몰고 납품하는 어려움이 있었다. 그래서 자체 배송시스템을 만들었다. 월마트는 가장 효과적이고 효율적인 유통 네트워크를 개발하였다. 몇 개의 대형 창고시설을 중심으로 구축하여 각 점포로부터 수집된 재고정보의 기반을 토대로 적정량의 재고관리가 가능하도록 하고 제품 주문에 원활을 기할 수 있었다. 월마트는 자체적인 트럭운영과 공급자들과의 협력을 통해 K마트와 같은 경쟁사보다 6~7%의 비용우위를 달성하였다. 또한 위성통신을 이용한 재고관리로 일주일에 한두 번 바꾸던 물건 진열을 수시로 소비자들의 욕구를 파악하고 이에 맞춰 탄력적으로 물건을 구비할 수 있었고 매일 싼값의 세일 품목들을 효과적으로 선정할 수 있었다.

그들은 1972년 52호점을 통해 K마트와 같은 지역에서 직접적인 경쟁이 붙었을 때 K마트와는 경쟁상대가 되지 않을 정도로 작았다(월마트가 50개 매장과 8,000만 달러 매출, K마트가 500개 매장과 30억 달러 이상 매출). 하지만 중요한 것은 경쟁을 통해 더 나은 기업으로 성장할 수 있다는 그들의 생각이다. 그래서 그들은 모든 면에서 더욱 준비를 철저히 했다. K마트가 가격으로 공략하면 월마트는 더욱 고객을 위해 열심히 일했다. 이러한 일관성으로 고객은 결코 월마트를 떠나지 않고 그들은 더욱 자신감을 가질 수 있었다. 1970년 중반 이후부터는 경제부진과 소매상 간의 치열한 경쟁에서 할인판매업계의 이윤도 60년대 35%에서 22%로 낮아져 효율적 경영을 했던 기업만 살아남고 정리가 되던 시기였다. 그러나 월마트는 환경을 꾸준히 바라보고 자신의 끊임없는 변화를 시도한 덕에 계속 성장할 수 있었다. 그리고 본래 월마트는 많은 아이디어를 벤치마킹하였지만, 이 와중에도 샘스클럽을 발족시켰다. 이는 대량으로 상품을 구매하는 소규모 자영업자나 다른 고객을 겨냥해 만든 도매상점으로 회비를 받고 쇼핑을 할 수 있게 한 것이다. 이렇게 월마트는 경쟁자들을 끊임없이 연구하고 대응하여 월마트가 무엇을 하는지 예측하지 못하게 변화를 시도해 왔다. 그러한 결과는 실제 월마트의 경쟁자이자 역할모델이던 K마트는 2002년 파산신청 등 어려움을 겪으면서 2010년 152억 달러의 매출에 그쳤고, 매장 수도 1/7 수준으로 전락한 반면, 월마트는 글로벌 기업으로 성장하였으며 매출액 4,218억 달러, 매장 약 9,000개로 확장되어 약 50년간의 두 회사의 경생에서 승리자로 평가받고 있다.

전략을 성과관리 운영에 적용하기

기업이 전략을 개발하고 난후 이를 성과관리 운영에서 전개할 때 고려하여야 할 몇 가지 전략적 사고에 대해서 알아보기로 하자.

4-1. 대개 전사, 부문, 팀 단위에서 전략과제를 도출하기 위해 내외부 환경분석을 위한 SWOT 분석기법을 이용한다. 아마 전략과제도출을 위해 가장 많이 사용하는 분석기법이지만 이는 사용하는 데 몇 가지 오류를 찾아볼 수 있다.

먼저 분석자의 직감에 많이 의존한다는 것이다. 객관적인 자료가 충분하게 준비되지 못하고 더구나 짧은 시간에 분석을 마쳐야 하기 때문에 분석자의 경험에 의존하여 기술(記述)하고 있다. 물론 분석자는 지난 몇 년간 실적자료, 당해 연도 실적자료 혹은 문제로 제기된 사항, 외부환경에서 수집된 정보 등에서 데이터를 읽고 해석하여야 하고 이때 직관을 사용하지 않을 수 없다. 하지만 분석자의 경험에만 의존하면 사람이기 때문에 갖는 인지의 한계로 인해 정확한 이슈를 잡아내기 어렵다. 예로, A제품의 새로운 수요가 급격히 증가될 것으로 전망되어 이를 위한 라인증설이 불가피 하다는 이슈가 나왔다고 하자. 이때 고려해야 할 점은 A제품의 수요확대 원인에 대해 살펴보아야 한다. 수요 확대의 이유에서 여러 가지가 있을 수 있다. 우선 이것이 일시적인지 지속적인지를 확인할 필요가 있다. 만약 일시적이라면 라인증설은 투자대비 수익성에 대한 문제가 있을 수 있으므로 라인증설 없이 생산성을 확대하여야 하는 것이 과제이다. 또한 A제품의 수요가 확대로 그 제품라인에 관련된 유사제품도 수요가 확대될 수 있다. 그렇다면 현재 라인증설보다 신제품에 맞는 라인증설이 필요할 수 있다. 결과적으로 객관적 자료를 바탕으로 여러 대안을 생각할 줄 아는 실무능력을 갖춘 자들이 분석에 임해야 한다. 그렇지 않으면 정말 중요한 과제가 아니거나 적용에 도움이 되지 않는 과제에 매달릴 수가 있다.

그다음으로 많이 나타나는 오류는 분석자의 의도에 따라 이슈를 도출하는 방향과 중요점을 왜곡시킬 수가 있다는 것이다. 즉 환경의 분석결과로 이슈화되는 요인이 전략과제로 등장되는 것을 미리 염두에 두어 자신의 부문이나 부서에 부담이 되지 않고 자신의 약점을 드러내지 않도록 분석을 시도하는 경우가 있을 수 있다. 그렇기 때문에 SWOT분석 진행과정에서 외부 컨설턴트이든 내부주관자이든 이들이 객관적으로 작성할 수 있도록 관여할 필요가 있다. 만약 워크숍을 통한 분석을 하면 분석을 위해 참석한 자들이 부문에 편중 없이 참여하여야 하고, 이들이 객관적으로 작업하는 것이 얼마나 중요한지를 먼저 인식할 필요가 있다. 그러기 위해서 워크숍 전에 회사나 부문의 비전 혹은 중장기 목표 등이 분명하게 제시되어야 한다. 현재 회사나 조직이 얼마나 도전적이어야 하는지, 무엇에 집중하여야 하는지가 분명하여야 분석자들이 내외부 환경분석을 대하는 범위나 대안을 생각하는 기준을 공통적으로 가질 수 있다. 그렇지 않으면 상황을 낙관적으로 보고 느슨한 전개를 할 수 있고, 너무 심각하게 보고 독특하게 튀는 대안만 찾으려고 정도를 넘을 수 있다. 또한 회사의 능력을 너무 과대 혹은 과소평가히는 경우가 있나. 그렇게 되면 대응하려는 중요한 과제가 빠질 수 있으므로 이에 대한 균형도 필요하다. 중요한 것은 남들이 진부한 과제로 보는 것은 아무런 문제가 되지 않는다. 목표달성을 위해 회사나 조직에 근본적으로 조치되는 과제가 중요한 것이다. 그리고 한 가지 더 고려해야 할 것은 CEO나 경영자의 중점추진사항 혹은 전략적 의도를 분명하게 인식하여야 한다는 것이다. 실컷 분석을 마치고 이슈화된 내용을 전략과제로 정리하여 발표하면 경영자들이 이를 받아들이지 못하는 경우가 있다. 이때 주의하여야 할 점은 역시 부문 경영자의 전략적 의도가 전체 회사의 균형에 맞는가도 보아야 한다. 예로 새로 임명된 경영자는 자신의 입지를 굳히기 위해 단기적 성과를 보여 주어야 하므로 중장기적인 역량축적에 필요한 과제를 제외시킬 수 있다.

다음으로는 환경을 보는 관점을 분명히 하는 것이다. 사람에 따라 어떤 상황을 가지고 기회와 위협을 구분하는 것이 다르다. 그 사람의 특성, 즉 도전성, 경험, 의지, 책임, 조직 내 이해관계 등에 따라서 어떤 상황을 기회로 보기도 하고 위협으로 보기도 한다. 예로, 중국시장의 급성장에 대해 소극적인 자라면 중국제품이 시장에서 우리 제품을 대체할 것이라고 위협적으로 느끼는 반면, 적극적인 자는 오히려 우리 제품의 품질을 높여 국내뿐만 아니라 중국의 상위층을 겨냥하여 진출하자는 의견을 내놓을 수 있다. 문제는 도출된 과제가 논리적이고 객관적이어야 한다. 즉 왜 그러한 과제가 유용한가를 논리적으로 설명할 수 있어야 하고, 누구나 공감할 수 있어야 한다. 그러기 위해서는 분석자가 분명한 근거자료로 타인을 공감시킬 수 있어야 한다. 그리고 분석자들이 전략적 과제를 책임 있게 도출하기 위해 비전에 대한 공감과 이를 달성하기 위한 주인의식을 가져야 한다. 또한 분석자들은 환경의 상황에 대응하는 창의적 발상을 할 수 있는 능력이 있어야 한다. 중요한 것은 분석하는 작업에서 그러한 자들은 선발하는 것뿐만 아니라 이들에게 그렇게 할 수 있는 환경을 제공하여야 한다는 점이다.

4-2. 전사 전략을 추진하기 위한 정렬(alignment)의 일종으로 하위 단위조직 및 개인까지 상위 목표달성을 위해 해결방안을 수립하게 된다. 물론 이 과정은 톱다운(top-down)식으로 전개되나 보텀업(bottom-up)식으로 하위에서 상위목표를 달성하기 위한 방안을 고려하여 상위자의 목표수립을 지원하기도 한다.

필자는 컨설팅 과정에서 몇몇 기업의 직책자들이 전략목표를 설정하고 이를 달성하기 위한 과제 수립에 대해 하위조직을 참여시키는 과정을 살펴본 적이 있다. 회사는 당해 연도 전사목표를 달성하기 위하여 부문, 부서(팀)로 목표를 전개해 나간다. 즉 상위의 목표를 달성하기 위해 하위조직은 수단(과제)을 발굴한다. 그리고 그 수단은 다시 하위조직의 목표가 되어 이를 달성하기 위한 수단을 발굴한다. 이렇게 최하위단위(대개 팀 단위)까지 수단을 발굴하고 각 위치에서 도출된 과제를 관리하게 된다. 즉 목표의 전개를 통해 계층별로 각자의 역할과 수준에 맞게 분담하여 일을 결정하는 것이다. 이때 필자는 직책자가 하위조직으로 목표를 전개하는 데서 몇 가지 이상한 점을 발견하였다.

먼저 영업본부에서 발견한 것은 사장, 본부장, 팀장, 팀원의 목표가 동일하다는 것이다. 다만 목표치(target values)만 분할하여 전개되어 있다. 예를 들어 회사의 매출액이 1,000억이라면 이것이 바로 영업본부장의 목표로 매출액 1,000억이 설정되고, 하위로 분할하여 A팀장은 500억, B팀장은 500억, A팀장의 '가'팀원은 100억, '나'팀원은 200억, '다'팀원도 '200억'과 같이 목표가 수립되어 있다. 단위조직들은 전년도보다 조금 많이 하달된 목표에 대해 작년실적 대비 비율만큼 올해 목표를 상위자와 확정하고 그것을 팀원에게 배분한다. 이를 짧은 시간에 해치우고 목표수립이 완료되었다고 한다. 영업은 매출액이 중요하기 때문에 다른 것은 크게 중요하지 않다는 것이다. 왜 이들은 이렇게 생각할 수밖에 없을까? 사실 매출액과 같이 하위로 분할하여 제시한 목표는 기본목표에 해당한다(이는 세 번째 전략목표와 기본목표에 대한 언급에서 자세히 설명됨). 물론 이렇게 전개된(분할된) 목표는 사업 추진이 어떻게 진척되고 있는지를 모니터링하고 빠른 조치를 취하는 데 의미가 있다. 중요한 것은 매출액을 달성하기 위해 하위조직이나 팀원들은 무엇을 어떻게 하여야 하는지가 고려되어야 한다. 그러나 매출액을 하위로 분할하고 목표수립을 완료했다고 선언하는 현상은 영업본부장부터 달성해야 할 매출액 1,000억에 대해 무엇을 어떻게 해야 달성할 수 있을지 분석이 이루어지지 않았기 때문이다. 전년도에 우리가 무엇이 부족했으며 올해는 고객/시장으로부터 어떤 영향력이 나타날 것인가에 대한 세부적인 분석이 부족한 것이다. 그러니까 자신의 영업조직에서 어떤 전략을 가져가야 1,000억을 달성할지 분명히 알지 못하기 때문에 하위 단위조직도 중점적으로 수행해야 할 방안을 찾지 못하는 것이다. 그렇다면 왜 그러한 작업에 소홀한 것일까? 대체로 이들은 자기 자신뿐만 아니라 외부환경을 잘 안다고 생각한다. 굳이 분석하지 않아도 뻔하다는 것이다. 매월 목표달성

회의도 해 왔고 매번 시장을 접촉하고 있으니 매출목표만 제시하면 팀원들이 알아서 달성방안을 계획할 수 있고 실행에서 체크하면 문제가 없다고 생각한다. 하지만 진정 필요한 것은 최소한 연말에 본부장부터 팀원에 이르기까지 그간 고객이나 시장에서 살펴보았던 징후나 조짐, 경쟁사의 동향, 고객의 요구나 불만, 그리고 우리가 각종 방안을 구사했던 시장반응의 자료 등을 통해 무엇을 어떻게 할 것인지에 대한 의사소통이 이루어지는 것이다.

필자는 그리고 나서 관리본부장의 목표를 들여다보았다. 특이한 점은 관리본부도 동일한 매출액의 측정지표와 목표치를 가지고 있었다. 그 이유는 영업본부에 지원을 잘했는가가 영업목표 달성에 영향을 끼치므로 공동의 책임을 져야 한다는 의미이다. 하지만 진정 관리본부가 매출액을 책임지는 것은 아니다. 이들의 논리대로라면 매출액 달성을 위해 관리본부가 제대로 된 지원은 무엇인지를 밝혀내어 과제화하고 이를 측정해야 할 지표를 수립해야 한다. 따라서 필자는 영업본부에게 관리본부에서 무엇을 지원해 주었으면 하는지를 질문하였다. 그 대답은 '판촉을 하는 데서 아르바이트를 구해 주면 좋겠다, 홍보에 대한 예산을 늘려 주었으면 좋겠다, 지역으로 출장을 가면 회사 지원용차를 이용하기 용이하게 해 주면 좋겠다' 등을 쏟아 내었다. 필자는 이것에서 가장 중요한 점을 논의하게 하고 이를 관리본부의 과제와 측정지표를 도출하여 재조정하였다. 이와 같이 상위의 전략적 목표달성을 위해 하위조직의 수행과제의 발굴, 실무부서를 지원하는 조직에서의 지원과제의 발굴은 조직의 전략목표의 실행에서 정렬되어야 하는 중요한 점이다.

4-3. 전략목표와 기본목표에 대한 이해를 분명히 하고 이를 체계적으로 도출하여 균형 있는 관리를 할 필요가 있다. 전략목표의 달성으로 기업은 비전 달성을 위한 성장 혹은 생존 역량을 확보할 수 있다. 따라서 이것을 관리하는 목적은 비전 및 목표달성에 강하게 영향을 미치는 환경적 요인에 대해 빠르게 대응을 하기 위해서이다. 예상되는 심각한 요인은 사업성과에 문제가 될 수 있으므로 이를 해결함으로써 발전의 기회를 삼을 수 있다. 반면 기본목표의 달성으로 기업은 현재 수행하는 사업의 성공을 위해 제품이나 시스템의 개선 및 강화를 위한 역량을 확보할 수 있다. 따라서 이것을 관리하는 목적은 조직의 통합적이고 균형적인 발전을 위해, 계획된 목표를 달성하기 위해 지속적 개선을 시도하여 원활한 사업을 하기 위함이다. 기업은 현재역량도 뛰어나야 하지만 동시에 미래역량을 꾸준히 개발하여야 한다. 그러므로 기업 내 어떤 조직이라도 두 가지 목표를 균형 있게 관리해야 한다.

조직 내 계층에서 보면 전략 차원의 경영진은 기본목표를 근간으로 현재 사업을 운영하면서 전략적 대응이 요구되면 조직목표의 달성을 위해 하부조직의 활동에 우선순위를 정하고 자원을 집중하는 관리를 한다. 예를 들어 매년 최고경영자는 '연간 매출액 1,000억', '경상이익 5%'와 같은 목표와 '신제품개발에 의한 수주증가', '품질보증 충실에 의한 클레임 감소' 등과 같은 과제를 제시한다. 이것은 사업수행에 있어 기본목표가 전년도 수준 이상으로 경영활동이 개선되어야 한다는 전제가 깔려 있다. 따라서 최고경영자는 기본목표를 근간으로 사업활동을 관리하고 이를 달성하기 위해 하위조직에서 수단(방안)을 찾아 개선활동을 하게 한다. 하지만 기업의 비전을 달성하는 데 있어 경쟁사의 제품이 시장에서 경합된다면 이를 이기기 위해서는 별도의 방법을 취하지 않으면 안 된다. 최고경영자는 이것을 특별한 전략과제로 등장시켜 직접 관리한다. 예를 들어 신제품 개발, 원가절감 등을 위한 태스크포스팀(*Task Force Team*)을 운영한다든가, 사업부나 부문의 임원에게 전략과제를 해결하기 위한 세부과제를 전개하여 임무를 맡기고 관련된 예산을 편성하는 등의 조치가 취해진다. 하지만 전술 차원의 중간관리자(예: 팀장)는 자기 고유업무(현재 사업수행)의 기본목표 달성을 위한 관리도 중요하고, 상위에서 전개해 내려오는 전략목표의 달성도 중요하다. 중간관리자들의 전략목표 달성은 대개 기본목표의 활동방법보다 더 창의적이고 도전적인 달성방법을 찾아내고 시행하여야 한다. 하지만 한정된 자원으로 아이디어를 내어 상위목표 달성을 감당할 수 있다면 괜찮지만 상위 전략목표의 달성에 과부하가 걸릴 수 있다. 따라서 경영진들은 중간관리자들과의 의사소통을 통해 이러한 점을 별도의 태스크포스팀 운영이나 지원을 통해 조정한다.

이를 좀 더 자세히 살펴보면 전사 목표를 달성하기 위해 대개 앞서 언급한 내외부 환경분석을 통해 전략적 대안(전략과제)들을 도출함으로써 수립된다. 예를 들어 보면 3년 내 현재매출의 2배 성장이라는 전사 목표의 달성을 위해 대내외 환경분석(예: SWOT분석)을 통해 제품디자인 개선, 선진국 수출확대, 영업제휴 등 전략적 대안(전략과제)들을 도출할 수 있다. 물론 이것들은 매출 2배 확대라는 목표와 연관성을 가지는지 검증하여야 한다. 이렇게 확정된 전략과제는 영향도와 긴급도에 의해서 단기, 중기, 장기 과제로 구분할 수 있다. 영향도가 크고, 긴급도가 급한 것이 단기적으로 대응할 과제이다. 하지만 긴급도가 당장 급하지 않아도 중요한 중장기 과제는 현재부터 시작할 수도 있다. 여기에서 전략과제가 어느 한 단위조직에서 대응하는 것인지 아니면 공동으로 대응할 것인지를 고민하여야 한다. 대개 공동으로 대응하기 위해서는 상위자의 주관하에 태스크포스팀 등을 조직하여 프로젝트 방식으로 추진한다. 그렇지 않은 전략과제는 수행하기에 적합한 하위조직에게 내려 준다. 물론 전략과제들은 결과를 측정하기 위한 지표와 목표치들이 설정된다. 이러한 전략과제들 중에서도 파레토 법칙처럼 중요하게 상황을 타파해야 할 과제를 우선 선정한다. 집중 공략할 전략목표로 정하는 것이다. 또한 하위조직의 업무를 수행하는 데 있어 전략목표가 나타나는 경우도 있다. 이는 만성적으로 문제가 되거나 그 문제가 사업수행에 큰 영향을 끼치는 경우이다. 이러한 과제는 상위에서 전략적으로 관리되어야 한다.

한편 하위조직(예: 부서)에서 기본목표를 수립할 때는 일반적으로 직무성과를 내는 데 장애가 되거나 문제로 부각된 것을 설정한다. 하지만 직무성과를 근본적으로 생각하면 전사 차원의 조직과 같이 미션과 비전이 존재하고 이것에 초점을 맞춘 성과이어야 한다. 따라서 직무 미션을 지향한 성과를 내기 위해서는 먼저 고객에 대한 정의가 필요하다. 고객은 경영자, 타 부서, 실제 시장에서 접촉하는 고객과 같이 다양하게 존재할 수 있다. 이러한 고객들이 원하는 가치가 있고 그 가치를 제공하기 위한 성과를 정의하여야 한다. 물론 이러한 직무 미션은 조직 미션과 같은 방향으로 일치되어야 한다. 하위조직은 이렇게 정의된 성과를 내는 데 있어 부족한 점을 과제로 설정한다. 한편 하위조직은 자신의 포부를 담은 비전이 존재한다. 이러한 비전을 달성하기 위해 직무수행에 있어 꼭 개선되어야 하는 과제를 설정할 수 있다. 이와 같이 도출된 과제의 해결은 조직의 전술적 차원에서, 즉 현재 사업을 지속적으로 성장 혹은 유지하기 위해서 반드시 고려되어야 할 기본적인 것이다.

이와 같이 전략차원의 경영진은 비전을 향한 조직의 기본목표를 달성하는 데 있어 요구되는 전략과제를 수립하고 전사 차원에서 과제를 해결하거나 하위조직에 전략목표로 전개하여 관리하는 균형을 맞추어야 한다. 한편 전술차원의 중간관리자는 고유의 기본목표 달성은 기본이고 상위에서 전개되는 전략목표의 달성에 집중하는 실행에서의 균형을 맞추어야 한다.

4-4. 앞서 언급한 것처럼 상위 목표가 세워지면 이를 달성하기 위한 중요한 과제를 도출한다. 그리고 이런 과제가 제대로 추진되었는지를 판단해 주는 측정지표와 목표치가 설정된다. 즉 목표(objectives)＝과제(CSF)＋측정지표(KPI)＋목표치(target values)로 구성된다. 하지만 이렇게 설정된 많은 측정지표 중에서 중요하게 관리해야 할 지표를 선택하고 집중해야 할 필요가 있다. 측정지표는 실행자들의 행동의 몰입을 가져오는 역할을 한다. 그래서 더욱 80/20법칙의 의미처럼 중요한 측정지표에 선택해야 한다. 예로, 필자가 컨설팅 과정에서 너무 많은 지표를 가지고 있는 팀장에게 중요한 측정지표만 관리하라고 조언한 적이 있다. 당시 팀장들은 평균 20개가 넘는 측정지표를 관리한다고 계획하고 있었고, 필자는 그들의 업무를 검토하고 나서 5개 내외가 집중하기에 적정하다고 판단하였다. 그러자 그들의 대답은 평가를 안 받으면 일을 하지 않아도 된다고 생각하는 사람들 때문에 모든 지표를 책정하고 관리해야 한다고 하였다. 실상 현실적으로도 모

든 지표를 관리할 수도 없는 입장이었지만 그늘은 고집하였다. 자못 관리를 한다는 것은 계수관리가 필요하다. 즉 관리해야 할 점을 측정하고 미흡한 사항에 대한 개선조치를 해야 한다. 요즘은 전산시스템으로 실적을 집계한다지만 과연 이들은 20개가 넘는 측정지표를 일일이 측정하고 개선조치를 할 수 있는 절대적 시간이 있을까 싶다. 또한 리더라면 직원들의 목표에 관여한다. 그리고 자신의 목표를 포함하여 직원들의 목표까지 관리하고 코칭하는 것은 거의 불가능에 가깝다. 그러한 측면에서 요즘 BSC를 도입한 회사들은 부문이나 팀에서 관리하려는 측정지표들이 너무 많이 가지고 있다. 너무 많은 측정지표를 가지고 있으면 결국 관리하지 못한다는 의미와 같다.

또한 필자는 측정지표들의 가중치를 살펴보았다. 그러나 과연 어떤 근거로 가중치가 설정되었는지는 알 수가 없었다. 단지 전체 지표의 가중치 합이 100%가 되도록 직감적으로 가중치를 부여한 상태였다. 물론 그 중요성을 판단하는 것은 수립자의 몫이겠지만 좀 더 객관적인 가중치 부여가 필요했다. 가중치 설정 방법은 다양하다. 이중 어떤 것을 적용해도 좋지만 가장 중요한 것은 혼자만의 직감이 아니라 상호 합의가 이뤄져야 함이 중요하다. 가중치 설정방법은 대개 다음과 같다. 첫째 '요소평가법'이다. 이는 해당 KPI의 목표 달성이 회사의 당해년도 전략목표 달성에 어느 정도 중요한 영향을 미치는가를 기준으로 실무적 합의에 의해 결정하며, 모든 KPI 중요도의 합이 100%가 될 수 있도록 가중치를 부여하는 방법이다. 둘째 '순위법'이다. 이는 요소평가법과 같이 가중치 설정에 KPI간의 상대적 전략적 중요도를 기준으로 활용하지만, 전략적 중요도를 직접적으로 백분율로 배분하지 않고 먼저 우선순위를 부여하고 우선순위를 환산순위

((최소순위＋최대순위)-해당 KPI의 순위)로 바꾸어 각 KPI의 환산순위가 차지하는 비율을 가중치로 부여하는 방법이다. 셋째 '계층분석적 의사결정법(AHP: Analytic Hierarchy Process)'이 있다. 이는 의사결정의 문제가 다수의 평가기준으로 이루어져 있는 경우, 평가기준들을 계층화하여 그 중요도에 따라 가중치를 설정하는 다기준 의사결정기법이다. 측정의 목적과 수단(KPI)을 계층적으로 연결시켜 주며 복수의 요소들에 대한 가중치를 동시에 고려하기보다는 둘씩 짝을 지어 이원비교함으로써 측정하려는 요소 및 지표들 간의 상대적 중요도에 대한 판단의 일관성을 가질 수 있다. 자세한 것은 시중에 나온 책을 참조해 주기 바란다.[18]

4-5. 직원들이 자신의 평가를 제대로 받기 위해서라면 측정지표에 자신의 행동을 맞출 수밖에 없다. 따라서 사람들의 실행을 올바르게 이끌기 위해서는 편중된 측정지표로 판단해서는 곤란하다. 예를 들어, 올림픽 경기를 보면 크게 성과를 판단하는 방법을 세 가지로 구분해 볼 수 있다. 첫째로는 기록을 갖고 판단하는 경기이다. 육상, 수영과 같은 경기이다. 이는 정확한 측정방법만 동원한다면 심판의 역량이 크게 좌우되지 않는다. 이때 심판은 결과중심의 정량적 측정이 요구된다. 기업에서는 대개 영업부문의 측정지표가 정량적 지표(quantitative indicator)로 많이 등장한다. 둘째로는 전문가가 판단하는 경기이다. 체조, 다이빙, 싱크로나이즈와 같은 경기이다. 이는 점수측정의 규칙은 있으나 상당한 전문가 역량이 요구되며 전문가의 주관이 많이 개입되는 경기이다. 이때 심판은 과정중심의 정성적 측정이 요구된다. 아무래도 측정은 앞의 방법보다 가장 어렵다. 기업에서는 대개 관리부문

의 측정지표가 정성직 지표(qualitative indicator)가 많다. 셋째로는 규칙을 갖고 판단하는 경기이다. 축구, 야구, 핸드볼, 배드민턴, 하키와 같은 경기이다. 이는 심판이 해당 경기의 규칙과 상황을 종합적으로 인식하여야 하는 입장이다. 따라서 이때 심판은 과정과 결과 모두를 중심으로 측정한다. 즉 경기에서 골을 넣을 때 과정을 만족하여야 결과를 인정하는 것이다. 기업에서는 대개 연구, 생산부문의 성과지표가 혼합되어 많이 등장한다. 이는 바라는 목표를 제대로 달성하였는가를 측정하기 위해서는 일의 과정과 결과의 위치에서 측정할 필요가 있는 혼합형 측정이다.

　그러나 기업에서 이러한 측정에 대한 특성을 반영하지 않고, 일괄적으로 정량적 지표만 사용하라고 고집하면 측정에 대한 편법과 억지가 동원된다. 예를 들어 고객만족과 같은 목표이다. 진정 고객만족을 통해 매출을 올리려면 고객과의 친밀도를 유지하고 그들의 마음을 사로잡는 질적 접근이 중요하다. 그래야 고객들이 그 매장을 다른 이에게 칭찬하고 소개하거나 재구매율이 높아지는 것이다. 그러나 정량적으로 측정할 수 없다고 해서 고객불만 전화건수, 고객당 서비스 대기시간 등 측정 가능한 지표를 잡는다. 그러다 보면 직원들은 고객만족의 근원적인 접근보다, 불만전화가 오지 않게 하거나 대기시간을 줄이는 것에 집중한다. 측정지표가 객관적이라고 해서 정량적인 지표만을 뜻하는 것이 아니다. 누구나 주관적으로 봐서 괜찮다고 하면 객관적으로 괜찮은 것이다. 만약 정량적 지표에만 매달리는 사람이 있다면 너무 인간의 주관성을 배제하고 성과관리를 공학적으로 접근하려는 사람으로 보인다. 정량적 지표와 정성적 지표의 균형을 맞추어야 한다.

4-6. 전략을 성공적으로 이행하기 위해서는 전략목표를 달성하기 위한 핵심성공요인을 제대로 실행하지 않으면 안 된다. 따라서 성과관리에서의 평가는 성과평가뿐만 아니라 역량평가도 중요하다. 왜냐하면 성과를 이루어 내는 과정에서 역량의 발휘가 곧 성과로 직결되기 때문이다. 이때 역량(competency)은 바로 목표달성을 위한 핵심요인을 성공적으로 수행하기 위한 지식, 스킬, 태도의 총합적인 것을 말한다. 그래서 일반적으로 요구하는 기업에서의 역량은 전 임직원이 공통적으로 핵심가치를 실천하기 위한 공통역량(이를 기본역량 혹은 가치역량 등으로도 부른다), 리더들이 목표달성에 영향력을 발휘하는 리더십 역량, 직원들이 해당 직무목표 달성을 위해 핵심적인 요인을 실행하는 직무역량으로 구분한다.

이때 직무역량은 다른 역량과는 달리 매년 새롭게 설정된 목표를 달성하기 위한 추진과제를 성공적으로 수행해야 하는 것이므로 시기적으로 변경되어야 마땅하다. 하지만 많은 기업들은 직군별로 다소 차별적이지만 직무역량을 미리 정해 놓고 계속적으로 사용한다. 이는 매우 정형화된 직무에서는 가능할지 몰라도 일반적인 직무에서의 목표와 이를 달성하기 위한 추진과제는 매년 변경되므로 직무역량은 매우 가변적일 수밖에 없다. 이렇게 직무 추진과제에 의해 가변적으로 필요한 역량에 대해서는 매년 힘은 들지만 이것을 정립하고 관리할 필요가 있다. 만약 조직의 리더들이 역량명이나 행동기준을 정의할 능력이 되지 못하거나 너무 과잉관리로 부담이 된다면, 굳이 역량명과 행동지표를 도출하여 멋있게 정리하는 데 시간을 들일 필요 없이 연초 수립된 목표를 달성하기 위한 추진과제(핵심성공요인)를 제대로 실행했는지를 매월 성과검토 회의 등을 통해 모니터링 할 수 있다. 이때 리더는 추진과제를 실행하는 데 있어 기대하는 행위를 하지 못하면 즉각 피드백을 해 주고 올바른 행위를 할 수 있도록 깨우쳐 주어야 한다. 예를 들어, 한 개인이 추진과제를 수행하는 데 자기 성실성이나 끈기를 가지고, 일에 책임감과 열정을 발휘하며, 개선을 위한 창의성을 발휘한다든가 대인관계에서의 친밀감 발휘한 협력의 도모하라는 등을 피드백할 수 있다. 그리고 연말에 평가면담에서는 종합적으로 직원들이 문제가 되는 약점을 어떻게 개선해야 하고, 강점을 어떻게 확장하여 발휘해야 하는지를 정리하여 피드백하는 것이다.

한편 역량평가의 가장 큰 문제점은 어떤 평가도구를 동원하더라도 직관적 평가를 피할 수 없다는 것이다. 그래서 혹자는 '역량명'에 따라 문장으로 기술한 '행동기준'을 평가하는 것에 그치는 것이 아니라, 이러한 행동기준을 정량적으로 측정할 수 있는 '행동측정지표와 수준'을 사용할 것을 주장하기도 한다. 예를 들면, 역량명이 '창의'이고 이 중 행동기준은 '해결해야 할 문제에 대해서는 스스로 고민하여 대안을 제시한다'라고 한다면 행동측정지표와 수준을 '개선 제안건수 월 1회'로 설정한다. 하지만 정량적으로 측정하였다고 해서 객관적이라고 할 수 없다. 리더의 평가가 솔직하고 직원도 인정하는 객관적 데이터를 가지고 상호 인정하면 얼마든지 정성적인 평가로도 객관적일 수 있다. 그러나 정량적 측정지표를 사용하지 말라는 것은 아니다. 하지만 자칫 정량적 측정을 위해 그중 대표적인 하나의 정량적 측정지표가 등장하면, 역량의 전체 행동을 감안한 질적 평가를 하지 못할 수 있다. 위의 예에서 '창의'라는 역량의 질(質)을 '개선제안의 건수'로 대변할 수 없을 수 있다. 그리고 개선제안긴수는 어느 정노의 수준이나 범위이어야 합당한지도 정의가 필요하다. 또한 하나의 행동기준에 대해 설령 정량적 측정지표를 설정한다 하더라도 기능별로 수행업무가 다르고(예: 생산부문에서는 개선제안 건수로 볼 수 있으나 연구부문에서는 논문발표 등 업무상황별로 다양할 수 있음), 경력에 따라 적용수준이 달리 적용하고자 하는 요구가 있는 등(예: 10년차 팀원의 개선 제안건수의 양과 질이 2년차 팀원과는 분명 다를 수 있음) 다양한 정량적 지표와 수준의 등장으로 복잡해진다. 역량평가의 목적을 고려해 보면 평가 그 자체만이 아닌 성과를 달성하는 데 직접적인 영향을 끼치는 것에 대해 피드백하는 것이 중요하다. 위의 '창의'라는 역량의 예에서 볼 때 리더는 직원들이 스스로 고민하여 대안을 제시하는 행동에 대해 실제 강약점을 피드백하여 창의적인 행동발휘하게 하는 것이 중요한지, 개선제안건수를 시의적절하게 제시하는 것이 중요한지는 뻔한 일이다. 그래서 직무역량 평가를 할 때 인간의 사고판단을 인정할 필요가 있다. 리더가 볼 때 한 직원이 목표달성을 위한 수행활동을 보면 상중하(上中下) 정도는 평가할 수 있다. 굳이 정량적 측정이 없어도 중하(中下) 정도의 평가라면 무슨 행동을 개선해야 하고, 상(上)이면 어떤 점이 강점인지는 관찰을 통해 판단하고 피드백할 수 있다.

중요한 것은 직무역량을 발휘가 성과에 직접적으로 영향을 끼쳐야 한다는 것이다. 만약 직무역량의 도출이나 이를 평가하는 모든 행위가 직무성과와 관련이 없으면 어떤 의미도 부여할 수 없다. 따라서 기업에서는 현재 정립된 직무역량의 개념과 내용이나 이것을 운영하는 모든 행위를 반성해 볼 필요가 있을 것이다.

4-7. 앞서 전략에 대한 설명에도 언급했듯이 주기적으로 전략의 검

토와 조정이 이루어져야 한다. 해당 부문 혹은 팀에서 관리해야 할 측정지표는 크게 두 가지로 구분해 볼 수 있다. 먼저 전략목표를 측정하는 지표가 있으며 여기에는 이미 언급했지만 상위 전략목표를 달성하기 위해 하위로 전개된 측정지표나, 타 부문 혹은 부서 간에 공동으로 추진하는 목표를 측정하는 지표가 있을 수 있다(여기서는 전략지표라고 하자). 그리고 기본목표를 측정하는 지표, 즉 고유 단위조직이 기본적으로 수행해야 하는 일을 측정하는 지표가 있을 수 있다(여기서는 기본지표라고 하자). 이는 전략지표와 구분하여 일상, 기본, 본연 측정지표와 같이 여러 수식어를 붙여 불리고 있다. 대개 하위조직에서는 기본지표의 결과에 대한 검토는 늦어도 월 주기로 실시한다. 물론 매일 측정되어 조치되는 지표들도 있다. 이러한 지표는 빈번하게 모니터링하여 목표치에 미달되었거나 미달이 예상되는 경우 빠른 조치를 취해 주어야 한다. 이러한 조치에는 바로 미달 요인의 조치가 가능한 응급조치가 있을 수 있으며, 재발방지를 위한 원인을 찾아 개선대책을 이행하는 경우가 있다.

하지만 전략지표는 다각도의 검토가 필요하다. 즉 전략지표가 미달되면 실행과정에서의 원인을 파악하여 세부적인 실행방안들을 재수립하여야 한다. 때로는 전략과제가 외부환경의 대응에 제대로 작동되지 못하는 요소를 밝혀내어야 한다. 이러한 조정에서는 목표달성의 미달원인을 외부영향인지 내부영향인지를 분석하기 위해 내외부 환경에 대한 새롭게 수집된 정보와 분석된 내용을 가지고 심도 있게 논의하여야 한다. 따라서 미시적으로는 기존 목표치를 조정할 수도 있지만, 필요에 따라 전략과제를 새롭게 개발 혹은 수정해야 한다. 이와 같은 기본지표에 대한 검토 및 조치는 결과 위주로 모니터링하고 빠른 조치를 취하는 반면 전략지표에 대한 검토 및 조치는 훨씬 많은 시간을 많이 투입하여 목표달성 과정에 대한 심도 있는 원인분석과 대책수립의 반영이 있어야 한다. 이렇게 기업에서 부문 혹은 팀 단위에서 월 성과검토회의를 할 때 유의해야 할 것은 관리되어야 할 모든 지표에 대해 문제와 원인분석 및 대책을 수립하는 것이 아니라 관리의 집중을 기하기 위해서 이들의 구분된 검토가 필요한 것이다.

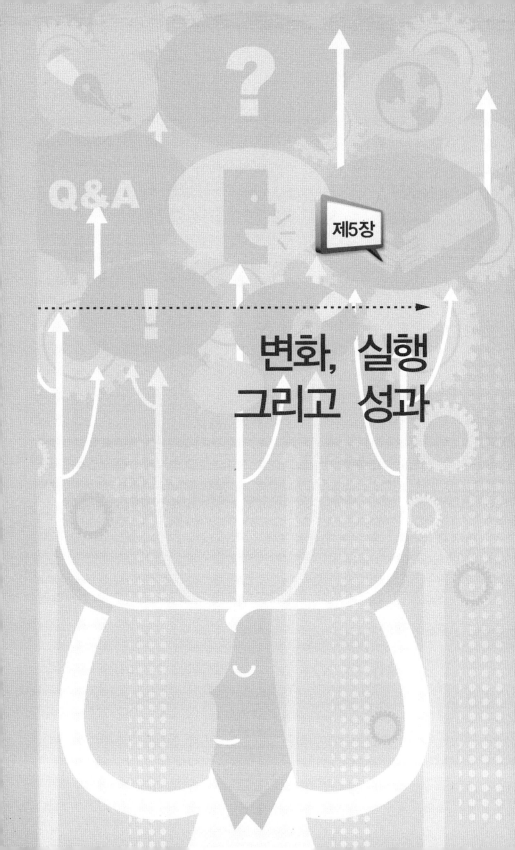

제5장

변화, 실행
그리고 성과

2000년 전 로마의 철학자 루크레티우스(*Lucretius*)는 '이 세상에서 불변한 것은 변화뿐이다'라고 했다. 기업 경영도 마찬가지이다. 모든 조직은 시장에서의 생존과 성장을 위해서 항상 변화와 맞서 왔고 앞으로도 의도적이든 의도적이지 않던 계속해서 변화와 맞서야 한다. 그래서 기업에서의 변화는 특별한 것이 아닌 일상적인 것이며, 기업의 생존 그 자체가 변화를 의미한다. 하지만 기업은 구성원들이 가지고 있는 저항과 능력부족으로 유연하게 변화를 이끌어 내기가 쉽지 않다. 따라서 혁신이 필요하다. 혁신은 힘들고 때때로 희생도 따라야 하지만 반드시 해내어야 하는 것이고 그것도 경쟁자보다 훌륭하게 이루어 내야 한다. 그야말로 혁신은 새로운 방법을 찾아 추구하는 가치를 창조하는 것이며 무엇이 새롭게 창조해야 할 가치인지를 발굴하는 것이다.[1] 그러면 기업은 어떻게 자신이 원하는 방향대로 변화를 제대로 이루어 낼 수 있을까?

　변화를 이해하는 데 오래된 개념이 있다. 『주역(周易)』의 계사전(繫辭傳)에는 "궁즉변 변즉통 통즉구(窮卽變 變卽通 通卽久)"라는 구절이 있다. 이 말은 궁하고 막히면 변화를 시도하고, 변화의 시도는 결국

통(해결)하게 되고, 통하면 이를 오랫동안 이룰 수 있다는 뜻이다. 그리고 이러한 사이클은 반복된다는 의미이다. 이것은 1947년 소개된 Kurt Lewin의 조직변화에서의 장(fields) 이론과 유사하다.[2] 이는 변화를 위해서는 해빙(unfreeze) - 변화(change) - 재결빙(refreeze)의 단계가 적용된다. 해빙단계는 문제에 대한 반성이나 미래와 현재와의 차이를 인식하여 현재 자기가 갖고 있는 틀을 벗어나 새로운 것을 받아들이는 수용력을 갖는다는 의미이다. 변화단계는 변화의 새로운 모습을 창조하고 제시하여 여러 가지를 시도하는 단계이다. 그리고 재결빙 단계는 이렇게 완성된 변화의 모습을 정착시켜 다시 되돌아가지 않게 지속적으로 유지시킨다는 의미이다. 이와 같이 모든 변화의 가장 기반적인 메커니즘은 우리가 바라는 방향과 성과를 내는 데 실수나 실패, 어려움이 닥치면 변화를 계획하게 되고, 그것을 이행하여 결국은 변화 이전과는 다른 결과를 이끌어 내는 것이다.

이러한 시각을 기반으로 조직에서 변화를 바라보는 몇 가지 관점이 있다.

첫째, 조직은 기본적으로 외부환경의 변동에 대응하기 위해 내부 시스템의 정합성(fit)을 이룬다.[3] 이것은 조직이 활동, 정책, 자원, 구조 및 능력 등을 선택하여 지속적인 경쟁우위를 확보할 수 있도록 만드는 것이다. 물론 이러한 조직 반응을 보면, 환경변화에 따라 자신의 변화 필요성을 인식 못 하거나 저항할 수 있다. 만약 그렇지 않다면, 내부 정합성은 외부환경의 변동 없이도 스스로 변화를 시도하는 경우와 외부환경의 변동으로 자신의 변화 필요성을 느끼고 시도하는 경우일 것이다. 이는 공중목욕탕에서 유사한 상황을 찾아볼 수 있다. 아이들은 온탕에 아예 들어가지 않으려고 저항한다. 온탕은 답답하고 맘대로 놀 수도 없기 때문이다. 그보다 수영장과 유사한 냉탕에서 놀기를 좋아한다. 하지만 어른이 되면 온탕의 즐거움을 안다. 스스로 끈기 있게 온탕에 적응함으로써 땀을 빼고 기분이 좋아지는 것을 느낀다. 반면 열탕에는 너무 뜨거워 손끝만 닿아도 바로 빼낸다. 하지만 나빠진 건강이 반신욕으로 회복할 수 있다는 말에 아직까지 시도하지 않은 열탕에 몸을 담그고 적응해 나간다. 이와 같이 조직의 변화는 기본적으로 외부상황에 대해 자신의 내부대응 체제를 일치시키는 것을 말한다.

둘째, 내부체제의 정합성을 위한 행위에는 크게 두 가지가 있을 수 있다. 그것은 미리 계획된 것을 이행하는 행위와 어떤 처해진 상황에 대처하는 행위이다.[4] 계획된 것을 이행하는 행위는 미리 환경변화를 예측하여 바람직하다고 판단한 내용으로 변화를 시도하는 것을 말한다. 반면 상황에 대처하는 행위는 배가 항해를 하는 것과 같이 예기치 않은 바람, 파도, 기온이 닥쳐오고 이것을 대처하기 위한 변화의 시도가 필요한 것이다. 이 두 가지 행위는 모두 전략적 행위이다. 그리고 기업들은 이미 두 가지 행위를 구분하여 대응하는 것이 아닌 동시에 병행하여 대응한다. 예를 들어, 2008년 리먼브러더스 파산 이후 미국과 유럽의 국가부채 위기로 세계경제의 더블딥(*double dip*: 경기 재침체)이 본격화되면서 우리 기업들의 수출에 적신호가 켜지고 경영에 어려움을 겪고 있다. 이때 기업들은 생존을 위해 내부 핵심역량을 더욱 가다듬고 수익성을 최우선으로 하는 사업에 집중하여 힘을 효율적으로 사용하면서, 동시에 민첩성을 발휘해 급변하는 환경 속에서도 자신에게 유리한 틈새시장을 꾸준히 찾고 선택과 집중적인 신사업을 발굴하는 전략을 구사하고 있다.

셋째, 변화히는 정도로 점진적인 변화와 급진적인 변화로 구분해 볼 수 있다. 이것은 산업에서의 혁신 현상에서도 찾아볼 수 있다. 점진적인 혁신은 기존 기술을 이용하여 개선·변형해서 목적을 달성하는 반면, 급진적인 혁신은 기존과 전혀 다른 새로운 기술을 세상에 내놓아 근본적인 경쟁력을 개편한다. 하지만 이 둘은 병행하면서 발전한다. 점진적 혁신으로 성능향상과 적용이 확대되고 일정 기간이 지나면 급진적 혁신이 도입된다. 그러다가 기존 기술이나 변형된 기술과 신기술 간의 경쟁과 혼란이 생기고 이것이 가라앉으면 점진적 혁신이 재개된다.[5]

이러한 현상은 조직에서 일어나는 문제해결에 허용되는 시간에 따라 점진적 변화와 급진적 변화가 일어나기도 한다. 예를 들어 크고 작은 매장에 식음료를 제공하는 A사는 지역별로 영업을 수행하는 데 있어 각자의 상황에 따라 다른 방법으로 접근하여 왔다. 그러나 그동안의 대응방식에서 볼 때 문제가 작은 경우에는 별 탈 없이 개선해 왔으나, 특히 큰 매장의 경우는 A사의 일관되지 못한 조치로 불만이 나오기 시작했고 어떤 지역매장은 타 지역에 비교해 손해가 나고 있다고 불평이 높아졌다. 이같이 작은 문제가 불거지면서 큰 문제가 제기되자 급기야 차기 계약이 성사되지 못하는 시급한 상황이 벌어졌다. 결국 경영자가 직접 나서야 하는 사태가 발생했다. 왜냐하면 지역 책임자를 불러 놓고 그간 기준이나 접근방법을 점검하고 통일된 방안을 정리하여 접근하기에는 너무 늦기 때문이었다. 이렇게 대응에 허용되는 시급함에 따라 급진적 변화가 요구된다.

더 큰 문제가 제기되는 경우도 있다. 바로 시장에서의 큰 영향력이다. 즉 경쟁자의 전략 변경으로 인해 기존 제품이나 사업자체에 영향력을 받는 경우이다. 일반적으로 보면 조직의 구조변화, 신기술 개발, 신시장 개척 등의 전략적 대안은 비록 문제의 규모가 크더라도 그동안 수행해 온 전략경영의 체계에서 수행되는 것이므로 급진적 변화를 추진하지 않을 수 있다. 하지만 내부적으로 근본적인 변화가 필요하면서 조직 대응에 허용되는 시간이 별로 없는 경우가 문제이다. 특히 규모가 큰 기업에서 급진적 변화가 필요할 때는 어려움을 겪는다. 조직 규모가 크기 때문에 변화 자체가 어려울 뿐 아니라 급진적 변화로 인해, 즉 기본 사업의 개정, 조직구조의 전면 개편 등으로 기존 조직에 상처가 남는다. 점진적 변화가 변화의 거부감을 줄이고 변화의 후유증이 별로 없다는 장점을 잘 알고 있지만 생존을 위해서는 급진적 변화로 뛰어들 수밖에 없다. 이후 조직은 안정적 방안을 동원한다. 기업은 사람의 몸과 마찬가지로 상처가 난 채 경영활동을 할 수 없는 입장이다. 그래서 조직, 업무, 사람에 대한 시스템을 재구축하고 재도약을 위한 새로운 패러다임을 침투시킨다.[6]

넷째, 이제 변화를 위해서 어떤 접근방식이 적합할 것인가를 고려할 필요가 있다. 이는 Beer 교수와 Nohria 교수가 언급한 E이론(Economic Value)과 O이론(Organizational Capability)으로 나누어 볼 수 있다.[7] E이론은 주주의 경제적 가치 증대를 목표로 하고, 구조와 시스템과 같은 조직의 하드웨어에 초점을 맞춘다. 추진을 용이하게 톱다운(*top-down*) 방식을 사용하며 빠른 재무적 결과를 지향한다. 따라서 내부협력을 조장하고 이해관계자들의 확신이 들 수 있는 계획과 체계적인 프로그램을 수립한다. 또한 구성원들에게는 변화에 성공할 때 받게 될 경제적 인센티브를 통해 동기부여한다. 한편 O이론은 조직역량의 향상을 목표로 하고, 문화, 행동 및 직원의 태도와 같은 조직의 소프트웨어에 초점을 맞춘다. 관리자와 구성원이 참여하는 보텀업(*bottom-up*) 방식을 사용하여 전반적인 문화의 변화를 지향한다. 따라서 실험적이고 진화적인 접근을 시도한다. 그래서 얻게 될 장기적 가치와 이를 통한 자부심이나 몰입 등으로 구성원을 동기부여한다. 하지만 그들은 E이론과 O이론을 동시에 사용하는 것이 더 성공적임을 강조하고 있다. 예를 들면 1980년대 GE의 잭 웰치 회장은 E이론으로 새로운 비전을 제시하여 사업영역을 재구조화하였다. 이에 따른 인센티브 제도도 변경하였다. 그러나 O이론으로 관료주의 조직을 유연하게 가져가기 위한 조치를 취하였다. 특히 가치 중심의 리더십의 변화를 강조하였다. 톱다운을 받아 보텀업으로 이끌어 주는 것이 리더의 영향력이라는 것이다. 그리고 이를 이어받은 1990년대 제프리 이멜트 회장은 그동안 추진해 왔던 변화를 계속해서 조직 문화로 정착시키는 휴먼 변화에 초점을 두었다.

이렇게 조직에서의 변화에 대한 다양한 시각에서의 구분된 개념은 서로 양분된 이분법이 아니라 선후행적으로나 일정 시기 내에서 균형을 이루어야 효과적이라는 것을 알 수 있다.

변화는 성장의 원동력

조직의 성과를 위해 유연성과 다양성을 확보하는 상황은 시대에 따라 다르다. 20세기 초 조직성과의 대명사인 포드 생산시스템은 유연성이 낮고 다양성이 낮은 시스템이었다. 하지만 1980년대 일본의 도요타 생산시스템이 서구에 알려지면서 그 내용을 들여다본 결과는 유연성도 높고 다양성도 높았다.[8] 그만큼 변화의 속도가 빠르고 변화의 복잡성도 높아진 시대에 대응할 수 있는 내부 체제의 구축이 조직의 높은 성과를 대변해 주고 있다. 하지만 지금 시대의 경영은, 여전히 변화의 예측이 가능하고 내부 경영의 대응방안을 효율적이고 관리할 수 있으면 된다는 자신감을 유지하기란 쉽지 않다. 참으로 작금의 경영환경은 이곳저곳에서의 조그마한 변동이 예기치 않게 발생하고 그것이 경영에 너무 큰 영향을 끼친다. 왜 이러한 현상이 나온 것일까?

이것은 우리가 사는 세상은 사람 간, 경제 주체 간의 관계가 너무 가까워졌다는 증거이다. 필자는 지금 사무실에서 호주에 있는 딸과 화상채팅을 하면서 자신의 소식과 창 너머 풍경을 전해 주었다. 세계화라는 흐름은 흩어진 시장을 통합하고 대형화시켰고, 그 속에서 경제주체 간의 교류가 활발해졌을 뿐 아니라 큰 시장의 형성은 그들의 경쟁을 더욱 격화시켰다. 금융시장도 세계 각국이 그물망처럼 연결되어 있어 하나의 문제로 인한 파급효과가 엄청나다는 것을 우리는 이미 경험을 통해 알고 있다. 이렇게 경쟁이 심하고 불확실성이 높은 경영환경은 기업에 과중한 과제를 안겨 주고 있다. 이제껏 시장에서 변화의 선두에 서서 위험을 감수하지 않고 모방하고 뒤따르는 전략이 그래도 생존과 성장을 위한 가능성을 가지고 있었으나, 새로운 첨단기술을 개발하고 제품화하여 시장의 리더가 되는 것이 뒤따르는 기업들에게 자신의 표준을 강요할 수 있고 다른 변화를 추구할 여유를 가질 수 있어 지속 가능한 성장 가능성이 크다는 것을 절실하게 느끼게 되었다.[9]

분명 기업은 20세기 말보다 21세기는 더 크고 빠른 변동 속에서 환경과의 정합성을 이루는 것이 역동적일 수밖에 없다. 그렇다고 예측

할 수 없으니 넋 놓고 있다가 변동이 오면 대응하는 것은 아니다. 기업 경영은 여전히 변화의 큰 흐름을 읽고 옳은 방향을 추구해야 하며 구성원과 함께 만들어 갈 비전과 이에 대한 전략을 공감하고 실행에 참여할 수 있도록 몰입시켜야 함은 변함없다. 그러나 변화를 위한 과제는 예전보다 더 도전적이며 통찰을 필요로 하는 창의성이 요구된다. 또한 어느 한 부문만의 변화 시도로 실현될 수 없는 전체가 균형을 이루어 추진하려다 보니 어려운 것이다. 분명한 것은 기업이 자신의 비전을 향해 지속 가능하게 성장하기 위해서는 끊임없는 변화를 시도해야 하고, 경영 자체가 이를 체계적으로 관리할 수 있는 능력을 구비해야 한다. 그것도 한 사람의 리더십 발휘만이 아니라 전 구성원들이 전체적 사고를 가지고 조직이 한 몸처럼 대응하듯이 주체가 되어 참여해야 한다.

실행에서 잘 부각되지 않는 변화관리

분명 조직에서의 변화는 생존과 성장을 위해 자신을 바꾸어 내는 몸부림이고 이를 통해 보람을 느끼는 본능이다. 따라서 기업은 경영 활동에서 변화를 자연스럽게 관리할 수 있는 능력이 있어야 한다. 그러나 여러 기업에서 나타나는 현상은 그렇지 못한 경우가 많다.

첫째, 변화에 대한 긴장감이 없다. 많은 기업들은 자신이 지금 운영하고 있는 경영이 잘 돌아가고 있다고 착각한다. 특히 규모가 크고 독점적인 지위를 만끽하는 기업은 더욱 그렇다. 그들은 경영환경이 자신의 경영을 어렵게 한다고 믿지 않는다. 비록 정부의 규제로 독점

권한을 조정할 때도 있으나 일시적이라고 생각한다. 그야말로 현실에 안주하고 있는 것이다. 때때로 경영자는 위기라고 느끼지만 아래 계층에서는 위기라는 말을 들으면 불안감만 앞세우지 무엇을 어떻게 해야 할지를 잘 모른다. 그러니 기업이 변화를 추진해야 한다고 하면 구성원들은 일시적인 상황으로 받아들이고 그다지 조직 전체에 힘을 보태지 않는다. 그보다 자신의 입장과 권리를 고수하는 데 열중한다. 기업이 수행하는 사업은 진정 완전한 독점도 완전한 경쟁도 없다. 그렇기 때문에 기업은 끊임없이 변화해야 하고 그 촉발은 건전한 위기감을 갖는 것부터 시작하는 것이 좋다.

둘째, 기업에서 변화를 강조하고 있으나 여전히 구성원들이 자신의 목표를 수립하는데 있어 합리적이고 달성 가능한 목표를 잡고 무리 없는 목표치를 설정하고 있다. 왜 우리만 어려운 목표를 잡아 피해를 보느냐는 것이다. 누구는 쉽게 일하고 누구는 어렵게 일하는 것이 공평하지 못하다고 토로한다. 또한 평가로 인한 보상기준이 너무 차별적인 경우, 이를 피해 가는 방안으로 '적절한 목표수준'을 수립하여 누구나 어느 정도 달성을 함으로써 보상의 공평성을 제공하려는 꼼수를 부린다. 조직 구성원들이 아직 변화에 완전히 공감하지 못하고 있는 것이다. 기업에서의 '공정'은 성과에 있어 공정하게 대우하여야 하고, '공평'은 기회 제공에 차별이 없어야 한다는 말이 있다. 변화의 시도가 진정 필요한 기업은 도전적인 목표를 구성원 모두에게 공평하게 부여하고 그 성과를 공정하게 대우하여야 한다.

셋째, 기업이 추진하고 있는 변화에 대해서 구성원들은 잘 알지 못한다. 변화가 무슨 큰 비밀인 양 변화를 추진하는 것을 일부 상위 계층만 알고 있다. 도대체 무슨 일을 하고 있는지를 알리지 않기 때문에 회사는 소문만 무성하고 자꾸 부정적인 이야기만 늘어 간다. 어떤 때는 외부로부터 회사의 변화상황을 듣기도 한다. 그러니 구성원들은 새롭고 아이디어를 내는 일은 엄두도 내지 않는다. 언제쯤 결론이 나올 것인지만 기다리면서 그저 맡은 일만 하고 있을 뿐이다. 그 와중에도 발 빠른 사람들은 예상되는 변화추진의 결론에 대처하는 방안을 꾸미기 바쁘다. 기업은 전략적인 상황에서 기밀로 추진하는 것이 유리하지 않는 한 변화추진은 모두의 지혜와 힘을 모으는 것이 중요하다.

넷째, 매번 변화관리를 한다고 하지만 어떤 성과를 내었는지를 명확하게 알기 어렵다. 즉 여러 문제해결을 위한 프로젝트 팀을 발족하거나 부서별로도 개선을 하지만 그것이 재무적 이익에 직접 기여하는지를 측정하기가 어렵다. 그래서 조직의 성장을 위해 변화활동을 해야 한다고 하니까 크게 반대하지 않으나 그렇다고 적극적이지도 않다. 과연 변화를 위한 활동들을 수행하지만 얼마나 도움이 되는지에 의심을 거둬 내지 못한다. 이것이 바로 구성원들에게는 '적당히만 하면 된다'는 방어기제를 발휘하게 만든다. 그러다 보니 점차 구성원들은 변화활동에 대해 짜증을 내고 인내심의 한계를 표현하기도 한다.

다섯째, 자신이 변화를 이끌어 내는 것이 아닌 외부 전문가의 힘에 의존하는 경향이 있다. 필자가 어느 중견기업에서 전산관리자와 나눈 이야기이다. 회사가 그동안 단편적인 전산화를 추진하였으나 전반적인 변화를 이끌어 내기 위해 전사적 정보의 효율성을 가질 수 있도록 추진되어야 한다고 강조하였다. 그리고 자신의 KPI를 정보시스템 구축이라고 설정하였다. 이것에 필자는 어떤 것에 초점을 맞춰 정보시스템을 구축하느냐는 질문을 하였다. 하지만 그는 그것은 외부컨설턴트가 알아서 파악해야 할 일이고 지금은 자신이 정보시스템 구축이라는 정도를 설정할 수밖에 없다고 대답하였다. 참으로 회사의 정보시스템을 구축하는 데 무엇에 역점을 두고 어떤 장애요인이 있는지에 대한 배경을 잘 모른다면 정확한 제안요구를 하지 못할 것이고, 내부의 참여가 없이 맡기는 컨설팅은 결국 내부역량의 축적에도 도움을 주지 못할 것이다.

여섯째, 성과에 대한 평가를 할 때면 경영관리자들은 으레 외부의 탓을 한다. 성과가 잘 나오지 못하면 외부 경기로 인해 불가항력적이라고 말한다. 반대로 경기가 좋아 향상된 성과에 대해서는 그러한 말을 하지 않는다. 당연히 자신의 노력으로 이루어 낸 것이 아니지만 성과향상에 따른 보상을 묵묵히 받아 간다. 더욱이 조직 구성원들은 이에 대해 불만을 터뜨린다. 왜냐하면 직원들이 느끼기에는 보상의 크기가 기본급과 비례하여 상위계층일수록 많기 때문에 노력에 비한 공정한 보상이 아니라는 것이다. 진정한 보상은 불가항력적인 외부의 영향이 있더라도 이를 진정 내부의 노력으로 대응해 낸 것이어야 자긍심을 느낄 수 있다.

변화관리의 이행과 성과

모든 기업은 변화관리를 시도한다. 하지만 경영성과를 혁신하기 위해 변화관리를 체계적으로 이루어 낸 LG전자 생활가전 사업본부(Digital Appliance Company; 이하 DAC)의 사례는 성과관리를 추진하는 기업에게 여러 교훈을 준다. 아래 사례는 필자가 학위취득과정에서 연구한 기반으로 기술한 것이다.[10] DAC는 혁신활동을 기반으로 그들의 비전대로 2007년 세계 생활가전업계 3위에 올라섰다. 그해 에어컨은 8년 연속 세계 판매 1위 제품이고, 세탁기는 2위, 냉장고는 3위를 차지하였다.

DAC는 국내 가전업계의 경쟁이 치열했던 90년대 중반, 시장에서의 급격한 가격파괴, 원자재의 가격상승, 고객요구의 다양화 등의 변동이 사업 존립을 위협할 정도였다. 이에 '3BY3'라는 비전을 제시하였고 이는 '3년 내 3배 성장'을 의미한다. 또한 최고경영자의 관심과 몰입을 기반으로 전 부문, 전 구성원이 혁신에 참여하여 성과를 이루어 내고자 한 혁신활동이다. 물론 '89년 최악의 노사분규 이후 "기본을 준수하자"는 생산현장 합리화 운동인 "TPC(Total Productivity Control)"를 통해 신뢰의 조직문화를 형성하고 도요타를 벤치마킹하여 여러 현장혁신을 꾸준히 해 온 결과 상당한 성공적 경험을 하였다. 하지만 생존을 위협하는 경영환경에 대응하기 위해서는 생산합리화를 넘어 총체적인 경영합리화를 추구할 수밖에 없었다. 그래서 내수에서 본격적으로 해외시장으로 눈을 돌렸고 시장과 고객의 요구에 맞는 신제품과 내부프로세스의 혁신에 집중하였다.

3BY3은 운영 프로세스는 다음과 같이 진행된다.

첫째, 환경변화에 한 발 앞서 사업목표를 수립하고 혁신활동 과제를 선행 검토한다. 먼저 구성원이 쉽게 이해할 수 있고, 3년, 5년, 10년 후 반드시 달성해야 할 미래모습을 표현하는 비전을 만들어 제시한다. 한편 내외부 환경분석을 통해 경영전략과제를 도출해 낸다. 이는 전략목표 수립에 기반이 되기도 하지만 다음 단계의 혁신목표를 달성하기 위한 과제수립과 연계된다. 사업목표 수립은 현재 내부역량을 감안하여 비전달성을 위해 2~3년 내 갖추어야 할 사업모습에 맞는 관리지표를 설정하고, 목표수준은 혁신적이고 정량적으로 수립하여 조직 구성원과 공유한다. 물론 그 수준은 도전적으로 3년 내 3배로 성과를 내는 것이다.

둘째, 사업목표를 달성하기 위한 혁신목표를 설정한다. 특이한 점은 이들 목표들이 모두 매출액, 노무비, 경비, 판매가 등 돈으로 표시한다. 모든 혁신활동의 결과를 금액으로 환산하여 모든 사람들이 알기 쉽게 접근하고 있다. 당해 연도 혁신목표 수립은 중기목표 수립 시 이익 금액을 기준으로 설정한다. 그리고 가장 먼저 판가인하, 환율, 원자재, 임금인상 등 '악화요인'을 분석하여 혁신목표에 반영한다. 이것은 환경의 악영향으로 달성해야 할 목표를 하향수정하거나 변명을 할 수 없도록 한다. 그런 다음 이러한 악화요인으로 인한 마이너스 영향을 만회하기 위한 생산성 향상, 재료비 혁신, 품질비용 감소 등의 혁신목표를 설정한다. 이것은 금년 악화요인의 상쇄수준과 이를 넘어 올해 설정된 타깃목표의 수준 및 여기에 더 높은 혁신성과까지 합한 실제 개선해야 하는 도전적 목표가 설정된다(<그림 5-1> 참조). 그래야지 3BY3의 진정한 목표를 확보할 수 있다. 그리고 DAC 차원에서 혁신목표가 수립되면 각 사업부(에어컨, 세탁기, 청소기 등)로 목표가 분배되고, 이는 다시 그룹별(수출, 한국마케팅, 연구실, 생산실, 생산기술 등)로 목표를 전개한다.

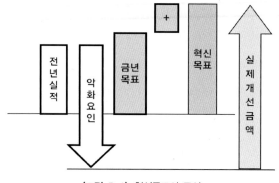

〈그림 5-1〉 혁신목표의 구성

셋째, 혁신목표 달성을 위한 전략과제를 도출한다. 이러한 전략과제는 이미 중장기 사업목표 수립에 있어 선행적으로 대내외 환경분석을 통해 전략적 대안을 도출하는 데서 시작된다. 이러한 전략적 대안에서 사업부 성과에 기여도가 큰 테마를 설정한다(DAC에서는 이를 BIG Y라고 부른다). 물론 이러한 혁신과제에 따른 측정지표와 목표치를 수립한다. 그리고 이것을 실행하기 위한 세부과제(DAC에서는 이를 Little Y라 부른다)를 도출한다. 이때 난이도가 높고 파급효과가 크며 경영성과 기여도가 큰 과제는 TDR(Tear Down Redesign: 일상 업무를 떠나 3명 이상의 상근인원으로 구성되어 사업부과제를 3개월 이상 수행하는 혁신활동팀) 활동으로 해결한다. 그렇지 않은 과제는 NWT(Natural Working Team: 직제부서에서 일상 업무를 수행하면서 직제과제를 수행하는 활동팀)나 1인 1프로젝트(직제부서에서 일상 업무를 수행하면서 3개월 이내 6 Sigma 도구를 활용하여 직제과제를 수행하는 개인 활동)로 해결한다(<그림 5-2> 참조). 한편 Little Y는 부서로도 전개된다. 하지만 개인단위까지는 전개되지 않는다. 왜냐하면

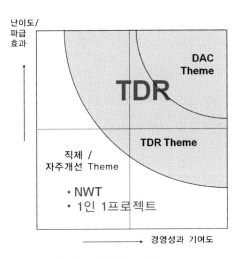

난이도/
파급
효과

DAC
Theme

TDR

TDR Theme

직제 /
자주개선 Theme

• NWT
• 1인 1프로젝트

경영성과 기여도

〈그림 5-2〉 혁신과제의 구분

개인까지 전개되면 단순개선 활동으로 전락될 위험이 있어 근본적이고 혁신적 문제해결 관점을 잃어버릴 가능성이 높기 때문이다.

TDR의 과제선정은 톱다운(Top-Down)과 보텀업(Bottom-Up)의 수많은 협의와 조정을 통해 결정된다. 7월에 DAC 사업본부장의 목표가 제시되고 이에 대해 사업부장과의 의사소통이 이루어지며, 9월에 어느 정도 확정된다. 이에 따라 10~11월은 사업부장과 팀장의 의사소통을 통해 어떻게 달성할 것인지를 논의하고, 세부적인 과제가 확정된다. 이러한 과정에서 이미 팀장들은 과제에 대해 이해도와 수용도를 높이고, 수행하여야 할 과제에 대해 어떤 인력이 동원되어야 할지도 사전에 고려되어 조율된다. 또한 과제들이 TDR활동이나 NWT로 할 것인지 결정된다. 그리고 나서 12월 말에 사업본부장의 조정을 통해 최종 확정된다. 대개 본부차원의 과제는 기여도, 난이도가 높은 제품 간의 연결을 위한 과제라면 사업부 과제는 단일제품과 관련된 과제로 구분된다.

넷째, 경영성과와 연계된 KPI는 지속적으로 실시간 모니터링된다. 이를 통해 문제를 조기에 발견하고 해결하여 어떠한 환경 변화에서도 반드시 사업목표를 달성하기 위한 혁신활동이 추진된다. 이렇게 모니터링에서 목표에 미달되는 경우는 원인분석과 해결방안을 도출하고 이를 프로세스에 적용한다. 만약 지속적으로 미달되어 문제가 크게 야기되는 경우는 TDR활동으로 근본적 문제해결을 시도하게 된다. 이렇게 TDR활동은 수시로 과제를 등록하여 팀을 구성하고 활동을 시작할 수 있다. 한편 목표에 도달한 경우는 그다음 단계의 과감한 혁신목표에 다시 도전하게 한다.

DAC의 사업성과 향상을 위한 혁신활동에서 TDR활동은 가히 그 중심에 있다. TDR팀은 기능횡단팀(Cross Functional Team)으로 구성되어 기능별 산재된 지식을 기능 간 통합화(지식의 *Synergy* 창출)를 통해 탁월한 성과를 지속적으로 창출할 수 있는 역량을 개발할 수 있을 뿐만 아니라 도전적 목표(Stretch Goal) 달성을 위한 과제해결형 학습조직이다. 이러한 TDR활동의 시작은 그야말로 혁신을 위한 조직파괴였다. '95년 실제 3BY3에서 3배라는 개념에 따라 30%의 우수 인력을 직제조직에서 뽑아내어 80개 팀으로 시작되었다. 그 후 거의 매년 이삼백 개 팀이 형성되고 사무기술직 인력의 약 40%가 항상 이 팀에 참여하고 있다. 이러한 TDR활동의 핵심성공요인을 살펴보면 다음과 같다.

첫째, '3BY3' 목표를 실천하기 위한 혁신사상의 공유가 주요했다. 이러한 혁신사상은 알기 쉬운 말로 전파되었다. 예를 들면 근본적인 혁신에 도전하기 위해 "5%는 불가능해도 30%는 가능하다", 혁신 영향이 큰 것부터 우선 실행하기 위해 "큰 덩치를 잡아라", 현실을 부정하고 모든 것을 새로 접근하기 위해 "사고를 파괴하라" 등이 그것이다. 이는 TDR활동만이 아니라 혁신활동의 기본 사상이 되었다. 실제 사업 목표조정을 위해 상사가 "목표가 왜 이리 낮은가?"라고 질문하지 않는다. "5%는 불가능해도 30%는 가능하다"는 사상이 있기 때문에 스스로 알아듣고 30% 상향 조정한다. 또한 이러한 혁신상황을 조직구성원이 힘들고 어렵게 받아들여서는 안 된다고 보고, "보다 즐겁고 신나는 3BY3"라는 개념이 나왔다. 이것은 혁신목표나 사상을 구성원에게 친숙하게 만들겠다는 것이다. 이때 모든 일상 활동에서 익숙하게 접하기 위해 3BY3 Day, 3BY3 인사, 3BY3 이벤트(음악회, 족구, 배구게임 등), 3BY3 구호 등 3BY3 개념을 넣어 상징화시킨 것이 특이할 만하다.

둘째, 최고경영자의 TDR 현장미팅을 들 수 있다. 이는 1995년부터 현재까지 매월 이틀간 사업본부장이 주관으로 각 사업부의 순회하면서 혁신활동을 점검하는 것이다. 이 현장미팅은 시스템화 되어 있어 누구도 거를 수 없게 되어 있다. TDR활동을 하는 모든 팀은 사업본부장에게 직접 보고하기 위해서 사업부 내에서도 계속적으로 상하 간에 보고하고 토론하고 준비하는 과정을 통해 활발한 의사소통이 일어하고 아이디어가 교류된다. 또한 이 현장미팅을 통해 팀원이 직접 사업본부장에게 의사소통할 수 있는 기회가 주어진다. 활동과정에서 잘 안 되는 것, 자랑하고 싶은 것 등 모두 이야기할 수 있다. 사업본부장은 이를 절대적으로 경청하고 받아들인다. 또한 사업본부장은 사업부 혹은 각 TDR팀에 적절한 긴장을 주기도 하며, 혁신활동의 방향성을 제시한다. 이 현장미팅은 조직책임자(본부장, 사업부장, 직제부서장)들이 다 같이 모니터링하기 때문에 TDR활동에서의 징애요인에 대해 조치할 사항이 있으면 사업본부장이 해당 관리자에게 즉각 지시를 내려 조치를 취한다. 뿐만 아니라 사업본부장은 다른 본부의 우수한 내용을 전파하기도 하고, 타사의 우수사례를 알려 주어 문제해결의 애로사항을 일깨워 주기도 한다. 이러한 리더십 몰입이야말로 TDR활동의 전체적 혁신풍토를 조장하는 기반이 되었다.

셋째, 구성원들이 혁신활동을 하기 위한 도구를 익히고 충분히 활용하는 역량을 확보하였다. TDR활동을 하는 방법은 6시그마 도구를 활용한다. 하지만 각 개발, 생산, 판매부분에서는 각자 정립된 방법론이 있다. 개발부문은 '90년 마쯔시다 RIAL(Redesign Improvement through Analysis of Line system)을 벤치마킹하여 재정립한 Vic21(Vision realization through Innovation of products & process for Customer delight toward 21C)을 사용한다. 이는 상품력을 혁신시키기 위해 상품기획 및 엔지니어링 단계에서 개발역량을 집중시키는 혁신 방법이다. 생산부문은 FI-10 (Factory Innovation)을 사용한다. 이것은 그동안 TPC 공장합리화 활동에서 필수항목을 추출, 재정립한 10가지 항목을 현장사원들이 스스로 수준을 평가하고 개선활동을 실행하여 공장체질을 강화시켜 나가는 현장중심의 혁신활동이다. 영업부문은 PMS(Product Market Strategy) 방법을 적용한다. 이는 사업부와 영업과의 공감형성을 통하여, 타깃제품 및 시장에서 경쟁우위를 확보할 수 있도록 마케팅전략을 수립하고 실행하는 혁신활동이다. 이 모든 방법론을 혁신언어라고 부른다. 혁신언어는 문제해결의 방법의 개념을 공유하고 개선활동을 가능하게 한다. 따라서 DAC는 꾸준한 교육을 통해 혁신언어를 자유자재로 사용하고 응용할 수 있게 하여 혁신의 바탕을 마련하였다.

넷째, TDR팀 운영에서의 효과적 활동을 들 수 있다. 다양한 특성의 사람들이 모여 함께 프로젝트를 하기 때문에 공통의 사고와 도전의식의 형성이 필요하다. 이를 위해 팀빌딩(*Team Building*)을 시행하는데, 이때 TDR 활동의 목적을 명확히 인식하고, 프로젝트의 성과를 미리 그려 보며, 프로젝트를 끝까지 시뮬레이션(목표작성, 과제작성, 과제해결 방법작성 등)해 본다. 이렇게 철저히 팀빌딩을 수행한 TDR활동은 실패가 거의 없다. 이때 훈련된 혁신주관부서의 담당자들이 퍼실리테이터(*Facilitator*) 역할을 지원한다. 이렇게 TDR활동이 추진되다가도 목표달성에 장애가 발생한다. 팀원들은 이들을 극복하기보다 조율하려고 하는 등 갈등이 발생한다. 이때 스킬빌딩(*skill building*)이 수행된다. 이것은 팀 구성원들이 다시 한번 원점에 서서 목적을 공유하고, 야기되는 장애요인을 극복하기 위한 방법론을 개발한다. 이러한 모든 TDR활동이 일부 외부의 도움을 받기는 하지만 자체적으로 진행하기 때문에 팀원의 역량이 향상될 수밖에 없고, 목표달성이 한결 수월하게 된다.

다섯째, 모든 평가, 보상, 육성의 인적자원관리 제도가 혁신활동을 집중하게 연계되어 있다. 혁신은 그만큼 고통이 뒤따른다. 구성원들 사이에서 TDR팀이 활동하는 곳을 눈물의 방(Tear Drop Room)이라고 부르기도 한다. 그래서 혁신활동의 결과에 대해서는 직원들이 자부심을 느낄 수 있는 만큼 파격적인 포상, 강한 인센티브가 지급된다. 뿐만 아니라 TDR활동을 실시하여 탁월한 성과와 새로운 방법을 이루어 낸 사람은 승진이 보장된다. 아무리 직제조직에서 일을 잘해도 TDR활동의 성과가 없으면 승진이 어렵다. 그리고 직원들은 자신의 성장하기 위해서는 TDR활동에 자처하여 참여한다. 왜냐하면 TDR 활동과정에서 직제조직에서 할 수 없는 학습과 경험을 가질 수 있기 때문이다. 이렇다 보니 많은 혁신활동에서의 경험은 자연스러운 직무이동을 가능하게 하고 직무변경으로 인한 부담도 줄어드는 효과를 낳았다. 한마디로 DAC에서는 무엇을 해도 TDR활동을 해야만 인정(Recognition)을 받을 수 있는 것이다.

변화관리를 성과관리 운영에 적용하기

앞서 살펴본 DAC의 변화관리는 분명 전사원이 참여하는 성과관리와 연계되어 운영되고 있다. 모든 기업이 DAC와 같은 방식으로 운영해야 하는 것은 아니지만, 변화관리에서 시사하는 중요한 사항을 성과관리에 어떻게 연계할 수 있는지를 짚어 보고자 한다.

5-1. 성과관리의 출발은 반드시 실현되어야 하는 명확한 비전의 수립부터이다. 우리가 일반적으로 생각하는 비전은 경영의 방향을 제시하는 정도로 인식하지, 실현되어야 하는 현실적인 기준으로 인식하는 것이 부족하다. 어떤 사람들은 희망적인 생각, 단순한 이상적인 꿈이라고 생각하기도 한다. 하지만 비전은 3년, 5년, 10년 후 기업이 반드시 달성해야 할 바람직한 미래의 모습을 설정한다. 이것은 도전적이지만 실현 가능하고, 쉽게 표현되어 구성원들이 이해하기 쉬워야 하며, 이를 통한 행동의 변화가 일어나야 한다. 또한 구성원들의 염원이 포함되어 동기부여를 시킬 수 있어야 한다. 그동안 기업에서 비전을 수립하는 방법을 잘 알려 주지 못했다. 그저 빈 양식에 비전을 글로

써 보거나 어떤 시각적으로 그려 보고 발표하는 정도였다.

그러나 비전수립을 위해 기본적으로 다음과 같은 요소가 고려될 수 있다.[11] 먼저 확산적 사고가 필요하다 이는 미래 예측과 새로운 가능성을 위해 열린 사고로 조사하고 분석해야 한다. '해야 할 일'이 무엇인지를 파악하기 위해 거시환경이나 업계 및 시장 환경, 우량 경쟁사의 동향을 조사한다. 주의할 것은 너무 미시적인 부분까지 치우쳐 조사하기보다 변화의 조짐과 방향을 추출해 근본이 되는 흐름을 알아보는 것이 중요하다. 또한 '할 수 있는 일'이 무엇인지를 파악하기 위해 자신의 장점을 파악하고 할 수 있는 긍정적 차원을 찾아낸다. 이를 위해 자사가 고객에게 제공하는 가치를 재확인하고, 과거의 역사에서 자신의 위상을 정립하며, 기존 사업의 매력도와 시장에서의 영향력을 분석한다. 그리고 장래를 예측한 후에는 이것이 가능성이 있는지를 조사할 필요가 있다. '하고 싶은 일'을 파악하기 위해 구성원의 의지나 의견을 파악한다. 이를 위해 설문조사나 인터뷰, 공개토론회 등을 실시할 수 있다. 그다음에는 수렴적 사고를 적용한다. 이는 전반적인 이미지가 무엇인지를 수렴해서 미래의 강력한 모습으로 통합하는 것이다. 이를 위해 앞서 조사한 것을 토대로 가이드라인을 만든다. 우리 회사가 어떤 약점에서 어떻게 변화해야 할지를 요인별로 지향할 점을 잡아 보는 것이다. 그리고 사업을 추진해 나가고자 하는 가치와 영역을 통합해 작성한다(사업 도메인이라고도 함). 여기서 일정 기간 내 최대한 달성할 수 있는 질적 목표와 양적 목표가 더해진다. 예를 들어 '인간생활을 위한 매력적인 공간창조 기업', 혹은 '2017년 친환경빌딩 개발산업 국내 업계 1위'와 같이 수립된다. 이것을 본격적으로 사업목표와 연계하고 전사적으로 소통하고 전개하기 위한 준비를 해야 한다. 이때 문화적 비전, 조직적 비전의 모습을 담아내어 공유하기도 한다.

5-2. '토끼와 거북이'의 이솝우화에서 거북이가 토끼에게 달리기 제안을 한다. 일반적으로 생각해 보면 거북이는 말도 안 되는 제안을 한 것이다. 그러나 하나마나 한 게임에서 승리한다. 오늘날의 기업들도 이러한 게임을 수없이 시도하고 있다. 토끼가 실패한 근본적인 원인은 자만심이다. 이것은 결과를 너무 과신한다는 의미이다. 반대로 거북이의 승리의 원인은 자신감이다. 이것은 최고의 결과를 성취하기 위해 노력하면 이길 수 있다고 자신을 믿는 것이다. 조직이 자신감을 갖고 시도하는 원동력이 바로 발등에 불 떨어져 움직이는 것이 아닌 스스로에게 건전한 위기감을 조성하는 것이다. 이렇게 하는 방안 중하나가 도전적인 목표를 설정하는 것이다. 이솝우화에는 쓰여 있지는 않지만 거북이도 아마 이러한 입장일 것이다.

때때로 기업은 왜곡된 측정결과로 성장의 기회를 놓치는 경우가 있다. 예를 들어 목표수준이 지나치게 낮은 책정되어 기업의 성과가 문제가 없다고 생각하는 경우나 실제 경기가 호황이라 목표수준이 쉽게 달성되었음에도 불구하고 낙관하는 경우가 있다. 이와는 달리 도전적인 목표는 기존의 달성방법에서 벗어나 근본적인 해결방안을 도출할 수 있게 한다. 제로베이스(Zero Base) 사고가 바로 그것이다. 기존의 방식으로는 달성할 방안이 없으니 전면적으로 새롭게 달성방안을 강구하라는 것이다. 하지만 과연 조직의 도전적 목표를 개인이 얼마나 수용할 것인가가 제일 문제이다. 이를 위해 할 수 있는 방안은 경쟁자의 수준이나 업계최고의 수준, 세계 최고의 수준과 같은 객관적으로 인정할 수 있는 기준을 제시하는 것이다.[12] 이를 통해 조직 구성원들은 자신만의 자만이나 고집을 넘어 경쟁사의 목표를 재인식함으로써 목표수준의 타당성을 수용할 수 있으며, 경쟁심을 자극할 수 있고 도전정신을 불러일으킬 수 있다. 그리고 경영자가 강한 의지를 가지고 도전적 목표를 달성하지 않으면 안 되는 이유를 설명하고, 이를 달성을 위한 지원을 약속해야 한다. 그리고 도전적 목표를 위한 성공사례를 만들어 그 가능성을 구성원과 공유함으로써 자신감을 가질 수 있도록 한다. 또한 목표를 달성할 수 있도록 필요한 방법론을 지원하고, 공정하게 진척도와 달성도를 측정, 평가하고 보상하는 체계를 시행하여야 한다. 노력과 결과에 대한 정당한 평가와 보상은 구성원의 동기부여를 이끌어 내는 가장 기본적인 사항이다.

또한 도전적인 목표는 한마디로 모두가 정말 달성하고 싶어 해야 한다. 마크 머피의 『Hard Goals』에서 목표성취를 위해 다음 사항을 강조하고 있다.[13] 먼저 목표는 마음에 와 닿아야 한다. 왜 이 목표를 달성하려고 하는지에 대한 답을 분명히 할 수 있으면 좋은 목표가 된다. 두 번째는 목표가 달성되고 나면 무엇이 좋은지 생생하게 그릴 수 있어야 한다. 시각화를 하면 더욱 명료하게 떠올릴 수 있고 서로가 교감을 이룰 수 있어 더욱 좋다. 세 번째는 목표가 절실하게 필요해서 당장 착수하지 않으면 안 되는 기분이 들어야 한다. 그러기 위해서는 목표를 소유하기 싶다는 생각이 들도록 가치를 부여하는 방법이 동원되어야 한다. 네 번째는 어려운 목표가 되어야 한다. 열정을 쏟고 몰입을 하는 일은 쉬운 목표가 아니라 어려운 목표이고, 이것을 달성했을 때 자신이 자랑스럽고 성장한 기분이 든다.

사람은 누구나 도전적인 목표를 달성하는 잠재력을 가지고 있다.

오히려 쉬운 목표를 제시하면 의욕을 상실할 수 있다. 그리고 한 번의 도전적 목표 달성은 구성원들로 하여금 자신감을 갖게 하여 다음 목표달성에 더욱 의욕을 가지게 한다. 도전적 목표의 설정은 조직이나 개인에게 동일하게 적용될 수 있는 중요한 성과관리의 요소라 할 수 있다.

5-3. 혁신 프로젝트와 성과관리와의 연계성을 분명히 정립하는 것이 중요하다. 많은 기업에서 경영성과 향상을 위해 6시그마를 운영하고 있다. 하지만 성과관리(혹은 BSC)를 도입하면서 이를 어떻게 통합적으로 운영하는지에 대해 논란이 적지 않다. 6시그마에서 각종 혁신과제들이 도출되어 해결되고 있는데 굳이 성과관리에서 전략과제를 도출하여 또 다른 해결활동을 추진해야 하는지 불만을 토로하기도 하고, 현재 6시그마 과제와 성과관리의 전략과제는 어떻게 구분해 보아야 하는지 혼동도 있다.

필자가 경험한 어느 기업의 경우 BSC를 도입하고 나서 6시그마 과제를 전략과제와 연결하지 못하고, 각 부서들이 참여하는 6시그마 프로그램들은 제각각 개선과제를 도출하여 별도로 운영하고 있었다. 예로, BSC를 추진하면서 전사 과제로 등장한 것이 6시그마활동에 참여율을 높이고 개선과제의 완료율을 높이자는 것이다. 그래서 측정지표를 개선참여율, 개선완료율로 관리하고 있었다. 실상 이 기업은 신제품에서의 재무성과를 높이기 위해 고객만족 관점의 새로운 고객요구에 따른 빠른 대응을 만족하고, 프로세스 관점의 조기 신제품 시장안착이라는 목표를 달성하기 위해 기능횡단적 과제나 부문별 과제를 도출하여 6시그마 기법을 통해 해결하는 것이 무엇보다도 중요했다.

그러나 BSC를 도입하면서 6시그마는 개선활동을 위한 하나의 프로그램으로 전락하고, 이 프로그램의 활동 결과를 측정지표로 관리하는 오류를 범하고 있었다.

이를 종합적으로 연결하여 논의해 보면 이렇다. 전략개발을 통해 전략적으로 논의할 수 있는 주제가 나온다. 이를 BSC 관점으로 보면 재무적 목표 달성을 위해 고객 가치를 향상시키는 요인을 고민하게 되고, 이를 위해 내부 프로세스와 구성원의 학습과 성장의 관점에서 무엇이 핵심적인 성공요인인지를 논의하게 된다. 이들 각각 핵심성공요인들의 실행하기 위한 세부적인 하부과제들을 도출하고 이를 6시그마 방법을 통해 과제해결 활동을 하는 것이다. 즉 전사 전략과제를 해결하기 위한 수단이 품질이나 혁신 프로그램을 돌리는 것이다. 한편 많은 기업들이 6시그마 등 TQM(Total Quality Management)프로그램을 운영하다 보면 어느덧 직원들로부터 과제가 고갈되어 추진할 것이 없다는 말을 듣게 된다. 이건 잘못된 생각이다. 고객의 요구나 필요는 끊임없이 변화된다. 따라서 이에 대응하는 내부 프로세스도 끊임없이 개선되어야 한다. 그렇지 않으면 고객에게 제공할 가치가 만족스러운 수준이 나올 수가 없다. 즉 프로세스의 개선은 영원한 것이다. 6시그마 활동을 위한 과제도출이 아니라 실제 고객지향적인 내부 프로세스를 향상하기 위해 과제 도출이라고 보면 끝없이 과정이라 하겠다.

5-4. 직원들은 상위로부터 목표가 하달되거나(비록 상하가 합의가 된다 하더라도) 조직적으로 도전적인 혁신을 추구하고자 한다면 어떻게든 스트레스를 받기 마련이다. 이것은 자신의 행위를 새롭게 변화

시켜야 하기 때문에 누구에게나 나타나는 자연스러운 표출이다. 비록 그렇다 하더라도 직원들이 자연스럽게 이것을 받아들여 실행할 수 있도록 해야 한다.

미하이 칙센트미하이의『몰입의 경영』에서 그 실마리를 발견할 수 있다.[14] 그가 말한 몰입의 요체는 자기 일에 대한 즐거움이다. 이는 쾌락이라는 행복보다, 스트레스는 더하지만 더 큰 행복을 느낀다. 운동선수, 무용가, 연주가를 보면 혹독한 훈련이 어렵고 힘들어도 자기 능력의 완성으로 향하는 즐거움에 열정을 불어넣는다. 이때 느끼는 감정이 몰입인데, 그것은 자신이 무엇을 해야 할지 분명히 알고 이에 집중하여 그 과정에서 새로운 변화의 경험을 느끼는 감정이다. 이렇게 몰입을 지속시키는 것은 자신의 일이 중요하다는 것을 알고, 자신의 노력이 완성을 향해 올바르게 진전되는지 통찰하고 자신이 변화되고 있다는 깨달음이 있기 때문이다. 더욱이 몰입에 즐거움을 느끼는 사람들은 과제가 복잡하고 어려워도 자신의 실력을 높여 적용해 보며 그 성장을 맛보고 새로운 잠재력을 느끼며 행복해 한다. 필자는 '나는 가수다'라는 유명한 방송 프로그램을 보면서 이를 공감하였다. 이 프로그램의 매력은 이전에 어떤 가수들보다 청중의 가슴을 울리는 높은 수준의 노래를 다양하게 들을 수 있다는 것이다. 왜 가수들은 최선을 넘어서 거의 실신할 정도로 몰입할까? 이렇게 노력하는 이유는 누구도 예측하지 못하는 1위라는 도전적인 목표와 탈락 때문일 것이다. 내심 1위를 하면 그렇게도 좋아한다. 아마도 탈락의 안도와 국민들의 사랑을 받을 수 있다는 보상 때문이 아닐까. 하지만 지속적으로 도전하는 이유는 다르다. 그들은 마음을 비우고 오늘이 마지막 무대라고 생각하고 최선을 다한다. 그렇게 최선을 다한 무대는 탈락이 되어도 오히려 행복해한다. 그것은 지금껏 자신이 어떤 의미로 가수 활동을 해 왔는지 반성을 하고, 앞으로 어떻게 살아가야겠다는 가치정립의 기회를 얻은 것이다. 경쟁 속에서 최선을 다하면서 스스로 변화를 시도하고 자신을 돌이켜 보는 기회를 가짐으로써 자신의 성장에 큰 의미로 다가왔음을 깨달은 것이다.

그렇다면 성과관리를 실행하는 데 있어 직원들에게 몰입은 어떻게 적용해야 하는가? 먼저 리더는 조직의 성과향상을 위해서는 직원들의 결속력을 이끌어 내어야 한다. 비록 개인에게 하달한 목표라 하더라도 그것을 달성하는 책임은 개인만이 아니라 전체에 있음을 공감할 필요가 있다. 모든 업무는 상호 협력을 통해 더 큰 성과를 낼 수 있음을 인식하고, 함께 이룬 성과에 대해 보상을 공유함으로써 모두들 자긍심을 느낄 수 있도록 해야 한다. 이때 함께 땀으로 이룬 보상이라는 의미를 제대로 인식하도록 하여야 한다. 그리고 각자가 맡은 목표달성이 전체 조직성과에 기여하고 있다는 것을 인식시켜야 한다. 개인 자신이 초점을 두고 있는 노력이 조직성장에 기여한다는 것을 느낀다면 더 큰 책임감을 가지게 되고 몰입을 낳게 된다. 이와 같이 리더는 직원들과 목표설정 면담이나 진척과정에서도 이러한 인식을 일깨울 필요가 있다. 한편 직원들이 자신이 학습하고 성장에 열중할 수 있도록 격려와 지원이 있어야 한다. 또한 직원들이 목표를 달성하기 위해 필요로 하는 정보, 교육훈련, 조언 및 자원의 지원이 이루어져야 한다. 그래야 자신의 변화에 집중할 수 있고 더욱 일에 몰입하게 된다. 이와 유사한 자기성장의 경험은 자기 아이디어가 수용되고 그 제안에 의해 변화가 시도될 때 더욱 의욕을 느끼게 된다. 더욱이 제안한 자가 책임지고 변화를 이끌어 낼 수 있으면 끝까지 맡기고 지원하는 것이 중요히다. 이 과정을 통해 직원들은 너욱 자신의 일과 자기 성장의 변화를 느끼고 일에 몰입하게 된다. 그 결과에 성취감을 느껴 즐거움으로 다가올 수 있으면 비록 도전적인 목표라 하더라도 스트레스로 다가오기보다는 열정을 발휘하기 위한 기회로 받아들이게 될 것이다.

5-5. 조직은 대개 성과를 향상하기 위해서는 보상과 연계하지만 여러 문제점이 제기되고 있다.[15] 그중 나타나는 큰 문제는 구성원들이 성과에 따른 보상을 처벌과 동일하게 인식하여 기대보다 못 받을 때 처벌의 느낌을 가질 수 있고, 보상을 더 받기 위한 개인 간 경쟁으로 협력을 깨뜨릴 수 있다. 또한 보상에 연연해 위험감수를 하지 않을 수 있고, 일의 본질보다 실적 챙기기에만 집중할 수 있다는 것이다.

성과에 몰입하기 위한 동기부여는 여러 이론이 있는데, 그중 1964년에 발표한 Victor, H. Vroom의 기대이론(Expectancy Theory)은 자기 노력이 달성할 가능성이 높고(기대), 달성 후 최종보상의 매력도가 높으며(유의성), 노력의 결과가 보상에 직접 영향을 미쳐야(수단성) 높은 성과를 기대할 수 있다고 한다. 이를 혁신기반의 성과관리와 연계시켜 보면, 혁신이나 도전적 목표의 달성가능성에 대한 수용도를 높이고(기대), 성과에 대해 매력적인 보상이 제시되어야 한다(유의성). 그것은 파격적인 금전적 보상이 될 수 있고, 자신의 경험적 성장을 가능하게 하는 비금전적 보상도 될 수 있다. 그리고 노력을 통한 성과가 분명히 승진이나 개인비전과 연계되어야 한다(수단성). 그렇지 않으면 아무리 노력해 봐도 허사라는 것을 알 때는 보상이 매력적이리도 성과에 몰입할 수 없게 된다.

이는 제도적으로도 정립되어야 하고 리더십의 발휘를 통해 실천되어야 할 사항이기도 하다. 필자가 한 회사에 평가 및 보상 시스템을 진단하면서 경험한 것이다. 이 회사는 평가(S, A, B, C, D로 5점 척도)를 통해 보상(성과급)을 S는 200%, A는 100%, B는 50%, C나 D는 0%로 매우 공격적으로 적용하고 있었다. 하지만 대체로 부문이나 개인의 평가지표와 수준을 달성하기 무난한 것으로 설정하고 있었다. 이것은 리더들이 조직의 공격적인 보상기준에 대해 조율적으로 대응을 하려는 의도가 숨어 있음을 간파하였다. 이렇다 보니 개인이나 부문의 성과는 쉽게 달성되는데 전체성과(예: 영업이익)가 달성되지 못하는 경우가 있었다. 또한 회사의 전체성과가 이익이 나야만 성과급을 제시하므로 영업이익이 목표대비 100%를 달성하지 못하면 전체 구성원에게 성과급을 지급하지 않았다. 그렇다 보니 직원들은 평가에 대해 그다지 집중적이지 않고, 실제 연말에 성과급이 지급되지 않아도 그저 태연하였다. 오히려 타사의 사례를 들며 영업이익이 80%가 달성되어도 이익이 났으면 당연히 어느 정도 지급되어야 한다는 목소리가 나왔다. 물론 그러한 기준으로 지급하는 회사도 있지만, 이미 공격적인 성과실현에 대한 회사의 정책은 공유된 입장이었다.

진정 이 회사의 문제는 무엇일까? 이것은 직원들의 목표 달성가능성은 높으나, 오히려 자신의 목표 달성이 쉽게 이루어지고 자신이 원하는 목표가 아니라는 점에서 흥미가 떨어졌다(기대). 더구나 자신이 업무를 수행하여 목표를 달성해도 전체성과가 이루어질 수 없는 경우가 있으므로(유의성) 자신의 업무수행 노력이 별로 실효성이 없다고 생각하여(수단성) 의욕이 떨어진 것이다. 이와 같이 기대이론에만 비추어 보아도 직원들에게 성과를 내기 위하여 어떤 동기부여 조치를 취하여야 하는지 알 수 있다. 더구나 일상적인 업무목표가 아니라 혁신적이고 도전적인 프로젝트나 과업 목표에 대해서 직원들을 동기부여하려면 더욱 긴밀한 조치가 취해져야 하는 것은 더 말할 나위도 없다.

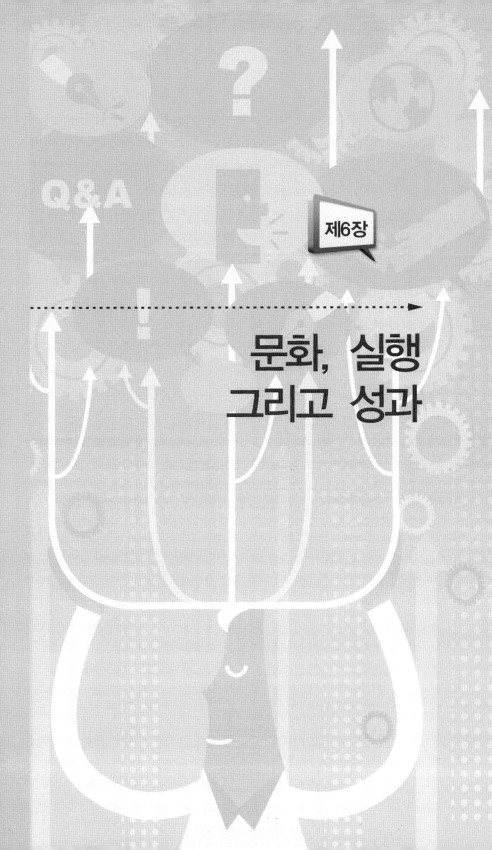

제6장

문화, 실행
그리고 성과

국가, 사회, 기업마다 정말 다양한 문화가 존재한다. 하물며 우리는 기업 내부에서 부문 간에도 서로 다른 문화가 존재한다는 것을 경험하고 있다. 우선 문화란 무엇인지를 알아보기 위해 우리와는 다른 문화를 가진 공동체의 사례를 살펴보자.

마이크로네시아 연방 공화국에 얍(Yap) 섬에는 돌돈(石貨, fei)이 통용된다. 원래 섬에는 큰 돌이 없어 멀리서 큰 돌을 깎아서 가져온 둥근 돌돈은 직경 20cm에서 4m나 되는 것도 있다. 돌돈의 가치는 크기뿐만 아니라 돈돌이 만들어지기까지 어떤 정성이나 역경 등이 숨겨져 있는지에 따라서 가치가 다르다. 섬 생활은 본래 모든 사람들이 섬 내에서 문제를 해결해야 하기 때문에 공동체 형성이 중요하다. 따라서 돌돈의 역할은 물건 거래하는 데도 사용되지만 부족 간의 갈등을 해결 등 무형적인 상황에서도 사용된다. 더구나 그들이 가진 돌돈의 소유에 관한 사고는 더욱 이상하다. 그들은 타인이 돌돈을 자기 것으로 인정하는 것이 중요하지 개인이 물리적으로 소유하는 것은 중요하게 생각하지 않는다. 그래서 타인이 하나의 돌돈을 아무개의 것이라고 인정하면, 그 아무개는 그것으로 만족하고 자기 집에 가져가는 것이 아니라 아무 표시도 없이 원래 있던 자리에 놓아두기도 한다. 그리고 섬사람들도 모두 그것을 인정한다. 이들은 외지에서 돌돈을 만들어 들여오다가 바다에 빠뜨린 돌이라도 실제로 보이지는 않지만 사람들이 인정하면 그 가치가 통용된다.

다소 생소하게 보이는 얍 공동체의 행위는 우리와 많이 다르다. 그렇다면 왜 그런 현상이 벌어지는 것일까? 우리는 돈을 부(富)의 가치로 받아들인다. 통용의 간편성도 있지만 많이 소유하면 원하는 다른 많은 것과 교환하여 얻을 수 있다. 하지만 얍 사람들은 많은 돈을 소유해 편안함과 권력을 확보하려는 것이 아니라 일상의 교류에서 사람 간의 약속과 같은 증표의 가치로 받아들인다. 그렇다면 어떻게 이러한 가치를 형성할 수 있었는가? 그것은 각 공동체가 오랜 시간 동안 그와 같은 가치와 방식을 적용하여 모두가 그것을 정당하다고 인정하였기 때문이다.[1] 그래서 그들만이 가지고 있는 공유된 믿음이 형성된 것이다. 그리고 그것이 공동체의 행동과 사고의 의사결정을 지배한다. 이를 조직 공통의 정신모형(mental model), 혹은 공유된 가치, 이념, 정신, 신념, 공통언어, 관행 등으로도 부른다. 이것들은 기업 구성원이 공동으로 사고하고 행동을 결정하는 동인이며, 이러한 총체적인 요소를 기업문화라고 한다.

이러한 기업문화에 대한 관심은 경영전략의 한계를 드러낸 1980년을 넘어오면서 시작하였다.[2] 경영전략은 1960년에 들어오면서 앨프레드 챈들러(Alfred D. Chandlera), 이고르 앤소프(Igor Ansoff) 등에 의해 부각되었고, 1970년에는 분석적 전략론이 전성기를 맞이했다. 하지만 1980년에 들어오면서 이러한 분석적 전략론의 한계에 대한 반성이 일기 시작하면서 기업문화론이 등장하기 시작했다. 이러한 배경에는 미국이 1970년부터 베트남 전쟁 등으로 인한 재정악화로 많은 달러를 찍어 내면서 달러가치의 하락을 가져왔고 더욱이 석유파동으로 생산품 가격이 대폭 올랐다. 80년 초 이를 극복하려는 강한 달러 정책은 고금리에 의한 고달러 정책이었고, 이것은 다국적 기업의 해외 이전이나 무역적자를 악화시켰으며 미국은 채권국에서 채무국으로 전환되기에 이르렀다. 이러한 악화된 경제상황에서 미국 경영 관계자들은 외부로 눈을 돌렸고 도요타생산시스템, 품질경영 등 일본의 성공적 경영요인을 학습하기 시작했다. 그러나 기본적으로 문화가 다른 일본을 그대로 답습할 수는 없었다. 그래서 미국기업을 살리는 방안으로 그동안 미국의 우량기업의 강점을 발견하여 독자적인 미국식 기업을 구축하길 원했다. 이에 합리주의 신봉, 사람의 잠재력에 대한 무시, 문화와 같은 소프트한 요인의 무관심 등 그동안 미국경영의 병폐를 일깨우고 초우량기업의 성공요인을 정리하여 1982년 출간한 톰 피터스와 로버트 워터만의 『초우량 기업의 조건(In search of excellence)』이 주목을 받게 되었다.[3] 이 책은 기업이 변화를 시도하는 데 있어 전략과 조직구조를 뛰어넘는 훨씬 복잡한 문제가 존재하고, 이것의 중심에는 하드(hard)한 것보다 소프트(soft)한 요인에 있으며, 초우량 기업은 널리 알려진 평범한 요인을 강한 신념에서 나오는 열정으로 실천하고 있다는 것이 다르다는 것을 강조하고 있다. 이와 맥락을 같이 하는 연구가 윌리엄 오우치(William Ouchi)의 Z이론이다.[4] 그의 연구에서 미국과 일본의 각 12개 기업을 대상으로 분석한 결과 각 단점을 넘어서는 보편적인 우량기업을 'Z형 조직'이라 명명했다. 일본은 의사결정의 지연, 집단 책임으로 인한 개인의 무책임에서 오는 도덕적 위기, 경영이념의 상실 등 부정적인 면을 지적하고 있으며, 미국의 부정적인 면은 관료직 조직의 변형에서 오는 비능률, 경직성, 나태 및 비인간성 등을 들고 있다. 이를 극복하는 Z형 조직은 인간관계를 지배하는 원칙(핵심가치)과 조직의 목적(미션)을 분명히 하는 경영이념을 기반으로 한다. 그래서 구성원들은 무엇이 중요한지 아닌지를 명확히 함으로써 일관적인 원칙을 가지고 행동하게 된다. 그러므로 기업의 생산성은 설비도입 등 기술의 개선이나 승진, 보상보다 회사와 구성원들과의 일치감, 신뢰감 및 충성심 등에서 우러나는 협력이 더 중요하다고 강조한다. 또한 그는 신뢰관계 형성, 높은 목표 부여, 원활한 정보의 공유, 구성원의 능동적인 참여와 자율적 행동을 조장하여 스스로 동기부여를 유도하는 것을 중요하게 보았다. 1930년대 엘튼 메이오(Elton Mayo)의 호손공장의 연구로 사람관계에 대한 연구의 발전을 가져온 이후 기업문화의 연구는 다시 한번 사람에 대한 재발견을 하게 된 것이다. 이전 연구가 사람 중심에서 조직의 성과를 들여다본 것이라면 기업문화 연구는 기업 전체차원에서 사람을 통한 경영의 해결책을 조명해 본 것이다. 이러한 기업문화에 대한 관심은 이후 핵심역량, 지식경영, 학습조직 등에 대한 조직의 지적능력에 대한 연구에 영향을 미쳤다.

기업이 추구하는 방향을 지속하게 하는 기업문화

기업문화는 어떤 조직이 옳고 그름의 문제가 아니며, 어느 것이 최고의 문화라고 이야기할 대상이 아니다.[5] 앞에서 언급한 얍 공동체가 우리와 다르다고 해서 그른 것은 아니다. 단지 우리는 오랫동안 정착된 조직의 믿음이 부적절한 내외부 환경을 수용하지 못함으로 일어나는 병폐 때문에 고민하는 것이다. 필자는 기업 컨설팅을 하면서 이러한 문화적인 갈등을 수없이 보아 왔다. 예를 들면, 어느 기업은 10년 동안 신입사원을 채용하지 않았는데 이삼 년 전부터 신입사원을 채용하면서부터 의사소통 방식, 경영활동에서의 규율, 환경을 대응하는 사고방식 등에서 기존 사원들과의 견해가 달라 갈등이 일어나고 있다. 또한 창립된 지 얼마 되지 않은 기업은 다양한 배경을 가진 여러 경력구성원들의 다른 사고로, 경영관리의 중심을 관리에 두느냐 사업에 두느냐의 대립, 혹은 기존과 다른 의사결정 기준으로 인한 갈등이 야기되고 있다. 또한 기업이 인수된 경우 기존의 의사결정 방식은 통찰적이고 직관적으로 현장수행의 속도와 권한 위임을 강조했으나, 새로운 요구는 계획적이고 이성적으로 치밀성과 통제 지향적이라 갈등이 야기되기도 한다. 또한 두 사업의 결합의 경우 어떤 사업에 주력을 둘 것인가에 따라 구성원의 조직 내 성장과 권한 확보가 다르기 때문에 이에 대한 두 문화의 갈등의 골이 깊어진다. 또한 기업성장으로 인해 사업의 다각화나 기업 인수로 여러 기업이 생성되어 있는 경우 기존 기업이 가지고 있는 문화로는 감당하기가 어려운 상황에서 새로운 문화의 구축으로 전체의 결속력을 가지기를 바라는 경우도 있다.

이들 모든 사례의 공통점은 새로운 자신의 정체성과 문화가 정립되기를 원하고 있다. 이렇게 기업의 문화는 어떤 새로운 상황에서 제약적인 요소가 될 수 있지만, 새로운 자기 문화의 정립 없이는 조직구성원의 경영수행에 어떤 힘을 발휘할 수 없다는 것을 깨닫게 한다. 그 이유는 문화란 그동안 업무수행에서 성공한 것을 기준으로 정립된 것이고, 이를 또 다른 업무수행에 적용하여 계속적인 성공을 이끄는 역할을 하는 것이므로 그에 걸맞은 새로운 기준이 필요한 것이다. 따라서 기업은 새로운 시장 환경을 맞이하거나, 다른 성장 단계에 접어들거나, 새로운 변화를 시도할 때는 자신의 문화적 요소를 보강하고 진화시켜 나간다. 그러나 문화적 요소는 광범위하여 자신의 기업이 뭔가 잘못되어 있다는 반성을 하면서 도대체 어디서부터 손을 써야 하는지를 모를 때가 많다. 문화는 오랫동안 구성원들이 일상 활동에서 함께한 과정 속에서 공유된 정당한 믿음(혹은 가정 *assumption*)이기 때문에 폭넓고 심오하며 구성원들은 그 속에서 안정을 고수하려고 한다.[6] 그래서 일시적으로 한꺼번에 바꾸려고 하는 것은 쉽지 않다. 하지만 이것은 분명 관리될 수 있고 변화될 수 있다. 새로운 문화를 창조하기 위해서는 새로운 전략적 방향(미션, 핵심가치, 장기적 목표)을 세우고 이에 대한 필요성이나 의지를 자극하여야 한다. 또한 새로운 믿음이 구축될 수 있도록 구성원들과 함께 새로운 상황이나 변화대상에 대해 수행하였던 것이 성공적이라는 경험을 공유하여야 한다. 그리고 자신의 기업문화에 대해 변화의 필요성을 감지할 수 있도록 열어 두고, 이로써 나타난 조직적 이슈나 쟁점들의 해결이 직원에게 도움을 준다는 판단을 할 수 있게 해야 한다.[7]

실행에서 잘 부각되지 않는 기업문화

이렇게 기업문화는 그 영역이 광범위하기 때문에, 이번 장에는 본 책의 주제에 맞게 성과주의 문화에 대해 한정해 논의보고자 한다. 기업에서는 성과관리를 새로운 상황과 변화에 대응하는 차원으로 도입하고 있으나, 이를 운영하다 보면 다음과 같이 기존 기업문화와 충돌이 나고 있음을 볼 수 있다.

첫째, 새로운 비전이 제시되고 중요한 전략과제가 수립되었다. 그런데 어쩐지 구성원들은 달가워하지 않는다. 왜냐하면 새로운 것을 실행하려면 한두 가지 번거로운 것이 아니다. 기존에 하던 방식을 버려야 하는 것이 많고, 새로운 방식은 인식이나 행동에 익숙하지 않아 자꾸 실수를 하게 된다. 그래서 구성원들은 '뭐 때문에 안 된다'는 변명만 자꾸 늘어놓는다. 급기야 집단적으로 안 된다는 의식이 팽배해진다. 조직이 새로운 비전과 전략을 효과적으로 실행을 위해서는 기업문화 차원에서 구성원들이 이를 소화해 낼 수 있는 어떤 조치가 필요할 것으로 보인다.

둘째, 성과를 평가한 결과에 대해 직원들에게 피드백을 하지 않는 기업이 적지 않다. 그 이유를 보면 평가를 공개하면 구성원의 불만이 더욱 거세진다는 것이다. 그래서 비공개로 하고 쉬쉬한다. 과거 온정주의, 공동체 중심의 문화에서의 직원들은 평가결과에 대한 관리를 조직에서 알아서 한다고 생각했고 자신의 평가가 어떻게 되었는지를 별로 알려고 하지 않았다. 그리고 사실 알 필요도 없었다. 그것이 어떻게 자신에게 영향을 끼치는지, 즉 보상, 승진, 이동 등 인사관리에서 별로 연계사항이 없었기 때문이다. 하지만 요즘 기업은 평가 결과를 바로 보상과 연계하기 때문에 비공개로 하더라도 개인의 평가등급이 무엇인지는 나중이라도 추론할 수 있다. 여기서 나오는 불만은 자신의 평가결과에 대해 이의제기 없이 자신의 기대했던 것보다 훨씬 낮은 결과를 통보받는 점이다. 그래서 직원들은 이러한 상황을 통해 그동안 서로 믿고 결속하자는 공동체 문화와 상반된다고 입 모아 불평하고 있다.

셋째, 자신은 열심히 노력하여 성과를 이루어 내었으나, 상대평가로 인해 본래 자신의 성과를 인정받지 못하고 불공평하다는 불만이 늘어놓고 있다. 개인에게 행한 절대평가에서는 이미 합의하여 설정된 목표는 우수하게 평가되었으나, 팀의 성과가 제대로 나지 못해 상대평가의 결과 자신의 평가점수가 깎였다는 것이다. 팀 성과가 낮은 것은 직원의 문제가 아니라 팀장의 문제이므로 팀장 평가에만 반영될 것이지 왜 팀원에게까지 영향을 끼치는지 불만을 한다. 더구나 팀장도 마찬가지이다. 상대평가를 하면 비교대상이 될 수 있는 팀장끼리 평가를 할 것이지, 어찌 속성이 전혀 다른 부문의 팀장과도 비교하여 상대적인 평가결과를 적용할 수 있는지에 이견들이 많다. 그렇다고 주관부서에서는 이미 도입된 성과주의의 경쟁적 문화를 거두어들일 수는 없는 것이고 이것에 대한 대안을 제시하지 못한 상태에서 매년 같은 불만이 계속되고 있다.

넷째, 어떤 기업 공동체라도 협력은 당연히 필요하다. 그러나 성과주의는 협력을 저해한다고 불평을 하고 있다. 많은 사람들이 본인의 성과를 높이는 데 집중하지 다른 팀원들을 도와줄 겨를이 없다고 한다. 예를 들면, 행사 진행에 도움을 주기 위해 다른 팀원들이 협력하여 행사가 성공적으로 마쳤으나, 그 성과는 행사주관자만 인정되고 도와준 다른 사람은 소외되어 시간만 빼앗겼다고 불만을 한다. 이러한 불만은 성과에 따른 보상의 차등이 클수록 더 크게 일어난다. 심지어 회사 전체적으로 이익이 되는 활동이 있어도 자신의 이익을 위해 모르는 체하는 경우도 있다. '그러한 것은 회사 차원의 일이니 윗 사람이 알아서 하겠지'라고 스스로 위로하고 있다.

다섯째, 성과평가를 하면 반드시 저성과자는 나온다. 성과평가 주관부서는 저성과자를 골치 아픈 대상으로 여긴다. 그렇다고 퇴직을 강요하는 정책은 자신의 기업문화로 수용할 수 없으니 어떻게 해야지 모르겠다고 하소연하고 있다. 특히 고령화된 인력에서 생산성이 나지 않고 인건비 부담만 가중한다고 고민한다. 과연 저성과자는 정말 역량이 모자라서 저성과를 내는 것인지, 혹시 다른 이유가 있는 것은 아닌지 검토해 봐야 한다. 실제 기업에서 한번 저성과로 평가되면 좀처럼 다음 평가에서 이를 벗어나기 힘든 것이 사실이다. 반대로 고성과자는 다음에도 고성과자가 되기 쉽다. 따라서 평가결정 과정에서 오류가 있는 것은 아닌지, 상하갈등으로 업무수행의 장애가 있는지, 개인이 회사 제도나 정책에 불만이 있어 좌절하고 있는 것은 아닌지 등 실제로 리더나 인사부서에서는 다시 한번 제고(提高)해 보아야 할 문제로 보인다.

기업문화의 이행과 성과

성과주의는 분명 중요한 기업문화의 한 요소이다. 그런 면에서 경쟁과 협력은 조직이 성과를 내는 데 있어 중요한 개념이다. 하지만 서양과 동양 시각에 차이가 있다. 서양은 경쟁을 바탕으로 협력을 중시하면 반면, 동양은 협력을 바탕으로 경쟁을 추구하는 특징이 있다. 그러한 차이는 서구의 개인주의 문화와 동양의 집단주의 문화에서 비롯된다. 개인주의는 개인 이익과 경쟁에 집중하는 반면, 집단주의는 집단의 이익과 협력행동을 중요시한다.[8] 이것은 오랫동안 종교와 사회가 다른 입장을 갖고 생겨난 믿음이기 때문에 당연한 것일 수 있다. 그렇지만 조직 내에서도 생산부문은 집단주의 성향이 강해 집단적 보상을 원하지만, 영업부문은 개인주의 성향이 강해 개인성과에 따른 개인적 보상을 원하는 경향이 있다. 더구나 개인주의의 경쟁은 개인능력에 따른 공정한 인정을 중요시하는 반면 집단주의 경쟁은 집단성과에 기여하는 개인능력을 강조한다. 따라서 기업에서 성과주의를 강조하지만 기업문화의 차이에 따라 받아들이는 관점이 다르다는 것을 인정하지 않으면 안 된다. 그렇지 않으면 목표달성 활동에서 많은 왜곡이 일어난다. 이러한 일례는 1993년 성과주의를 도입한 후 지쯔의 실패사례가 대표적이다.[9] 이는 성과주의 제도를 도입해 놓고 공정하게 운영하지 못해 직원들의 불신이 극에 달한 사례이다. 내용인즉 절대평가 이후 평가위원회의 상대평가 조정은 연공서열식이거나 참석간부의 서열에 의해 조정되고 간접부서는 항상 낮은 평가로 일관했다. 또한 실적을 위조하여 타사 제품을 끼워 파는 등 부분의 목표는 달성되었지만 사업부 전체 매출은 오르지 않았다. 특히 개인평가를 강조하여 팀 단위에서 처리하던 항목은 제외하고, 개인은 달성할 만한 목표에 집중하고 도전적인 목표를 세우지 않게 되었다. 더구나 리더는 개인목표 달성에 대한 피드백이 부재하는 등 제대로 관리하지 않고 책임도 지지 않았다. 집단주의 문화에서 개인평가를 강조하여 개인주의 문화로 유도되고 이것이 집단적인 갈등을 야기한 것이다.

이와 맥을 같이하는 국내사례도 있다. IMF 이후 한국기업들은 성과중심의 조직 경쟁력에 눈을 뜨게 되었다. 이미 '90년 이후 고임금의 시대를 맞이하였고, 연공급은 능력이나 성과에 따라 보상의 차이가 무시되며, 근속에 거의 정비례하여 급여가 상승되어 인건비 부담을 안고 있었다. 이에 일부 기업은 임금억제 효과를 누리고자 직무급을 도입하고 동시에 성과에 따른 보상이 강조되는 연봉제를 실시하였다. 필자는 그러한 기업 중 한 회사를 자문하였다. 이 기업은 창업 반세기를 맞이하였고 전형적인 온정주의적이고 집단주의 성향이 강한 기업이었다. 2001년에 도입한 직무급과 성과주의 제도가 문제를 안고 있으면서 7년간 한 번도 개선하지 않아 여기저기서 불만이 쏟아지고 있었다. 한마디로 기존 기업문화가 도입한 제도를 수용하기 어려워 상황에 따라 땜질식으로 운영하다 보니 후지쯔의 사례와 같이 비정상적 제도나 관행이 등장하여 여러 문제를 더 키운 상황이었다. 크게 다루어진 주요 문제를 살펴보자.

첫째, 직무급은 본래 직무가치에 따라 임금을 지급한다. 따라서 직무급 운영에서 직무관리와 직무평가가 매우 중요한 일이다. 직무가 생성되면 그에 맞는 직무가 정의(대개 직무기술서, 직무요건서로 정립)되고 이에 대한 가치를 평가하여 직무급을 결정한다. 이 회사는 직무평가결과의 등급을 일반적으로 기업에서 운영되는 직급과 일치시켰다. 예를 들어 직무가치에 따라 공장총무는 4급, 자재관리는 3급, 경영기획은 1급으로 기본급이 지급되었다. 하지만 아무리 객관적 기준으로 직무평가를 했어도 직원들은 자기 직무평가결과에 대한 수용에 불만을 갖고 있었다. 그래서 초기 직무평가 결과에 대한 수정과 왜곡이 등장했다. 직무평가 결과가 해당등급에 미달되지만 인사부서는 현업에서 요구한 해당등급을 부여하거나, 동일한 직무를 재평가하거나 과업을 추가하여 상위등급으로 조정했다. 어떤 직무는 하나의 직무이지만 '주니어 연구개발', '연구개발', '시니어 연구개발'과 같이 직급형태로 만들어 사람들의 경력에 맞추어 보상하였다(이러한 형태는 일반기업의 운영과 별반 다름이 없었다). 그렇지 못한 직무는 높은 직무가치로 이동이 없는 한 급여 상승을 하지 못해 상대적 불만이 높았다. 예로, 한 직무 1년차에서 19년차 직원이 있지만 기본급이 동일하였다. 이런 한계를 극복하기 위해 일부에서는 새로운 직무를 만들어 직무가치를 높게 평가하여 사람을 이동하는 방법도 동원되었다. 또한 신규 직무가 생기면 직무자체의 평가보다 배치되는 사람의 능력을 감안하여 직무평가 결과가 나왔다. 다소 낮은 가치의 직무를 수행하더라도 고능력의 사람을 낮은 임금을 줄 수 없는 것이다.

둘째, 직무평가결과의 등급과 직급과의 일치는 승진의 한계를 가져왔다. 그래서 승진의 기회를 위해 직무마다 승진의 폭을 주었다. 예로, 자재관리는 4급에서 3급까지의 승진 폭을 주었다(사원급은 4등급 중 4급부터 시작됨). 만약 승진 폭이 없는 단일 직급만 존재하는 직무는 퇴직까지 한 직급에만 있어야 한다. 하지만 여기서도 편법이 벌어진다. 일반직무 그룹과는 다르게 직책을 받으면 2단계 직급으로 구성된 관리그룹으로 편승된다. 하지만 관리자들의 보상 상승과 승진의 편익을 주기 위해 3단계로 만들었다. 더 문제는 이들 등급 간의 승진 기준이 모호하다는 것이다. 즉 직책자들의 맡은 직무평가로 3단계 중 하나의 등급을 받는 것도 아니고 회사의 전략적 기준으로 정한다고는 하지만 그렇다고 전략이 바뀌면 상승한 직무등급은 상승하거나 하락되지 않는다. 일반직원들은 상대적으로 불만이 나올 수밖에 없었다. 또한 내부 기준에서는 성과주의와 능력주의를 지향하여 성과와 역량이 높은 자를 우선 승진하도록 했으나 이와 상관없이 연차가 높은 자를 우선으로 승진하고 있었다. 해당 부문장의 직관으로 승진을 확정하고 있고, 이들의 회사 내 권한 정도에 따라 승진율도 달라 부문 간 형평성이 문제가 되고 있었다. 이러한 상황은 전형적으로 온정주의 문화의 기반에서 나온 것이었다.

셋째, 직무급 프로그램은 직무가치에 따라 보상이 다르므로 이동에 한계를 가져왔다. 그 예로 연구에서 생산기술로 이동하면 보상이 낮아져서 퇴직으로 인식되고 있었다. 또한 영업소장으로 임명되었다가 다시 영업본부로 이동하여도 보상이 낮아졌다. 따라서 이동은 퇴사자나 조직변경으로 인한 직무공석(job opening)에 따라 지극히 한정적으로 이루어지고 있었다. 더욱이 명문화된 이동에 대한 기준이 부재하여 명령에 의해 갑자기 이동하는 등 사원들의 불만이 적지 않았다. 이동을 위한 사내공모제를 실시하고 있었으나 직무요구조건 등이 모호하고 비밀이 지켜지지 않아 공모자가 난처한 상황에 처해 퇴사한 사례도 있었다. 직원들은 자신의 성장욕구의 충족을 원한다. 그리고 회사가 성장하려면 직원들의 성장을 도와주고 이것을 조직에 기여할 수 있도록 해야 한다. 하지만 직무급이라는 제도에 구속되어 정작 중요한 인력관리는 딴전이 되어 버렸다.

넷째, 정작 중요한 것은 성과관리 그 자체가 너무나 형식적이었다. 많은 부서에서 연초에 개인목표를 설정하지 않고 12월에 가서 개인목표를 설정하고 평가를 한다. 그러니 상위목표를 달성하기 위한 하위과제의 도출도 부재하며, 개인별 매년 측정지표가 유사하고, 정말 측정할 수 없는 지표도 등장한다. 당연히 성과를 관리한다는 개념 자체가 없고, 업무를 수행한다는 개념만 존재하였다. 하지만 매출액, 영업이익, 신제품 판매액, 시장점유율 등 조직차원의 목표달성은 모니터링하고 필요한 조치를 취한다. 이러한 내밀에는 조직의 상위에서 모든 기획이나 생각하는 일을 하고 하위는 실행만 하면 된다는 문화가 깔려 있다. 상위에서 목표달성 방법을 강구하여 제시하면 직원은 이를 열심히 실행하면 된다는 생각이 지배적이었다. 그러니까 개인목표설정이나 이를 관리하기 위한 진도관리는 중요하지 않다. 그러니 실상 조직에서 성과주의를 강조하나 개인은 중요하게 받아들이지 못하고 있었다. 개인이 중요하게 생각하는 것은 열심히 하는 모습을 보여 주어 상위자와 인간적 교감을 하는 데 집중하고 있었다.

종합해 보면 이 기업의 조직문화에서는 사람 중심의 평가로 승진하고 보상하는 데 익숙했지 직무가치를 평가하여 보상의 기본으로 삼는 가정(assumption)을 받아들이지 못했다. 성과주의의 강조도 집단의 성과만 받아들이고 개인이 참여하는 성과관리는 적용하지 않았다. 따라서 직원들을 분명한 목표와 창의적인 활동 방법의 발굴에 집중하는 것이 아니라, 그들이 올바른 행동기준이라고 믿고 있는 예전 그대로의 지시된 직무수행에 열중하였다. 그래서 조직이 성과주의를 강조하면서도 근본적으로 구성원들의 인식이 수용되지 못해 변화를 도모하지 못했다. 이렇게 새로운 제도에 대한 문화적 이질감은 집단적인 배타적 태도로 나타났다. 정립된 제도를 제대로 실행하지 않아도 서로 묵인했다. 때로는 현업의 바쁘다는 핑계나 권력 있는 자가 강한 불만을 나타내어 제도적 기준에서 빠져나갔고 구성원들은 이를 힘의 상징처럼 생각했다. 또한 부문 간 원활한 교류보다 부문별 자체적 문화가 강하고, 상하 간의 교감이 강한 자가 승진에 유리하였다. 더구나 타 부문의 이동을 하는 것을 달가워하지 않았다. 당연히 이런 분위기에서는 직원의 성장을 위한 프로그램이 적용될 수 없었다. 이것은 전형적인 집단주의적 문화에 연공서열적인 사고가 존재하기 때문에 나타난 현상이다.

기업문화는 어떤 가정에 대하여 조직 구성원들이 옳다고 공유되어 정당화된 믿음이다. 그러나 자신이 옳다고 믿고 있는 것이 모두 옳은 것은 아니다. 상황에 따라, 시대의 변화에 따라 달라질 수 있다. 그러므로 기업문화는 모두 한꺼번에 변화할 수는 없으나, 자신의 정당화된 믿음을 변화시키기 위해서는 우리가 믿고 있는 가치가 조직에 어떤 악영향을 끼치고 있는지에 솔직하여야 한다. 그리고 올바른 가치 기준을 어떻게 세울 것인지를 정의하고 이를 모두에게 전파하고 실행하여야 한다. 또한 성공한 사례는 모두에게 공유하여 지속적인 실행의 근간이 되도록 하여야 한다.

기업문화를 성과관리 운영에 적용하기

기업문화가 조직구성원의 전반적 활동에 얼마나 큰 영향을 미치는지를 알아보았다. 이러한 조직의 공유된 믿음이 성과관리의 운영에서도 역시 큰 영향을 끼치고 있어 몇 가지 중요한 사항을 알아보기로 하자.

6-1. 개인이나 조직의 목표달성 과정에는 반드시 타인의 협력이 필요하다. 하지만 성과주의 제도 도입에서의 가장 큰 문제로 협력이 사라지는 분위기를 지적하고 있다. 실상 기능횡단적 과제는 상위 리더가 주관해서 팀 간의 협력을 통해 해결한다지만, 확정된 팀 과제를

추진하기 위해서 필요한 협력을 얻기란 쉽지 않다. 그간 친밀한 관계를 맺고 있거나 상위 리더의 관여로 인해 협력적으로 조직풍토가 조성된 입장이라면 관계없으나 자신의 목표달성 활동에도 바쁜데 타팀을 도와주는 데는 어느 정도 한계가 있다.

여기에 한 가지 아이디어가 있다. 실제 제5장 변화관리에서 사례로 언급한 DAC는 직제조직의 장이 TDR활동에 해당 직원들의 파견을 적극적으로 지원한다는 점이다. 일반적으로 혁신활동에 보내는 직원은 우수한 자보다 평범한 직원을 보내기 마련이다. 하지만 이들은 오히려 실력 있는 자들을 TDR팀에 보낸다. 그 이유는 TDR활동에 파견된 직원이 성과를 내면 그 성과는 직제조직의 장에게도 반영되기 때문이다. 그래서 직제조직의 장은 파견된 해당 직원이 TDR활동을 잘할 수 있도록 수시로 모니터링하고 조언을 해 주기도 한다.

이와 같이 협력적 성과관리를 위해서 우리 팀의 목표달성 과정에서 타 팀이 협력을 요청해 오면 이를 지원해 주고 그에 대한 성과 기여도를 인정받을 수 있도록 하는 방안을 제안하고자 한다. 이때 우리 팀이 평가를 받는 몇 가지 방법을 생각해 볼 수 있다. 먼저 요청팀에서 자신의 목표를 달성하기 위해 필요한 과제(과제에 대한 목표수준까지 제시함)를 우리 팀에게 제시하고 우리 팀은 그것을 목표로 책정하고 스스로 평가하는 것이다.[10] 하지만 이런 방식은 전적으로 요청팀과 수용팀 간에 조율이 전제가 되어야 한다. 대개 상위자(예로 임원)가 조정한다. 그렇지 않으면 요청팀이 무리한 과제를 요구할 수 있고, 수용팀은 자신의 목표달성이 우선이기 때문에 거부 혹은 이차적으로 미룰 수 있다. 그러나 임원이 팀 단위까지 전개된 목표를 달성하는데 발생하는 수많은 협력과제를 공식적으로 조율하는 일은 여간 복잡하지 않을 수 없다. 그래서 연초나 연중에라도 임원이 팀장들과 함께 논의하는 자리에서 요청팀의 과제에 대해 수용팀을 정하여 수행하도록 지시하고 이를 점검하고 필요한 조치를 취하는 것이 오히려 손쉬운 방법이다. 그다음으로 고려할 수 있는 것은 요청팀의 목표달성을 위한 요구과제를 수용팀에서 수행한다면(상호 요구과제에 대한 합의가 이루어져야 함), 요청팀에서는 그것을 자기 목표달성에 기여도를 평가하여 수용팀에 피드백해 줄 수 있다. 즉 수용팀의 입장에서는 '타 팀의 목표기여도'가 협력적인 목표로 설정되는 것이다. 이러한 목표 하에 요청팀의 요구과제를 실행하고 관리하면 된다. 만약 수용팀이 여러 개의 협력적인 목표가 있다면 이를 평균하여 '종합 목표기여도'로 평가받을 수 있다. 이것이 오히려 팀 간의 자율적 경영활동에 입각하여 협력활동을 추진하는 데 의미가 있으며, 임원이 나서서 상호 조율해야 하는 복잡한 절차를 피할 수 있다.

6-2. 사람들은 목표가 설정되고 실행하겠다는 마음을 먹지만, 막상 목표에 도전할 때는 두렵고 주저하기 마련이다. 두려움이란 우리의 저변에 형성된 정신모형이 자신에게 지난 성공적 경험의 기억을 통해 안정감을 주면서 동시에 새로운 곳으로 나가는 것에 공포를 조성하는 사고이다.

그러므로 이를 극복하기 위해 먼저 고려해 보아야 하는 것은, 자신이 실행하려고 할 때 마음속으로 느끼는 장애요인을 내려놓을 필요가 있다. 즉 우리는 무엇 때문에 하지 못한다는 경계를 가지고 있어 마음에서 그 경계를 풀어야 한다. 그렇게 하기 위해서는 뭔가 "또 다른 안정감"을 가질 필요가 있다. 다른 말로 기존에 믿고 있던 정신모형이 주는 안정감이 아닌 다른 정신모형이 주는 안정감이 필요하다. 그렇게 하려면 '왜 굳이 꼭 해야 하는지'에 대한 이유를 분명히 인식하면 생길 수 있다. 사람은 왜 해야 하는지에 대한 당위성을 가지고 있으면 다른 의심을 제거하는 경향이 있다. 그래야 몰입할 수 있고 집중할 수 있다.

그런 다음에 무엇이 좋아지는지도 인식하여야 한다. 이것을 실행하고 나서 얻어지는 편익(benefit)이 분명하면 실행에 안정감을 가진다. 얻어지는 것이 불분명하고 실망스럽다면 이행하는 데 있어 주저함이나 불안감을 가질 수밖에 없다. 당신이 리더라면 실행에 앞서 이러한 것을 직원과 솔직하게 이야기해야 한다. 직원들 스스로가 진심으로 마음에 와 닿게 이야기할 수 있도록 해야 한다. 그래야 직원들이 자신감을 가질 수 있다. 그러고 나면 실행을 위한 더 좋은 아이디어가 떠오르고 실행에 더 주도적인 힘이 실린다.

그다음은 리더의 행동이 중요하다. 리더가 직원들을 믿고 맡길 것은 맡기고, 때론 함께 일하며, 필요한 지원을 해야 한다. 제아무리 뛰어난 직원이라고 해도 주도적으로 추진하기 위해서는 지원 없이는 불가능하다. 이럴 때 리더는 역지사지(易地思之)의 입장에서 질문을 해 보아야 한다. '현재 업무상황에서 내가 직원의 입장에 있다면 어떤 문제점이 있겠는가?' 리더는 스스로의 대답을 통해 직원들에게 도움이 될 조언, 행동이나 자원을 지원해야 한다. 그러면 직원들은 더욱 신뢰를 가지고 성과를 향해 몰입할 수 있다. 리더의 영향력은 사람 간의 관계에서 일어나기 때문에 상대가 수용하고 영향을 받기 위해서는 신뢰가 있어야 하는데 이것이 저변이 바로 헌신이자 진심으로 도와주는 것에서 비롯된다. 이러한 심리적 안정감은 바로 성과몰입에 원동력이 된다.

6-3. 요즘 기업마다 핵심가치에 대한 중요성을 재인식하고 있다. 그것은 예전과 다르게 기업의 변화하는 상황에 대해 조직 구성원들이 과거 구태의연한 사고를 버리고 새롭게 사고를 정립하고 대응하기를 바라는 것이다. 하지만 아직도 많은 기업들은 핵심가치를 어떻게 정착하는지에 대해서 제대로 이해하지 못하고 있다. 일반적으로는 핵심가치의 이행을 위해 공통역량으로 정립하여 역량평가를 실시하면 될 것이라고 생각한다. 왜냐하면 리더의 입장에서는 공통역량을 평가하면 직원들은 평가를 잘 받기 위해 그러한 행동을 할 것이라고 생각하기 쉽다. 하지만 평가와 상벌로 이어지는 동기부여 방법만으로 진정 직원들의 행동을 원하는 방향으로 이끌 수 있을지는 의문이다. 왜냐하면 대부분 평가를 한다면 평가를 잘 받기 위한 기준에 입각한 형식적 행동을 치중하지, 그것이 왜 중요하고 어떻게 기여될 수 있는지에 대한 깊은 생각하지 못하기 때문이다.

핵심가치 내재화의 원리는 바로 개인이 그 핵심가치가 정당하다고 믿는 것이다. 그렇게 하기 위해서는 리더의 역할이 크다. 예를 들면 '개방(openness)'이라는 핵심가치가 있다고 하자. 그런데 팀원이 자신의 지식을 타인에게 알려 주기를 꺼리고 협조가 부족한 것을 리더가 목격하였다 하자. 그러면 리더는 이에 대한 피드백을 즉시 해 주어야 한다. "우리의 핵심가치에는 개방이라는 것이 있는데 자네의 이번 행동은 이에 반하는 것이야. 개방이 중요한 이유는 자신의 지식을 타인이 적용하여 다른 결과나 확장된 결과를 낸 것에 대해 자신도 피드백 받아 새로운 지식을 얻을 수 있기 때문이지. 또한 개방은 우리가 전체적으로 하나가 되기 위한 중요한 원칙이 될 수 있어"라고 알려 주어야 한다. 그러면 팀원은 왜 '개방'이 중요하며 무엇을 해야 할지를 학습하게 된다. 비로소 팀원은 수용하는 자세를 갖추는 것이다. 그리고 팀원이 리더의 피드백대로 실행하면 리더는 칭찬을 해 주어야 한다. 그러면 팀원은 '아하! 이렇게 하는 것이 바람직하구나'라고 인식하게 되고 이때 이것이 정당하다고 받아들이게 된다. 그리고 팀원들은 '개방'이라는 핵심가치를 실행하는 데 지금까지의 이해를 바탕으로 여러 행동을 응용하여 적용하게 된다. 이러한 피드백은 일대일로 해도 되고 전체가 주기적으로 모이는 공식적 회의에서도 가능하다.

만약 리더가 이러한 상황을 깨닫지 못할 때가 있다. 본래 '중이 자기 머리를 못 깎는다'는 말이 있듯이, 조직의 리더가 의사소통 전문가라고 해도 자기 조직의 의사소통 문제는 외부 전문가에게 맡기고 조언을 받는다. 그래서 대개 기업은 주관부서에서 해당 조직의 핵심가치 이행을 진단하고 개선하는 데 도움을 준다. 주기적으로 전사 혹은 부문의 핵심가치 이행 상태를 모니터링하고 진단할 필요가 있다. 혹은 팀 단위도 마찬가지로 적용될 수 있다. 그리고 조직개발 차원에서 각 핵심가치의 이행을 더욱 원활하게 하기 위한 방법을 개발하여 적용할 필요가 있다. 예를 들면, 상기 '개방'이라는 핵심가치를 진단하기 위해, 구체적으로 우리 회사는 어떤 의미를 가져야 하는지를 정립하여야 한다. 예로, 팀 간의 유연한 관계, 상대의 존중, 경청, 사실 기반 논의와 같은 하부의미를 말한다. 그리고 이것을 진단지로 개발하여 현상을 파악하고 부족한 것을 하위조직에게 피드백한다. 또한 하위조직에서는 개방이라는 행동을 개선하기 위해 구성원늘이 모여 진단결과를 공유하고, 무엇이 문제인지 문제점을 확인하고 원인분석과 해결안을 도출하여 실행계획을 세워 추진할 수 있다. 혹은 구체적인 의미를 개선하기 위한 예로 '팀 간의 유연한 관계'를 활성화하는 프로그램을 적용할 수 있다. 어떤 회사는 자기 화분을 타 부서 사람이 키워 주게 함으로써 상대에 대한 관심이 커지고 남을 배려하는 마음을 갖는 등의 효과를 누리고 있다.

6-4. 모순적으로 들릴지 모르나 만성적인 문제를 해결하기 위해서는 성과관리의 틀에서 벗어나야 할 때도 있다. 일종의 조직문화 혁신운동과 같은 방법을 적용하는 것이다. 우리는 때때로 업무수행에서 문제가 야기될 때 성과관리 프로세스에 등장시키면 해결될 수 있을 것이라는 고정관념이 있다. 예를 들어 제조설비를 생산하여 설치하는 모 중견기업에서 몇 년간 같은 문제에 당착한 점을 논의한 적이 있다. 그것은 제조설비를 설계하여 생산하는 본업보다 애프터서비스라는 부가업무의 양이 증대하고 있다는 것이다. 이것을 극복하기 위해 개선을 모색해 보았지만 문제는 계속 야기되고 그 영향력의 크기가 커지고 있었다. 특히 인력과 시간이 절대적으로 모자라는 입장에서 애프터서비스의 업무수행 부담은 막대하였다. 이들의 대책은 별도의 인력으로 전담 애프터서비스 팀을 설치해야 한다고 주장하고 있었다. 하지만 그들은 중견기업의 현실상 실제 인력을 별도로 빼낼 수 있는 여력이 없었다. 그들은 여전히 올해도 이 과제를 성과관리 프로세스에 등장시켜 직원들이 발 벗고 뛰어다녀 해결해 줄 것을 기대하고 있었다. 그들과 토론 중 어떤 자는 성과관리 과제로 설정하여 운영해보았지만 해결되지 않는다고 직원능력에 대한 강한 비판을 쏟아내었다. 필자는 그 과제를 따로 떼어 내어 대대적인 혁신운동으로 활성화해

보자고 조언하였다. 성과관리 차원에서 KPI와 추진과제를 도출하여 시행하여도 효과가 없다면, 올해는 '아예 애프터서비스가 일어나지 않은 방안을 제안하는 운동'을 펼치고, 효과가 있는 제안은 대대적인 포상을 걸어 직원들에게 큰 영향력을 줄 수 있는 방안을 모색하자는 것이다. 왜냐하면 직원들은 성과관리에서 추구하는 목표가 실행에서 여러 장애요인에 부딪쳐 사실상 불가능하다고 인식할 수 있다. 그리고 실행방안을 도출하지만 항상 인력과 시간의 부족하여 열심히 하는 도리밖에 없다고 단언하고 말 수 있다. 그래서 성과관리가 모든 문제를 해결할 수 있다는 기존 사고형성을 깨뜨리는 적절한 조치로 아예 혁신운동과 같이 대대적인 사내홍보와 참여를 유도하여 집중적으로 문제를 해결하는 방식을 취해 보자는 것이다. 그 후 그 기업은 이 혁신운동을 실시하여 설비가 노후화되어 어쩔 수 없이 애프터서비스를 한 것을 제외하고는 새로운 참여적 제안을 적용시켜 매우 큰 효과를 보았다.

6-5. 성과관리 시스템에서 조직 구성원의 성장을 위한 가장 큰 방법은 리더의 역량평가에 대한 피드백을 직원이 올바르게 자기 행동과 연결하는 것이다. 실질적 성과의 변화를 위해서는 개인의 변화를 기반으로 하여야 한다. 이는 앞서 언급한 핵심가치의 내재화와 비슷한 맥락이다. 필자는 과거 초등학교 시절, 선생님이 일 년에 한 번 행동발달사항을 평가하였고 그것을 부모님께 보여 드렸다. 그러나 누구도 나에게 그 평가를 기준으로 어떻게 하라는 피드백을 하거나 올바르게 하라고 일러 준 기억은 없다. 지금도 섭섭한 마음을 금할 길이 없다. 만약 기업도 이렇다면 직원의 성장이나 성과개선에 상당히 비

효율적인 상황이 벌어지고 있는 것이다. 우리나라 리더들은 직원이라 할지라도 그 사람을 평가하여 장단점을 이야기하기가 녹록지 않다. 관계중심의 문화에서 더욱 그렇다. 그래서 리더와 직원이 함께 평가 면담에서 역량평가를 하면 그다지 깊은 대화가 이루어지지 않는다.

재차 언급하지만 역량평가의 목적 중에 가장 큰 것은 직원이 개선 해야 할 행동과 강점을 발휘 대상을 파악하여 직원을 육성시키는데 있다. 그래서 연중에 리더가 관찰한 객관적인 사례를 가지고(기업에 서는 이를 역량관찰일지라고 부르기도 함) 상호 이야기하면 오해의 소지도 없을 뿐만 아니라 제대로 된 대화를 할 수 있다. 이것을 평가 면담에 정형화시켜 놓으면 좋다. 즉 당연히 리더와 직원은 이런 방식 으로 대화를 나누어야 한다고 체계화시켜 놓으면 주저 없이 할 수 있 을 것이다. 리더는 팀원들이 개선해야 할 행동, 단점을 미리 평가하고 어떤 식으로 개선해야 하는지를 고려해 놓는다. 때로는 먼저 직원 자 신의 개선점을 말해 보게 하고, 준비한 객관적 자료를 통해 확인하는 것도 좋다. 그리고 관리자가 어떤 지원을 해야 할지도 함께 토론하고 정리한다. 또한 항상 그것이 완료되었을 때는 어떤 결과를 얻을 수 있는지 공감하는 것도 필요하다. 한 가지 잊지 않아야 할 점은 성과 가 좋은 사람도 반드시 개선해야 할 점이 있다는 것이다. 이를 소홀 히 할 경우 그 직원은 진정 자신이 성과도 좋고 훌륭한 사람이어서 승진이나 기타 인재에게 주는 회사의 혜택을 당연하다고 생각할 수 있으며 자신을 수련하는 것을 소홀히 할 수 있다. 이렇게 성장한 직 원은 자신이 조직의 기대에 미치지 못하는 것을 모르고 조직의 처우 에 대해 불만을 터뜨릴 수 있다. 이를 통해 조직은 훌륭한 인재를 잃 어버릴 수도 있다. 따라서 모든 직원들에게 개선점에 대한 피드백이 필요하다.

강점의 경우는 리더가 자신의 경험에 비추어 강점을 발휘한 사건을 이야기해 주는 것이 좋다. 그래서 직원이 이를 이해하여 스스로가 어떤 업무에서 자신의 강점을 발휘할 것이라고 말할 수 있어야 한다. 그리고 마찬가지로 관리자가 어떤 지원을 해야 할지, 그것이 완료되었을 때는 어떤 결과를 얻을 수 있는지를 정리한다. 이 정도의 피드백만으로도 분명 효과가 있다. 하지만 좀 더 여유가 있으면 연초에 직원의 역량개발계획을 수립할 때 연중에 구체적인 활동에 어떻게 적용하겠다는 계획을 수립하는 것이 필요하다. 연말에 약점, 강점에 대한 피드백한 내용을 실천적인 활동에 구체적으로 연결하는 것이다. 이 모든 것이 직원의 성장에 도움을 주기 위한 방법이다.

6-6. 일반적으로 기업은 절대평가와 상대평가의 두 가지 평가방법을 혼용하여 사용하고 있다. 대개 개인으로는 절대평가를 실시하고 난 다음 이를 서열을 매기기 위해 상대평가를 실시한다. 이는 직원 간에 성과의 차등에 따른 보상을 실시함으로써 고성과 몰입을 유도하고자는 성과주의의 일환이다. 하지만 개인별로는 절대평가를 해 놓고 이를 상대평가를 함으로써 일어나는 문제가 적지 않다. 예로 연초에 결정된 목표를 향해 개인이 최대한 노력을 다하여 기대 이상의 성과로 최고 등급을 평가받았지만 상대평가를 통해 등급이 낮아지는 경우가 있다. 그래서 상대평가의 전제조건은 공평한 상대와 비교되어야 한다. 만약 복싱경기에서 헤비급과 라이트급이 링 안에서 맞붙는 다면 불공평한 것이다. 그래서 기업에서는 상대평가군(群)이라는 것이 있다. 지점들의 매출로 상대평가한다면 서울지역의 지점과 지방의

지점과 같이 비교해서는 안 된다. 팀 내에서도 10년 넘은 팀원과 이제 신참인 팀원이 함께 비교될 수 없다. 또한 업무의 미션이 판이하게 다른 영업부문의 직원과 생산부문의 직원이 함께 평가되는 것도 문제이다. 이렇게 본다면 인력의 적은 기업에서 상대평가를 한다는 것은 상대평가 대상이 부족할 수밖에 없어 곤란해질 수밖에 없다.

이쯤 되면 과연 상대평가를 하지 않고도 성과주의가 지향하는 효과를 누릴 수 없을까란 고민이 든다. 결과적으로 상대평가를 군이 해야 한다면 상위조직에서만 적용하고 개인에게는 절대평가를 하라고 제안하고 싶다. 즉 전사적인 입장에서 부문(혹은 사업부) 간에는 상대평가를 실시하고 이에 대한 결과로 보상 재원의 차별화를 정하고, 부문 내의 팀이나 개인은 절대평가를 실시하는 것이다. 이렇게 한다면 부문단위에서는 성과주의 경쟁의 논리가 적용되어 어느 정도 타 부문과 상대평가로 보상의 차등화가 적용된다. 그렇다면 직원들의 의식 속에서는 부문의 성과향상을 위해 협력해야 한다고 받아들이게 된다. 한편 부문 내 직원들의 목표가 공정하고 분명하게 설정된다면 그것에 몰입하고 결과를 평가받는 절대평가가 정당하다. 왜냐하면 직원들이 설정된 목표의 의미는 상위조직 목표에 기여하거나 본연의 업무를 성공적으로 수행하기 위한 핵심과제이므로, 이것은 바로 자신이 무엇을 해야 할지 분명한 역할과 책임이며, 이것을 수행한 결과를 평가받는 것은 자신의 몫이지 누구와 비교할 대상은 아니기 때문이다. 조직 구성원에게 많이 요구되는 자율적인 기업가적 정신의 발휘도 바로 자기 목표가 분명하고 이를 자기가 책임을 지고 달성한다는 의미이다. 이것은 남과 비교하여 더 나은 경쟁의식에서 비롯되는 것이 아니라 자신의 변화를 통해 성과를 잘해 내야겠다는 성장의 욕구에서 발현된다.

여기서 여러 기업에서 행하고 있는 오류 한 가지를 짚고 넘어가자. 이는 상대평가의 효과를 위해 의도적으로 평가결과를 가지고 분포를 만들고 있다는 점이다. 상·중·하위자 각각을 몇 퍼센트로 결정하거나, 어떤 회사는 상대평가를 위해서 팀원이 2명에서 10명에 따라 아예 5점 척도(S, A, B, C, D)에 인원의 양을 제시하여 분포를 만들고 있다. 예를 들어 팀원이 2명이면 A가 1명, B가 1명, 5명이면 S와 A가 2명, B가 2명, C가 1명 등으로 정해진다. 필자는 정말 말도 안 된다고 생각한다. 만약 팀원이 2명인데 모두가 탁월하게 성과를 이루어 내었다고 하면 모두가 S를 받아야 하지 A와 B를 굳이 1명씩 정한다면 누가 열심히 하겠는가. 그리고 실제 기업에서 평가를 실시하면 많은 인원이 A와 B가 대부분이고 S나 C와 D는 거의 나오지 않는다. 그런데도 불구하고 무슨 정규분포가 되어야 한다는 착각 속에 굳이 S에서 D까지 분포를 만들어 놓고 거기에 인원을 끼워 맞추어야 한다는 것은 논리에 맞지 않다. 참으로 저성과자가 아닌데 왜 저성과자를 골라내어야 하는지 안타까울 뿐이다.

물론 기업에서는 탁월한 성과를 내는 사람들을 보호하고, 진정 저성과자들을 골라내어야 하는 입장에서 상대평가를 할 수 있다. 서양 기업에서는 분명 우리나라 기업보다 이러한 조치에 대한 허용정도가 많다. 비록 불확실한 정보를 가지고 객관성에 공격을 받는다고 하더라도 이를 감행하는 기업이 많다. 그러나 집단주의적 우리 기업문화에서는 모두가 하나 되어 잘할 수 있는 분위기를 만들고, 실패를 허용하고 더 잘할 수 있도록 용기와 배려를 하여 자신이 개선하도록 하는 것이 더 어울린다. 다시 말해 자기 자신의 경쟁력을 올리면서 집단의 협력을 더 잘할 수 있다면 이를 선택하는 것이 옳을 것이다.

6-7. 요즘 공공기관을 비롯하여 기업들이 다면평가를 하는 경향이 늘고 있다. 이는 하향식 평가를 보완하기 위해 부하가 상사를 평가하는 상향식 평가, 동료 간 평가, 고객평가까지 다양한 주체 간의 평가가 동원됨으로써 공정성을 높이고자 하는 목적이다. 하지만 전형적인 온건주의적 집단주의 문화를 가진 우리 기업에서는 오히려 공정성의 문제가 있어 보인다.[11] 집단주의는 평가로 인해 무엇인가 영향을 받는다면 집단적인 방어행동을 하게 된다. 상향식 평가에서 보면 상사에게 함부로 낮은 점수를 주지 못하는 경향이 있다. 비록 익명성이 보장되어 있다고 하나 낮은 점수를 받은 상사의 거부감으로 나중에 상사로부터 부정적인 영향을 받을 수 있다는 것이다. 이것은 상사의 입장에서도 마찬가지이다. 오히려 다면평가로 인해 상사의 평가에서 관대화 경향이 더 많이 나타나는 경우도 있다. 동료 간의 평가에서도 서로간의 나쁜 평가를 피하고 안전 지향적 평가로 일관하고 있다. 낮은 점수로 서로 간에 인사상의 불이익을 줄 필요가 없으며, 이로 인해 집단적인 우호가 깨어질 수 없다는 생각이다. 더욱이 동료를 심판한다는 것 자체가 어렵고 함께 팀워크를 발휘해야 하는 데 문제가 생긴다고 생각한다. 이러한 문화적인 입장에 따라 다면평가의 결과를 예상할 수 있는데 새로 전입한 직원들에 대해서는 낮은 점수가 주어지는 경향과 직급이 높을수록 평가점수가 좋다는 것이 예이다.

이렇게 인간관계와 집단적 유대관계를 중시하여 상사에 순응적이고 동료 간의 의리를 강조되는 문화에서의 다면평가는 공정성을 확보하기 힘들다. 부하직원이나 동료 직원이 성과를 내고 업무처리 능력이 뛰어난 점을 평가하기보다는 전체의 융화와 집단의 유지를 위한 평가의 전제가 앞선다. 하지만 다면평가는 위계적인 조직문화에서 수평적이고 열린 조직문화로 변화하고 있는 시대에서 분명 필요한 평가방식이다. 따라서 다면평가의 활용목적을 명확히 하고 이를 철저히 적용하면서 직원들의 수용력을 높이는 것이 본 평가의 취지를 살릴 수 있다. 또한 어떤 평가이든 평가의 오류를 방지하기 위해 평가자들의 훈련이 필요하다. 이를 통해서 평가 참여자들에게 평가수행이 익숙해지면 제대로 된 다면평가를 수용하는 측면이 훨씬 용이해진다. 무엇보다도 중요한 점은 언제든지 새로운 방식은 조직구성원들이 저항이 있다는 것이다. 이를 줄이기 위해서는 충분한 적응기간이 필요하다. 이 기간을 통하여 시험적용을 해 보고 문제점을 대응할 수 있는 방안을 만들어 적용하는 지혜가 요구된다. 절대로 다면평가제가 조직의 협력을 저해하고 불신을 만들어 내며 평가 자체가 통제의 수단을 위한 방식이라는 인식을 심어 주어서는 안 된다.

한편 연구자들에 의하면 다면평가는 평가 자체를 목적으로 하는 경우보다 육성을 목적으로 하는 경우가 적합하다고 한다. 실제 다면평가로 보상, 승진에 직접 연계하는 것보다 평가에 따른 피드백을 통해 자신 장단점을 이해하고 자기 능력을 개선하는 측면으로 활용하는 것이 수용력이 높다. 이러한 측면에서 상향평가에서 직원은 상사의 인물 평가를 하는 것이 아니라 상사가 나와의 업무수행에서 코칭이 자신의 역량향상이나 성과달성에 얼마나 도움이 되었는지를 평가하여야 한다. 따라서 상사는 리더십의 세심한 부분을 실질적으로 피드백받을 수 있는 좋은 기회를 얻을 수 있다. 동일한 의미로 석용되는 사례로 호주정부는 경력개발 목적으로 관리직 공무원에게 다면평가를 적용하고 있으며, 영국도 고위 공무원에게 리더십 양성을 목적으로 다면평가를 적용하고 있다. 따라서 다면평가에서 피드백을 심도 있게 할 수 있는 방법이 연구되어야 한다. 추가적으로 인사부서는 다면평가 결과를 승진을 위해 해당 인물의 자질을 점검할 때나 이동배치를 위해 논의하는 자료로 활용되는 것이 좋겠다.

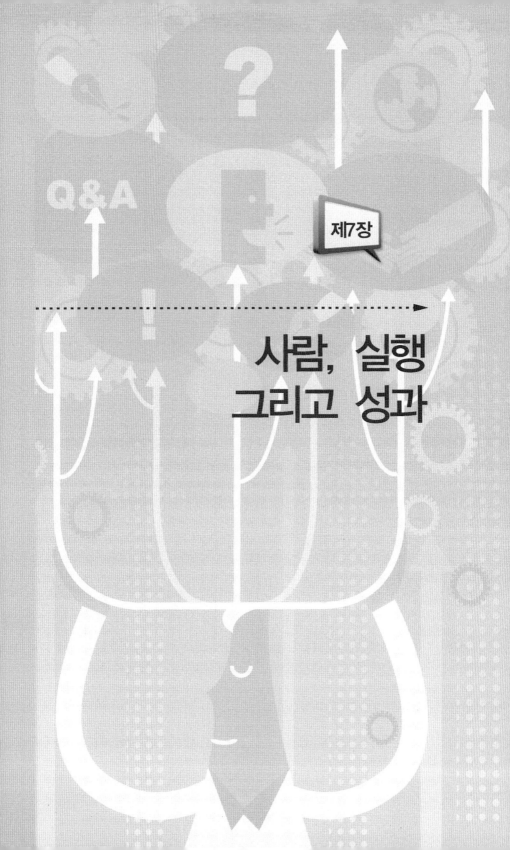

제7장

사람, 실행
그리고 성과

이제 제일 심오하고 어려운 주제인 '사람'을 다룰 차례이다. 고대로부터 인간에 대한 이해를 탐구하는 노력은 계속되어 왔다. 그 무엇보다 자사(子思)가 썼다는 『중용(中庸)』에 대해 도올 김용옥 선생의 해석이 멋있다.[1] 『중용』의 제1장 천명장(天命章)에는 "天命之謂性, 率性之謂道, 修道之謂敎(천명지위성, 솔성지위도, 수도지위교)"라고 되어 있다. 사람의 밑바탕을 이루는 성(性)은 하늘(天)과 교류하는 과정에서 형성되는 성향을 말한다. 여기서 하늘은 신(神)이라기보다 자연, 우주를 포용한 틀이다. 하늘과의 교류는 인간이 희(喜), 노(怒), 애(哀), 구(懼), 애(愛), 오(惡), 욕(慾)을 느끼는 것과 같으며, 성(性)은 이를 담은 것이다. 이는 서구철학에서 말하는 감성(感性)이나 이성(理性)의 구분이 아니라 포괄적인 것이다. 성(性)에 따르는 것은 인간의 일곱 가지 감정을 올바르게 선택하는 것을 말하며 이것이 도(道)를 시작함을 의미한다. 이렇게 어떤 대의(大義)를 구현하기 위해 반복적으로 성(性)을 익혀 형성하는 도(道)를 통해 가르침을 얻을 수 있다는 것이다. 이처럼 인간은 타고난 본바탕을 이끌어서 인간이 추구하려는 가치 있는 것을 스스로 깨달을 수 있으며, 이를 얼마든지 도전하고 창조해 나갈 수 있다. 그만큼 인간은 그 자체가 존귀하며 본래 자율적이면서 창조적인 존재이다.

이렇게 인간을 바라보는 관점의 발전은 경영학에서도 시도되고 발전되어 왔다.[2] 엘튼 메이오(*Elton Mayo*)의 호손공장의 실험(1927~1932)으로 '인간관계론'이 등장하기 전에는 테일러리즘으로 불리는 '과학적 관리법'이 확산되었다. 이는 사람을 기계와 같은 구성요소로 인식하는 경향이 강했고, 작업의 능률과 생산성을 위해 시간 및 동작분석, 표준화에 초점을 두고 있어 '인간 없는 조직'이라는 비판을 받았다. 이와 반대로 '인간관계론'은 사람이 경제적 요인만이 아니라 심리적, 사회적 요인이 생산성에 영향을 주며, 특히 비공식집단이 자체의 규범을 만들고 사람들의 행동에 영향을 미친다는 점을 강조했다. 그러나 이것도 비공식조직에 집중하여 전체조직과의 맥락을 소홀히 하고, 조직구성원의 갈등을 제거하여 만족과 행복을 추구한다는 개념이 비현실적이어서 '조직 없는 인간'이란 비판을 받았다. 2차 세계대전 이후 산업이 복잡해지고 더욱 다차원적인 성격을 띠기 시작하면서 '인간관계론'이 보다 체계적인 지식체계의 필요성이 대두되었다. 이에 사회과학에서 심리학, 사회학, 인류학을 주축으로 생리학, 정신병학, 정치학, 경제학 등이 가세하여 '행동과학'이 성립되었다. 이는 인간행위에 대해 과학적 접근법을 적용하여 인간문제 해결을 위해 이론과 실천적인 연구를 강조했다. 하지만 '행동과학'의 가정에 의문이 제기된다. 즉 인간관계 측면이 생산성 증가와 항상 연관되지 않을 수 있으며 경제적 측면이 오히려 긍정적 영향을 끼칠 수 있고, 인간관계가 좋으나 조직구조나 업무절차, 지루한 과업이 생산성에 부정적 영향을 미치기도 했다. 이처럼 '행동과학'에서의 사람이란 그들이 예측했던 것보다 훨씬 복잡한 존재였다. 이후 1960년대에 와서 '조직행위론'이 등장하게 되었다. 이는 조직 문제의 본질이 사람에서 나오며 이를 해결하여 조직의 성과증대와 발전을 도모하는 데 있어 사람이 중요한 요소라는 인식하에, 조직상황에서 개인과 개인이 모인 집단 행위를 해석하려는 것이다. 따라서 개인수준에서는 개인의 목표와 조직의 목표를 일치하는 행동을 위해 개인에게 바람직한 행위를 촉진하고자 하며, 집단수준에서는 공동의 목표달성을 위해 집단 구성원들이 의사결정이나 갈등조정 등의 상호 작용을 증진하고자 한다. 또한 조직수준에서는 조직 구성원들이 주체로서 조직목표 달성에 참여하고 결과를 공유함으로써 새롭게 조직구조나 구성원 관계 및 외부환경과의 대응방식을 만드는 것에 초점을 두었다.

특히 요즘의 경영환경이 더욱 급변하고 불확실함으로써 조직에서는 사람의 중요성이 더욱 강조되고 있다.

그 첫 번째 현상은 조직경쟁력의 원천을 사람으로 보고 이에 집중하는 것이다. 피터 드러커는 육체근로자에서 지식근로자로의 전환을 강조한다.[3] 오늘날 산업은 지식기반의 조직이 중심이다. 이에 지식근로자는 지시된 작업을 하는 지배적인 존재가 아닌, 경영자와 같이 성과를 올리기 위해 스스로 생각하고 감독하고 의사결정을 내리고 책임지는 자율적인 존재가 되어야 한다. 즉 직원 모두가 경영자가 되어야 한다는 것이다. 또한 지식중심의 조직에서는 낱개의 개인 지식을 타인과 결합하여 조직적으로 활용될 수 있어야 한다. 이는 노나카 이쿠지로의 저서 『지식창조의 경영』에서 찾아볼 수 있다.[4] 기존관점은 사람을 인지 능력의 한계, 정보처리자, 환경의 수동적 적응자로 보았으나, 이제는 조직적으로 창조성을 발휘하는 지식창조자로서 환경에 능동적이고 주체적으로 조직적인 지식을 창조하는 능력을 가진 조직 경쟁력의 원천으로 보고 있다.

두 번째는 조직경쟁력의 핵심인 사람들의 공동의 사고모형이 경영 환경의 불확실성을 극복하고 성과를 이루어 낸다는 것이다. 제6장 기업문화에서 언급한 것처럼 공동의 목표를 위해 사람들이 조직적 참여에 몰입하여 성과를 내기 위해서는 강력한 실행 원천인 핵심가치의 역할을 재인식하기 시작했다. 특히 지식근로자는 자기 존재가치가 강해 공동목표에 기여하기 위해서 조직적인 인지능력이 요구된다. 즉 개인의 적극적인 조직 참여를 위해서는 그동안 조직의 공유된 믿음이자 경험이 기준이 되어 실행을 촉진하게 된다. 또한 개인들이 집단적 상호 작용을 통해 새로운 성공적 경험을 하고 새로운 가치의 중요성을 집단적으로 재인식함으로써 이후 행동 기준으로 작용되어 실행을 촉진할 수 있다. 이처럼 조직의 이념(ideology: 미션, 핵심가치를 말함)은 창조활동에 근간이 된다. 노나카 이쿠지로가 말하는 창조과정은 바로 암묵지(tacit knowledge)에서 형식지(explicit knowledge)로 전환되는 것인데 이때 암묵지의 근간이 바로 조직의 이념, 가치관이라 할 수 있다.

세 번째 다원주의 사회(pluralistic society)의 도래로 조직이 민주적이고, 도덕적이며, 개인의 다양성 존중의 요구가 커졌다.[5] 특히 개인의 다양성 존중은 경영에서 조직목표와 개인목표의 일치에 대한 과제를 남겼다. 이는 조직구성원들이 조직에 참여하는 목표와 조직이 구성원들에게 바라는 목표가 균형을 이룰 수 있다는 관점에서 개인과 조직 발전을 동시에 추구하는 방식이다. 구성원들은 조직이 자신의 욕구를 충족시켜 주리라는 기대로 조직에 참여하게 된다. 이때 개인은 직무만족을 통해 목표달성에 몰입하게 되고 이러한 공헌은 결국 조직목표를 달성하게 한다. 그리고 개인은 조직으로부터 다양한 보상을 받게 되어 욕구충족을 하게 된다.[6] 하지만 그 기반은 개인목표의 실현 없이는 불가능하다. 예를 들면 개인은 자기성장에 시간적 여유를 원하고 있으나 업무과다로 시도조차 하지 못하거나, 자신의 창의력을 발휘하여 일을 수행하려 하나 상사가 일일이 간섭하고 지시한다든가, 자신이 자율적으로 일을 수행할 수 있는 자원이나 권한이 없이 무조건 목표를 달성하라는 압력을 받는다면 개인이 실현하고자 하는 목표에 좌절감을 맛보게 된다.

여기서 주목하여야 할 점은 바로 구성원들 간 관계의 저변에 깔려 있는 '신뢰'이다. 사업적 측면이든, 개인관계적인 측면이든 신뢰라는 핵심가치는 경영의 황금률(golden rule)이다.[7] 우리가 지금까지 논의해 왔던 모든 경영의 요소를 사람이 창의적이고 도전적으로 실현해 나가려면 조직 내 관계하는 구성원들과 신뢰가 바탕이 되어야 한다. 실제 조직성장을 위한 자율적 참여, 조직변화 정책의 수용, 협력적 문제해결, 정보의 공유, 상위자의 권한 순응, 규칙의 준수 등 모든 경영활동의 기반에서 신뢰를 바탕으로 하지 않는 것이 없다. 따라서 조직의 핵심구성요소가 사람인 이상 '신뢰'라는 가치는 사람관리의 기반이 될 수밖에 없다.

사람관리는 모방할 수 없는 조직능력

오늘날 국가나 기업의 경쟁우위는 다른 무엇보다도 인적자본에 의해 결정된다는 사실은 누구나 인정한다.[8] 하지만 여전히 많은 기업들은 그 사실을 경영에 적용하는 데 어려움을 겪고 있다. 히물며 요즘 BSC로 유명한 카플란과 노튼(Kaplan and Norton)은 그동안 직무중심의 개인 목표관리인 MBO(Management by Objectives)방식에서 벗어나 전사 전략을 직원까지 전개하고 이를 평가하고 보상(집단 혹은 개인보상)하면 직원들의 동기부여가 가능하다고 주장한다.[9] 이 주장은 일 중심에서 사람을 바라보고 있지, 사람 중심에서 일을 바라보는 시각은 아니다. 실제 개인의 입장에서는 직무중심의 목표에서 전략적 목표를 수행한다고 해서 크게 달라질 것은 없다. 직원에게 오히려 자신이 수행하고 있는 일이 자신에게 어떤 의미로 다가오는가가 중요한 것이다. 이것은 톰 피더스와 로버트 워크만이 쓴 『초우량 기업의 조건(In search of excellence)』에서도 확인할 수 있다. 초우량기업의 공통점 중에 하나가 바로 인간존중이다.[10] 이는 사람을 인격체로 대우하고 존경심을 갖고 대하며, 필요에 의해 소모되는 자본이 아닌 생산성 향상을 위한 중요한 자원으로 대우하는 것이다. 물론 평가와 실적을 중요시하는 엄격함도 있다. 이는 상하 간에 분명한 기대를 갖고 실적을 검토하고 철저한 피드백이 이루어진다. 이러한 과정에서의 기대는 조직이 자신을 필요로 한다는 것을 알게 하여 의욕을 북돋운다. 또한 초우량기업들은 개인의 업무에서 자율성을 갖고 직접 성과에 기여할 수 있도록 하는 것을 중시한다. 결국 사람들이 자신의 일에 긍지를 갖게 하는 것이 조직의 생산성에 기여한다는 것이다.

만약 사람 중심의 경영을 하지 않은 경우를 예측해 볼 수 있다. 한 기업이 높은 비용과 낮은 이윤으로 저성과를 면치 못한 입장에서 신속한 경영개선을 취한다고 하자. 아마 임금동결, 임시직 고용, 승진 및 신규채용 중단, 훈련비 감소 등의 직간접비용을 먼저 줄이려 할 것이다. 그렇게 되면 근로의욕이 감소되고, 직장불만이 높아지며 직원들은 항상 이직을 엿보게 되고 업무에 집중을 하지 못해 산만한 분위기가 만들어진다. 이러한 상황은 결국 품질과 서비스의 질적 저하와 저생산성과 같은 악순환으로 이어지기 쉽다.[11]

이와 반대로 사람을 중심으로 접근한 경우는 도요타생산시스템에서 볼 수 있다(제3장 참조). 필자는 도요타를 연구한 일본 전문가의 말속에 도요타에서의 시스템은 서구의 시스템(system)과는 다른 일본말로 仕組(시꾸미, しくみ)라고 하였다. 이것은 서구의 시스템 개념이 사람이 생략된 시스템이라면 시꾸미는 사람이 담겨져 있는 시스템이란 의미란다. 참으로 도요타생산시스템은 그 역사를 볼 때 서구의 모방이 아니라 스스로 돌파구를 찾아 오랫동안 이루어 낸 결과물이다. 이 과정을 들여다본다면 사람을 중심으로 지혜를 짜내고 더 효율적 방법을 시시각각 개선하여 그들만의 제품 생산과 서비스 방식을 정립한 것을 볼 수 있다. 비록 생산직 근로자라 할지라도 머리를 써서 일하고 지혜를 짜내어 그들을 통해 시장에서 요구하는 제품을 만들도록 하고 있다. 도요타 생산방식은 시장의 필요에 따라 생산하는 한정생산이 골자다. 이 속에서 어떻게 이익을 창출하는 것인가를 생각하는 방식이다. 따라서 항상 성장의 한계를 염두에 두고 생산방식을 정립해 왔기 때문에 환경에 흔들리지 않는 자신만의 방식을 확보할 수 있었고, 그 속에서 항상 스스로 생각하면서 제품을 만드는 사람이 존재하였기에 오늘날 누구나 벤치마킹하고 싶어 하는 도요타생산시스템이 가능할 수 있었다. 또한 도요타생산시스템을 쉽게 벤치마킹하여 성공할 수 없는 원인이 바로 사람 중심의 생산시스템이란 점이다. 그것은 단순히 도요타의 외적인 활동을 베끼기 쉬워도 시스템을 관

리하고 지속적으로 개선해 나갈 사람들의 힘을 벤치마킹하기는 어렵다는 데 그 핵심이 있다.[12]

실행에서 잘 부각되지 않는 사람관리

이렇게 사람 중심의 경영은 그 중요성은 잘 알지만 간과하기 쉬운 주제이다. 왜냐하면 사람을 다루는 것이 그만큼 복잡하고 효과를 거두기 위해서는 오랜 시간이 걸리기 때문이다. 성과관리 운영에서 다음 몇 가지 사항만 봐도 사람 중심의 접근이 되지 못해 실효를 거두지 못한 경우가 많다.

첫째, 많은 직원들은 회사의 목표를 달성하고 경영자 요구를 충족하는 현재의 자기 일이 희생이라고 생각한다. 자기 인생에서 하고 싶은 것은 별도로 있는데 먹고살기 위해 어쩔 수 없이 지금의 일을 참고 감당하고 있다는 것이다. 언젠가는 떠나야 하는 회사로 생각하고 있기에 목표달성은 압박으로 느껴지지 달성해 보고 싶은 대상으로 느껴지지 않는다. 그러기에 자신의 일의 결과가 회사에게는 좋지만 자신에게는 기여되지 않는다고 생각한다. 이렇게 회사와 자신의 이원적인 모습만을 느끼는 직원들은 언젠가는 회사를 떠난다. 이들의 면담내용을 보면 자신이 더 이상 희생양이 되고 싶지 않고 자신의 비전과 성장을 위해 현재 회사는 도움이 되지 않는다는 것이 주요 이유이다. 참으로 자신이 하고 있는 일이 조직에 어떤 의미가 있고 왜 중요한지를 알고 자신이 무엇을 해야 할지 스스로 판단할 수 있어야 한다. 그리고 자신이 하는 일이 곧 자신의 성장과 연결될 수 있도록 조직이나 개인이 노력을 경주하여야 하겠다.

둘째, 기업은 리더에게 코칭교육을 시킨다. 코칭은 리더가 직원들이 직면한 문제에 대해 스스로 깨닫고 잠재능력을 발휘할 수 있도록 도와주는 것이다. 하지만 실제 직원들에게 잘 연결되지 않는다. 교육을 받을 때는 알 것 같지만 교육받은 코칭 프로세스가 몸에 익지 않은 입장에서 실무에서 적용하기란 쉽지 않다. 더구나 목표를 설정하고 달성방안의 아이디어를 찾아내고, 목표를 달성하는 과정에서 부딪치는 문제에 대해 개선을 추진하며 필요한 학습을 수행하는 등 성과관리의 전체 과정에서 코칭하기란 만만하지 않다. 리더는 업무수행하기도 바쁜데 일일이 직원을 위해 시간을 내어 코칭하는 것이 어렵다고 불평한다. 어떤 이는 업무시간에 그런 이야기하는 것이 아깝고 저녁 술자리에서 충고하면 된다고 한다. 결국 리더와 직원 간의 창의적이고 목표에 몰입하기 위한 교류는 모호해진다.

셋째, 성과관리에서 아마 평가가 가장 큰 이슈일 것이다. 사람들은 연간 평가면담에서 자신이 평가받기를 좋아할 사람이 드물다. 평가를 하는 사람도 평가를 받는 사람도 그다지 즐겁게 느끼지 않는다. 특히 직원들은 자신이 일 년 동안 한 일을 짧은 시간에 평가받는 것에 대해 신빙성이 없다고 느낀다. 진정 자신의 성과를 향상시키기 위해 가장 큰 영향을 주는 계기가 바로 평가면담인데도 불구하고 직원들은 이에 대한 중요성을 이해하지 못하고 있다. 그래서 리더는 평소 직원들과 성과에 대한 직간접적 의사소통이 필요하다. 리더는 이러한 교류속에서 성과관리에 대한 활발한 논의와 창의적 아이디어가 넘쳐나고 역동적인 분위기를 바랄지언데 평소 솔직한 의사소통의 교류 없이는 불가능한 일이다. 그리고 이러한 교류에서 직원들은 짧은 평가면담의 불만을 극복할 수 있다.

넷째, 필자는 간호사들이 평가로 인해 애로사항을 겪고 있다고 들은 적이 있다. 간호사들의 업무에서 중요한 측정지표가 '환자의 불만'이다. 만약 이것이 나쁘면 별도의 교육을 받기도 하고, 반복이 되면 감봉, 정직 조치도 취해진다고 한다. 문제는 환자불만의 예가 침대 커버를 이삼 일에 한 번 교환하는 것인데도 불구하고 매일, 때로는 하루에도 몇 번 침대 커버를 바꾸어 달라고 한다든지, 어떤 환자는 음료수나 생필품을 사 달라고 심부름을 시키는 데 대응을 못한 것이다. 실제 환자가 아프고 예민하니까 일어날 수 있는 일이라고 한다지만 간호사의 입장에서는 자신이 해야 될 일도 아닌데 환자의 과한 요구에 대응하지 못해 불만이 나오면 책임을 져야 한다는 것이 문제였다. 어떤 이는 이것으로 인해 정신적인 스트레스를 받고 심해져서 자살까지 한 사건도 있다고 한다. 이러한 성과관리는 환자의 만족도가 높은 병원이라는 명성을 듣고 싶은 양적 관리에 집중하고 있지, 간호사들이 진심 어린 마음에서 환자를 위해 서비스를 하고자 하는 질적 관리를 하고 있지 못하는 데 문제가 있다.

다섯째, 기업은 사람들을 통해 매일매일 보다 나은 성과를 발휘하기를 기대한다. 하지만 진정 사람들이 무엇에 흥미를 느끼고 그 흥미에 불을 지필 수 있는 동기부여에 관심을 둘 필요가 있다. 그것이 중요한 이유는 많은 직원들은 그들이 흥미를 느끼는 것에 창의력을 발휘하고 있다는 사실이다. 하지만 이러한 단순한 사실을 알고 있음에도 불구하고 경영활동에서는 적용되지 못하고 있다. 예를 들어 사람들은 회사가 어떤 방향으로 가고 있으며 어떻게 성장하려는지 알기 원한다. 자신의 일의 범위에 파묻혀 열심히 일하는 것보다 보다 넓은 상황을 인지하고 자신의 일이 어떻게 연계되어 있는지를 알면 흥미를 느낀다. 또한 자신이 목표와 그것을 달성하려는 방안이 자신의 자율성과 연계되어 있으면 흥미를 느낀다. 그렇지 않고 상위에서 무엇을 해야 하고 어떻게 해야 하는지를 일일이 가르쳐 준다면 사람들은 자신의 일에 흥미를 느끼지 못한다. 특히 조직의 리더는 직원들이 진정 경영활동에 참여하고 스스로 과제를 찾고 해결하는 여건을 조성해 주도록 지원하여야 한다.

사람관리의 이행과 성과

다양한 목적을 가진 사람들이 모인 조직은 갈등이 야기될 수밖에 없다. 이러한 다양성을 어떻게 조직의 공동의 가치로 승화할 수 있을 것인가는 경영의 큰 과제이다. 이를 잘 극복한 '모리셔스(Mauritius)'의 사례를 통해 들여다보자.[13]

모리셔스는 아프리카 동쪽 인도양 남서부에 있는 섬나라이다. 1638년은 네덜란드인이 처음으로 들어왔으며 그 후 1715년 프랑스인이 점령한 후 아프리카의 노예를 들여와 사탕수수밭을 일구었다. 1810년 영국이 프랑스로부터 빼앗은 후 노예제도가 폐지되고 인도로부터 일꾼이 들어오고 회교도와 중국상인들도 잇달아 들어왔다. 이어 모리셔스는 1968년에 독립하였다. 따라서 국민은 인도인, 중국인, 영국인, 크레오레족(백인, 흑인혼혈) 등으로 구성되어 있으며, 종교도 힌두교, 로마 가톨릭, 이슬람교, 불교, 기독교로 다양하다. 하지만 모리셔스는 과잉인구에다 부존자원이 빈약하고 사회구조도 취약하다. 또한 이들은 문화적, 민족적, 종교적 진통이 복잡하고, 도시화가 되어 가면서 사회적 요구사항과의 균형적 문제도 안고 있다. 그렇지만 우리가 뉴스에서 흔히 접하는 종교적, 민족적 갈등은 찾아볼 수 없다. 그 이유는 모든 사람이 각각 다를 수 있다는 권리를 인정하는 가치를 가지고 있기 때문이다. 이들은 이것을 각종 과일에 비유하면서 모든 것을 섞고 갈아서 무슨 맛인지 모르는 잼(jam)이 아니라 각각의 맛과 향을 보존한 과일 샐러드와 같은 것이라고 한다. 모리셔스는 지난 30여 년간 연 5%의 GDP 성장을 이루어 냈고 독립 당시 일인당 국민소득이 400불이던 것이 현재는 6,700불로 증가하였다. 전 국민에게 무상교육, 무상건강보험을 시행하고, 자가주택보유율이 87%나 된다. 산업도 사탕수수 경작에서 관광, 금융, 섬유, 첨단산업 등 다양하다. 이렇게 될 수 있었던 것은 물론 군사비 지출을 하지 않고 이를 국민들을 위해 사용한 탓도 있지만, 다른 국가와 다르게 한 차원 높은 사회적 통합을 이루어 냈기 때문이다. 이것은 하나의 문화가 성공을 이루어 낸 것이 아니라 다양한 문화의 융합이 성공과 기적을 이루어 낸 것이다. 이렇게 된 것은 전 국민대상 교육도 한몫을 하였다. 그들은 대치되는 문제가 있으면 싸워 이기기보다 상대방의 입장에 서서 이해하려고 한다. 비록 다양한 문화로 인해 다양한 시각으로 문제를 논의하기에 시간이 걸리지만 결국 더 나은 새로운 결과를 이끌어 낸다는 것을 이해하고 기꺼이 그 수고를 감내한다. 그리고 상대방을 이해하고 돕고 나눔을 주저하지 않는다. 다양한 종교, 민족이 어울려 살기 위해 그 이상의 좋은 방법이 없다고 인식한 것이다. 오히려 이들에게서 다양한 문화 중 하나를 빼면 이상하게 느낀다. 이렇게 이들이 느끼는 가치는 생활 속에서 각자 스스로 가슴속에서 울려 나오는 것이다. 그들은 종교, 민족, 성별의 차이를 넘어 '사람 그 자체'의 가치로 보는 능력을 가진 것이다.

다음은 실제 기업의 운영에서 인간존중의 가치를 성공적으로 승화시킨 '페덱스(Fedex)'의 이야기이다.[14] 페덱스는 1970년 창업주 프레드릭 스미스가 세운 페더럴 익스프레스(Federal Express)란 회사로 국제특송분야에 선두를 달리고 있다.

우선 페덱스의 성공요인은 공정(公正) 철학으로 집약해 볼 수 있다. 이는 'P–S–P(People–Service–Profit)'로 '회사가 최선을 다해 직원을 배려하면, 직원은 진지하게 서비스의 질을 높이고, 그러면 이익은 자연스럽게 창출된다'는 것이다. 이를 말해 주듯 2008년 리먼 쇼크로 영업이익이 20억 달러에서 7억 달러로 하락했을 때 창업자 스미스 회장 20%, 더커 대표 10%, 부·차장 5%, 평직원 0%로 연봉을 조정했다. 이러한 단결력으로 1997년 세계 최대 물류회사 UPS가 파업에 돌입했을 때, 페덱스 직원들은 스스로 자정을 넘겨 일했다. 그때 들어온 UPS의 물량은 페덱스를 떠나지 않아 창업 26년의 젊은 페덱스가 90년 역사의 UPS를 누르고 특송 1위로 뛰어오르는 계기가 되었다. 또한 페덱스의 물류성공의 비결은 '익일 배송(overnight delivery) 시스템'이다. 화물을 보내는 곳과 받는 곳의 두 지점 간(point–to–point) 최단거리 수송을 중시하던 업계의 상식을 바꾸어, 중심지에 화물 허브(hub)를 만들고 모든 화물을 일단 여기에 모은 다음, 다시 전 세계에 특급으로 배송하는 방식으로 교과서에도 소개될 정도다. 이처럼 이들의 문화에는 혁신이 숨 쉬고 있다. 그들은 '최선을 다하되 절대 만족하지 말라'는 계속적으로 자신의 역량을 실험해 보는 중요한 정신이 있다. 이직률 또한 세계 최저이다. 이것의 핵심은 '일하기 편한 직장'이라기보다 일

터에서 늘 새로운 일이 벌어지고 직원들은 성장할 기회가 생기는 '일하기 신 나는 직장'이기 때문이다. 이와 더불어 페덱스는 유리 천장(glass ceiling: 능력에도 불구하고 고위직 승진을 가로막는 직장 내 차별)이 없다. 어떤 배경을 갖고 있든 열심히 하면 전폭적으로 지원받고 승진할 수 있다. 이들 임원의 절반이 회사의 교육지원을 받았고 승진하였다. 또한 제도적으로 상사의 명령이나 평가가 불공정하다고 느낄 때 회사에 호소하는 심의제도 GFT(Guaranteed Fair Treatment)가 있다. 때로는 부작용도 있지만 직원들이 자기 권리와 목소리를 지키는 통로이자 공정(公正)이라는 기업 정신을 지키는 수단이기 때문에 중요시되고 있다. 다음은 더커 대표자의 말이다. "리더는 책임감을, 직원은 충성심을 가져야 똘똘 뭉칠 수 있다. 페덱스가 고객들에게 변함없는 서비스를 제공할 수 있는 힘, 페덱스가 빠른 속도로 암흑기를 통과할 수 있는 힘은 여기에서 나온다."

이와 같이 구성원의 목적과 조직의 목적을 일치하도록 하는 것이 인간존중 경영이다. 이것은 구성원이 바라는 욕구가 다양한데 어떻게 조직목적을 자기 목적달성으로 자연스럽게 통합하도록 인식하게 하는 것이다. 앞서 사례에서 살펴보았듯이 모리셔스 사람들은 서로 다르다는 것을 자연스럽게 받아들이고 오히려 다르기 때문에 서로가 관심을 가지고 돕는다. 작은 섬나라의 취약한 점을 딛고 발전할 수 있는 것은 그들 삶의 모든 활동에서 자연스럽게 취해지는 다양성에 대한 통합이다. 그들에게는 다양성의 통합이 가치 있다고 믿고 이를 공유하였다. 그래서 이것이 모리셔스만의 문화가 된 것이다. 페덱스가 '일하기 신 나는 직장'이 될 수 있었던 것도 조직이 진실로 구성원을 배려한다는 것에 대해 구성원들이 공감한 것이다. 그리고 이러한

중요한 가치를 공감한 구성원들은 생활 수단인 직장에 대해 충성심을 가지고 일에 몰입하게 된 것이다

사람관리를 성과관리 운영에 적용하기

사람을 존중하고 사람이 가지고 있는 고유의 긍정적 특성을 살려 효과적인 성과관리를 운영하는 방안을 고려해 보자.

7-1. 개인이 열망하는 목표와 조직이 요구하는 목표에 대한 조화가 필요하다.[15] 이것이 중요한 이유는 사람들은 자신이 하고 싶은 욕구와 동떨어진 조직 목표에 대해서는 의욕을 가지지 못하며, 진정한 내적 동기를 통해 자신이 원하는 목표를 달성함으로써, 자기 성장을 이루는 것과 동시에 조직의 목표에 기여할 수 있도록 하는 것이 조직에서는 지속적으로 큰 힘을 발휘할 수 있기 때문이다.

하지만 기존 MBO 방식에 익숙한 회사는 기업의 목표가 하향식으로 제시되면 이를 각 단위조직(팀장)에서 달성방안을 작성하여(자체적으로 별도의 팀 목표도 설정함) 상사(임원)에게 상향식으로 보고하고 이를 통합하여 상사(임원)의 목표가 설정된다. 그리고 개인은 상위목표와 관련하여 자신의 고유업무에서 필요한 목표를 스스로 정하고 상사와 합의하며 이를 평가하고 보상하는 방식을 취한다. 더욱이 BSC를 도입한 회사나 조직목표를 하위로 전개하는 회사는 회사의 목표달성을 위한 달성과제를 개인까지 도출하게 하여 개인은 추가적으로 목표를 부여받게 된다. 이렇게 지금까지의 성과관리는 개인이 무엇을

할 것인가에 대해 사람을 중심으로 고려하기보다 일 중심으로 결정하였다. 물론 직원의 역량을 키우기 위한 코칭이나 주기적으로 의사소통을 증진하고 피드백하는 등 사람을 고려하는 활동은 이루어진다. 하지만 개인의 입장에서 보면 과연 내가 수행하는 목표는 과연 누구를 위한 목표인가에 대한 물음에서 여전히 개인은 소외되고 있다.

필자는 요즘 이슈가 되는 WLB(일과 삶의 균형, *Work-Life Balance*)에 대해 생각해 보았다. WLB는 근무형태 다양화, 가족친화적 요소 강화 등의 프로그램을 도입하여 직원들의 삶의 질을 향상시키고 장기적으로 경쟁력을 갖춘 기업이 된다는 것이다. 그동안 우리 산업은 개인보다 기업 위주로 일을 우선시한 것이 사실이므로 이러한 이슈가 사회적으로 고려되어야 할 때이다. 하지만 WLB를 일과 가정 또는 일과 여가생활이라고 이분법으로 보는 것은 잘못이 있다고 생각한다. 일과 삶의 균형이란 나의 인생에서 '일이 어떤 올바른 의미를 가질 수 있는지'에 대한 균형을 의미한다. 즉 직장생활에서 일은 인생에서의 수단이다. 그렇지만 일은 인생의 전체 시간 중에 많은 부분을 차지한다. 만약 일이 즐겁고 재미없으면 인생 전체가 의미가 없어지고 만다. 한편 인생은 6가지 영역(건강, 가정, 경제, 사회, 정신, 지적)으로 나누어 볼 수 있다. 이렇게 볼 때 사람들은 일을 통해 돈을 벌고, 사회관계를 형성하며, 자신의 지적 역량을 성장시켜 나간다. 그리고 가정의 기본 생활을 영위한다. 그리고 직장에서의 즐거운 일을 통해 정신건강을 증진한다. 이와 같이 일은 자신의 인생영역 대부분에 영향을 주고 있다. 따라서 일과 삶의 균형에서 먼저 정립되어야 하는 것이 자신의 인생에서 큰 역할을 하는 일을 자신에게 의미 있게 만드는 것이다. 그렇지 않으면 직장의 일은 그저 나의 노동을 희생하여 대가를 받는 의미밖에 가지지 못하는, 찰리 채플린이 나오는 '모던 타임즈(*Modern Times*)' 영화의 시대로 거슬러 올라가야 한다.

　지금까지의 성과관리는 상위의 목표가 하달되어 개인의 목표로 설정되거나 상사와 합의하여 개인의 목표가 설정되었기 때문에 개인은 여지없이 목표에 책임을 지고 달성하여야 한다는 가정을 하고 있다. 그 내막은 조직 속의 개인은 당연히 보상의 대가로 목표를 달성하는 책임이 있고 이것은 회사와 개인의 기본적 계약관계에서 당연하기 때문이라는 생각에서 출발한다. 그렇지만 사람의 마음은 그렇지 않다. 개인들은 기업에서 자신이 꿈꾸는 훌륭한 모습을 그리고 그것을 향해 성장해 나가면서 칭찬도 받고 싶고 안정적인 직장생활을 영위해 나가고 싶다.

　그러기 위해서는 기업에서 경영진을 포함한 리더의 역할이 중요하다. 먼저 조직의 목표를 수립하는 데 개인의 참여가 가능하도록 기회가 주어져야 한다. 그동안 성과관리에서는 조직목표를 하위로 전개(cascading)하는 톱다운(*top-down*) 방식이라고 설명하였다. 그러나 좀 더 폭넓게 접근해 볼 수 있다. 예를 들어 부문장(임원)과 팀장의 목표전개를 위해 워크숍이나 회의를 진행할 때도 팀장은 부문장의 목표에 대한 달성방안(과제)을 도출하는 과정을 미리 팀원들과 토론을 거쳐 나온 것을 가지고 부문장과 논의할 수 있다. 그렇다면 부문장의 목표를 달성하는 데 예상되는 장애요인이나 성공요인에 대해 팀원의 아이디어를 반영할 수 있게 되는 것이다. 이것은 더욱이 부문장 목표의 달성방안을 확정받은 팀장의 목표에 대해 팀원의 달성방안(과제)을 도출하는 데도 이미 토론한 사실이므로 도움이 된다. 뿐만 아니라 부문장과 팀장의 목표달성 회의에서 팀원이 고려한 예상 장애요인과 성공요인을 반영하였으므로 부문장의 지원이 뒤따를 수밖에 없어 실행에 힘을 얻게 된다.

한편 리더는 팀원의 탐구가 필요하다. 이는 직원이 진정 조직 내에서 무엇을 하기 원하는가에 대한 탐구이다. 리더는 팀원이 가장 좋아하는 직무활동이나 업무수행에서 만족스러웠던 상황과 그 이유를 함께 밝혀가면서 팀원에게 맞는 일을 파악할 수 있다. 그리고 팀원이 자신의 일과 관련하여 어떤 감정을 가지고 있는지 스스로 털어놓을 수 있도록 배려하여야 한다. 그러다 보면 팀원의 강점이나 약점이 일과 관련하여 어떠한 관련이 있는지를 파악해 볼 수 있다. 그러면서 분명한 조직의 목표와 자신이 추구하고자 하는 목표와의 관계를 밝혀 보는 것이다. 이를 통해 조직의 목표에 참여하여 자신의 목표를 실현하기 위해서 자신의 이상과 현실과의 차이를 이해하고 어떻게 추구하여야 하는지를 인식할 수 있다. 이러한 탐색과정은 리더와 팀원이 신뢰를 기반으로 이루어질 수 있다. 따라서 무엇보다도 리더와 팀원이 함께 대화하고 논의하는 개방적 분위기가 필요하고 리더의 배려와 포용하는 태도가 기반이 되어야 한다.

리더는 팀원들을 진정 존중하는 마음을 가져야 한다. 그들이 원하는 방향대로 성장하고 이러한 것이 조직에 기여가 되도록 하기 위해서 상벌이 아닌 어떤 리더십 요소를 발휘해야 하는지를 반성해 볼 필요가 있다. 또한 팀원들이 자신의 욕구를 실현할 목표가 조직목표에 지향될 수 있도록 동기부여하는 수많은 이론들도 나와 있다. 하지만 현실에서 이것을 제대로 실천하는 것은 별개의 상황인 것 같다. 신뢰 있는 상하관계 속에서 리더는 팀원이 업무수행에서 자기가 하고 싶은 목표나 과제를 고려하고, 이를 조직목표 달성방안에 반영하도록 하여야 한다. 상위에서는 방향을 짚어 내면 그것을 달성하는 아이디어를 찾아내어 실천할 수 있도록 길을 열어 주는 것이다.

7-2. 직원들이 자신의 목표를 달성하기 위해 개인역량개발을 할 수 있도록 제도나 방법이 동원되어야 한다. 직원의 역량개발을 위해 초점을 맞출 세 가지 사항이 있다. 먼저 연간 개인목표 달성을 위해 수행해야 될 추진과제를 실행하는 데 필요한 역량에 대한 개발이다. 이러한 역량은 제4장에서 언급한 직무역량이 그 예이다. 기본적으로 단기적인 개인목표의 달성에 필요한 역량을 빠르게 끌어올릴 수 있는 방법이 무엇인지를 논의하고 각종 교육, 멘토링, 자가학습 등이 계획되고 지원되어야 한다. 이것은 당해 연도 개인목표가 설정되고 난 다음 이루어진다. 둘째, 이렇게 직원들은 연간 자기역량개발 계획을 수립하고 난 다음, 계획에 의거 연중 자기개발을 시행한다. 물론 리더는 중간점검을 통해 직원의 자기개발이 어떻게 이루어지고 있는지를 체크하고 피드백해 줄 필요가 있다. 그리고 연말에 리더는 직원과 함께 자기개발의 성취도를 진단하고 자기개발의 미흡점을 파악하며 계속적인 지원이 요구될 경우 차기 개인역량개발 계획에 반영하여야 한다. 셋째, 이와 같은 단기적인 개인역량의 개발뿐만 아니라 장기적인 측면에서의 역량개발이 필요하다. 이것은 전사적인 인력개발을 위한 체계 속에서 이루어져야 한다. 인력관리 주관부서는 조직의 중장기 목표와 전략 수행에 필요한 인력의 양과 질을 계획하게 된다. 이때 조직 내부의 인력 조건을 살펴보게 된다. 만약 필요한 인력의 양과 질적 수준이 부족할 경우에서는 채용을 할지, 양성을 할지를 계획한다. 예를 들어 5년 내 해외진출을 통해 신시장 개척을 추진하려는 전

략에서 필요한 인력을 내부적으로 양성하여 선발할지, 아니면 채용할지를 결정한다. 만약 양성되어야 한다면 주관부서는 예비인력들을 살펴보아야 하고, 그에 관련된 인력정보를 해당 부서의 리더에게 통보한다. 한편 리더는 자신을 포함한 직원들의 경력목표와 현재 역량수준을 고려하여 직원들과 면담을 통해 중장기 육성에 필요한 계획을 하게 된다. 직원은 이미 여러 경험을 닦아 왔고 자신의 경력목표를 수립해 놓고 있다. 필요한 경우 직원은 리더와 경력탐색을 거쳐 자신의 경력목표를 정해야 한다. 따라서 리더는 연말의 평가면담에서 회사의 전략 실행에 필요한 인력 요구사항과 직원들의 경력목표와 일치되는 점을 찾아야 한다. 그리고 중장기적인 육성을 위해 개인역량 개발 계획을 수립한다. 예를 들어 회사는 상기 예에서 해외진출을 위해 현지에 파견하여 시장개척을 하기 위한 인력이 필요하다. 이에 영업부서의 한 직원이 경력탐색 결과 도전을 추구하고 사업에 관심이 많아 혁신적 업무경험을 통해 영업부문의 경영자가 되겠다는 경력목표를 가지고 있다고 하자. 리더는 해당 직원과의 면담을 통해 회사의 비전과 방향을 설명하면서 자신의 경력목표를 달성하기 위해서는 기존 경험에다 해외현지 영업의 경험이 필요하다는 것을 이해시키고 자신에게 필요한 역량과 수준을 논의한다. 따라서 어학과 현지경험 등 필요 학습사항에 대해 자기개발(경력개발) 계획을 수립하게 된다. 물론 회사는 사업수행 전략을 위한 인력육성을 위해 필요한 자기개발 프로그램을 지원하여야 한다. 해당 직원은 비로소 계획된 자기개발 프로그램에 참여하고, 주관부서는 직원들을 이를 평가하며, 해당 인력이 얼마나 육성되었는지를 확인하는 등 회사전략에 필요한 인력 확보를 가늠해 볼 수 있다.

이와 같이 조직은 장단기 사업전략을 실행할 수 있는 인력의 역량 확보를 위해 체계적으로 접근하여야 한다. 이를 위해서는 무엇보다도 리더가 직원들의 성장에 관심을 가져야 한다. 직원의 육성은 리더가 수행하는 일 중 가장 중요한 임무이다.

7-3. 회사 전략에 기여할 수 있는 조직 창의력이 발휘되도록 해야 한다.[16] 창의성이란 새롭고 독특해야 한다는 것은 일반적 정의이다. 하지만 기업에서는 조직 구성원들의 아이디어 발휘가 회사의 목표에 도움을 줄 수 없다면 아무 소용이 없다. 더욱이 궁극적으로 고객의 가치에 기여하지 않으면 안 된다. 왜냐하면 조직은 자신의 비전을 실현하기 위해 조직능력을 지속적으로 향상시켜 나가야 하는 필연적인 실체이므로 자사의 전략과 부합하는 방안을 끊임없이 창조해야 한다. 그것이 자사가 제공하는 제품이나 서비스이거나 그것을 만드는 방법을 담은 프로세스이건 말이다.

한편 조직 창의력은 개인 창의력과 다르다. 조직 창의력은 개인의 천재성보다 집단적인 협력에서 나온다.[17] 서로의 생각을 주고받는 과정에서 발생하는 통찰이 문제해결의 실마리가 되고 혁신이 이루어진다. 우리가 아는 많은 성공적인 결과물은 이러한 협력관계 속에서 정보를 교류하고 오류를 바로잡으면서 어떤 목표를 달성하기 위해 상호 간 협력적 몰입을 통해 나타난다. 때로는 어떤 것을 달성하기 위해서 예기치 않은 즉흥적 대응으로부터 성공을 이루기도 한다. 이것은 계획에 매달리기보다 빠른 수정과 적용을 의미한다. 즉 사전에 계획된 것이 실행되는 동안 해당 목표를 달성하려고 스피드 있게 계획 수정과 실행이 협력적으로 이루어진다는 뜻이다.

성과관리 전반적 프로세스에서도 직원들이 협력을 통한 창의력을 발휘할 수 있도록 하여야 한다. 이를 위해 무엇보다도 기업의 목표와 전략에 대한 구성원들의 달성하고자 하는 의지와 집중이 필요하다. 앞서 7-1에서도 언급하였지만 직원들이 기업의 목표와 전략에 대해 자신들의 방안을 내놓을 수 있는 기회를 부여하여야 한다. 필자는 불행히도 여태껏 기업의 목표와 전략을 한 방향으로 전달하는 조직은 보았으나 양방향으로 의사소통하는 기업은 잘 보지 못했다. 너무 큰 조직이기 때문에 양방향 의사소통은 불가능하다고 말할 수 있으나, 사업부나 부문 혹은 팀의 목표 달성방안을 도출하는 데는 얼마든지 직원들이 참여하여 토론할 수 있다. 그리고 명확한 목표가 공유되고 이를 어떻게 달성할 수 있는지는 참여한 직원들의 몰입을 통해 창출해 낼 수 있다. 때로는 목표 없이도 방향이나 그동안 드러난 모순된 문제, 장애요인만 있으면 어떤 새로운 방법을 창출해 낼 수 있으며, 혹은 목표를 달성하는 방안을 생각하다 보면 새로운 목표가 나타나기도 한다. 중요한 것은 이러한 참여마당에서 직원들이 자신들이 달성하고자 하는 목표에 집중할 수 있도록 이끌어 주어야 한다. 예로, 그들이 이루어 내어야 하는 성과에 대한 기대가 크다는 점도 인식할 필요가 있다. 그리고 상위의 목표에 대해 각 팀별, 개인별로 어떻게 달성할지에 대해 전반적으로 이해하고 있다면 자신이 수행할 목표가 충분히 달성 가능하다는 사실을 인식할 수 있고 그 목표를 향해 에너지를 발산할 수 있다. 다음으로 연초 팀이나 개인까지 자기 목표가 확정되면 월이나 주별 실행에서 중요한 문제가 발견될 수 있다. 이때 협력적 문제해결이 요구된다. 이를 위해 리더는 직원들에게 목표달성을 위해 자율적으로 추진하도록 권한위임을 해 주며 주기적인 피드백 마당을 마련하여야 한다. 이 과정 속에서 리더는 과감하게 문제점을 드러내어 해결할 수 있도록 리드할 필요가 있다. 어쩔 수 없는 상황이라 한계를 가지고 대응하자는 것이 아니라 진정 문제 속에서 기회를 발견하여 조직이나 개인 성장의 계기를 마련할 수 있다는 점을 강조하여야 한다. 이때 주의할 점은 스스로 문제를 정확히 밝힐 수 있도록 시간적 여유를 주어야 한다. 이를 참지 못하고 리더가 먼저 나서서 대안을 제시하면 시키는 것만 하는 직원이 되거나, 해결방안을 빨리 내기만을 요구하면 창의적인 직원으로 성장하지 못한다. 또한 대부분의 문제가 알기 쉽게 구조화되어 있기보다는 여러 이해관계자와 얽혀 있어 명확한 실마리를 잡기 어렵다. 문제를 명확히 하는 능력은 평소에 현장이나 현실에서의 정보를 수집하고 분석하는 습관을 가진 직원이 유리하다. 실제 평소 문제의식을 가지고 고객, 경쟁사, 협력사, 생산현장 등에서 정보를 파악해 온 직원은 쉽게 문제를 이해하고 폭넓은 대안을 낼 수 있다. 필자가 아는 유능한 관리자는 직원들에게 목표달성을 위해 무엇을 할지 애매하다면 실제 고객을 만나 보면 알 수 있다고 역설(力說)하는 것을 보았다.

이렇게 직원들이 참여를 통해 상위 목표와 달성전략을 전반적으로 이해하고 협력적으로 달성방안을 도출해 봄으로써 이것이 자신에게 얼마나 중요한지를 깨닫게 되고 몰입하게 된다. 그리고 직원들이 스스로 문제해결에 집중할 수 있도록 실행권한을 위임해 주고 여러 이해관계자와 연계된 복잡한 문제를 협력적으로 해결할 수 있도록 배려하는 것이 필요하다.

7-4. 직원들이 창의적으로 문제를 해결하고 스스로 성과에 몰입하

기 위한 동기부여를 위해 자율성은 매우 중요한 요인이다. 하지만 실제 통제와 자율을 어떻게 균형을 맞추어야 할지 제고(提高)해 볼 필요가 있다.

맥그리거(D. McGregor, 1906~1964)는 1957년 X–Y이론을 발표하였다. X이론은 인간은 본래 게으르고 책임감이 없으며 변화를 싫어하고 자기중심적이라서 금전적 보상이나 벌에 의해 움직이기 때문에 철저히 통제하며 감독하여야 한다는 가정이다. 반면 Y이론은 인간은 본래 일을 즐기며, 일을 맡기기를 원하고 창의적으로 문제를 해결하며 스스로 통제할 수 있다는 가정이다. 요즘 직원들은 X이론의 관점으로 접근하여 관리하기에 어렵다. 왜냐하면 매슬로우(Abraham H. Maslow)의 욕구 5단계에서 볼 때 생리적 욕구나 안전욕구가 상당히 만족된 입장에서 사회적 욕구, 존경욕구, 자아실현 욕구 충족을 원하는 사람들이 많아짐으로써 기준에 입각하여 통제하고 상벌로 보상하는 방법으로는 동기부여를 하기 힘들어졌다. 오히려 높은 단계의 욕구 충족을 통해 능동적인 잠재력을 발휘하여 더 높은 성과창출을 이룰 수 있도록 하는 것이 중요해졌다. X이론은 다분히 기계론적 관점이다. 필자는 기업에서 사람을 볼 때 생각보다 많이 기계론적 관점이 깔려 있다는 것을 느낀다. 앞서 제6장에서 성과주의 적용에 실패한 기업사례를 보았듯이 그들은 사람을 통제중심의 대상으로 보고 있는 것만 봐도 알 수 있다. 결국 중요한 것은 극단적인 X이론이나 Y이론에 치우치지 않아야 한다는 것이다. 예를 들어 조직에서 위계적인 구조 하에서 명령을 강조하면 일사불란하게 실행될 수 있으나 하위조직이나 구성원들의 자율성은 떨어진다. 반면 하위조직의 다양한 요구를 모두 수용하려면 결속이 떨어지고 역량이 집중되지 않는다. 따라서 이들의 균형이 필요하다. 굳이 말하자면 Y이론을 바탕으로 X이론이 고려되어야 한다고 주장하고 싶다.

특히 요즘의 급변하는 환경에 대처해야 하는 시대에서는 조직의 신속성이 더욱 요구된다. 즉 조직의 성과를 완성하기 위해 새로운 방법을 빠르게 학습하여야 한다. 거대한 조직일수록 조직의 명령체계를 비롯한 의사소통의 신속성이 화두이다. 그래서 수직적으로 긴 조직체계를 수평적으로 납작한 조직체계로 바꾼 것이 '팀제'이다. 국내에서도 많은 조직이 팀제로 운영되고 있으며, 그 핵심은 신속한 대응과 의사결정을 요구하고 있다. 그러나 무늬만 팀제일 뿐 여전히 자율적인 팀의 운영은 미흡하다. 가장 큰 이유는 팀제의 본래 취지와는 다르게 상위조직의 명령과 통제가 여전히 팀 운영에 절대적 영향을 끼치고 있다는 사실이다. 결국 과거와 별로 달라진 것은 없으면서 신속한 조직 운영을 요구하고 있다. 분명한 것은 수많은 조직의 과제나 문제를 사람들이 창의성을 가지고 빠른 학습과 대응을 해야 하는 것이 필연적이라는 것을 알지만 어떻게 해야 할지를 모른다는 것이다.

이 점에 대하여 우리가 생각을 수정하고 다른 시각으로 바라보아야 할 점이 있다. 이제 직원들은 예전과 다르게 성과를 완수해야 한다는 책임을 지고 스스로 해결방법을 계획하고 수행하는 문제해결자이다. 그리고 팀이라는 조직을 통해 함께 일하고 더 높은 수준의 성과를 이루기 위해 팀원들과 관계를 갖는다. 따라서 그들은 조직 내 한 구성원으로서의 역할이 아니라 내가 하는 일이 하나의 기업이고 나는 기업가로서 역할을 수행하는 것이다. 그래서 상사와 동료들은 동업자이다. 더 나아가 조직은 자신이 일하고 보상받는 곳이 아니라 자신이 생각하는 것을 할 수 있는 마당이다. 그래서 직원은 전체의 성과 완성을 위해 자신의 생각을 제시하고 주도적으로 참여하며 그 과업에 주인의식을 가져야 한다. 이것이야말로 권한위임의 진수이며 자율성을 기반으로 한 조직이다.

7-5. 조직구성원은 너무나 다른 가치기준을 가지고 있어 상호 작용에서 갈등이 유발될 수밖에 없다. 실제 기업 내에서 어떤 부서가 협력을 위해 타 부서에 의견을 제시하고 동의를 구하는 데 있어 심심치 않게 갈등이 발생된다. 이때 시도하는 방식이 조직 내 상위의 권력을 이용하여 승자가 되려고 하거나 그 상황을 회피하고 다른 협력자를 구하기도 한다. 또는 해결할 수 없는 것으로 치부하여 그냥 내버려 두기도 하고 적절하게 타협을 보기도 한다. 그래서 갈등은 항상 머리 아프고 싫다는 인식이 강하다. 하지만 기업의 경영활동에서 갈등은 떼어 낼 수 없는 부분이다. 어떤 상황이건 갈등은 생기고 이것이 피해야 할 대상이 아니고 부딪쳐야 할 대상이라면 갈등을 건설적으로 접근해야 할 필요가 있다.

기업 내 성과를 이루어 내기 위해 특히 부문조직 간의 문제가 제일 크다. 예를 들어 각 부문(예: 연구, 생산, 영업, 관리)은 자신의 임무부터 다르다. 그러니 자신의 조직이 추구하는 가치기준이나 달성해야 할 목표가 최우선이다. 더욱이 한정된 자원을 가지고 성과를 이루어 내어야 한다. 하지만 분명 기업의 입장에서는 이들이 하나의 프로세스로 기업전체 성과를 내게 하는 것이 궁극적으로 추구하는 바이다. 그러나 조직 내부에 들어가 있는 각 부문의 구성원들은 이를 모르기보다 현실적인 일상 활동이 그렇게 유도하지 않기 때문에 몸이 따라가지 못한다. 예를 들어 회사는 전체 매출을 올리고자 영업부문에 포상금을 걸었다고 하자. 하지만 생산부문은 자신에게 돌아오는 보상이 없기 때문에 무관심이다. 현재 생산지연의 원인은 자재공급에 불량이 너무 많아 관리부문에서 공급사를 교체해 주고 해결해 주기를 바라고 있다. 그러나 제품출하 지연에 대해 관리부문의 핑계를 대지 자신이 직접 나서지 않는다. 영업직원들은 애가 타지만 영업부문장이 나서 주기를 바랄 뿐 어쩔 도리가 없다. 생산-영업부문 간 회의를 해 봐도 해결될 기미가 없다. 어떻게 해야 이러한 갈등을 해결할 수 있을까?

필자는 사람 중심으로 이 문제를 본다면 각자의 입장에 서서 문제를 보기보다 상대의 입장에 서서 문제를 보라고 하고 싶다. 나의 입장에서 본다면 나의 주장으로 상대를 굴복시키거나, 상대에 도저히 동의할 수 없어 철회 혹은 돌려 말하면서 나중에 불만을 쏟아 내기도 한다. 그렇지 않으면 기회를 엿보다가 공격하기도 한다. 하지만 상대의 입장에서 본다면 그들도 어떤 이유가 있기 때문에 협력하지 않는 것이다. 나의 의견이 그들에게 어떤 점을 불편하게 만들거나 그들의 목표에 충돌될 수 있다. 내가 존중받을 만큼 상대도 존중받아야 한다. 이렇게 본다면 상호 승/승의 게임을 펼칠 수 있다. 예전 경영슬로건 중에 "후공정도 고객이다"라는 말이 있다. 그 의미는 조직은 프로세스(공정)로 이루어져 있기 때문에 나의 결과물을 받는 후공정이 만족해야 한다. 그렇게 되면 전공정도 역시 나에게 고객처럼 대할 수 있는 것이다. 이것이 전체적으로 엮어지면 그야말로 내가 존중받고 싶은 만큼 상대를 존중하라는 황금률이 실행 가능한 것이다. 서로 상대의 입장을 이해하기 시작하면 존중의 분위기가 생기고 솔직하게 문제를 논의할 수 있다. 이렇게 되면 근본적인 문제를 간파하고 어떤 합의를 이르는 과정에서 상호 창의적인 몰입을 경험할 수 있다.

7-6. 성과부진자에 대한 세심한 조치가 필요하다. 경영활동에서 성과부진자는 능력 없는 사람으로 취급받는다. 그러나 자세히 들여다보면, 이들이 과연 능력이 없어 성과를 내지 못하는 것일까란 의심이 든다. 왜냐하면 거의 모든 사람들의 능력은 백지장 한 장 차이 정도이고 그 외 환경이나 조건이 그러한 결과를 만든다. 예를 들어 분석형 직원이 있다. 매사 꼼꼼하나 뭔가 시작하는 데 시간이 많이 걸린다. 그냥 추진하면서 생각해도 되는데 분석형 직원은 모든 준비를 완벽하게 갖추어 추진하고자 한다. 하지만 행동형 리더는 다르다. 일에 대한 책임감이 크고 사람들을 잘 조직화하여 밀어붙이는 특성을 가지고 있다. 그러나 남의 말을 잘 듣지 않고 독단적 결정을 내리고 타인의 감정에 둔한 경우가 많다. 그래서 행동형 리더는 자신의 스타일대로 분석형 직원에게 일을 하라고 요구하면 거의 백발백중 충돌이 일어나게 된다. 그렇게 되면 그 팀에서 분석형 직원은 게으르고 유연하지 못하며 능력이 없는 사람이 되고 마는 것이다. 이러한 상황이 되면 다른 동료직원들도 분석형 직원에게 불편한 감정을 가진다. 여기서 리더는 분석형 직원의 특성에 맞추어 코칭을 해야 한다. 예를 들어 리더는 인내심을 갖고 합리적 자료를 중심으로 코칭을 해야 한다. 결과적으로 분석형 직원이 능력부진자로 불리는 것에 대한 실질적인 잘못은 리더에게 있는 것이다.

따라서 성과부진자라고 낙인찍힌 직원들을 보면 어떤 이유가 있다. 미시적으로는 실제 아무리 열심히 해도 일의 특성상 달성되지 못하는 KPI를 가지고 있는 경우가 있다. 이는 쉽게 수정함으로써 해결될 수 있는 문제이다. 하지만 쉽게 해결되지 못하는 문제도 있다. 상기 리더십의 문제로 성과부진이 일어나는 경우도 있겠지만, 이들이 일을 배우고 성장하면서 잘못된 습관이 길들여진 경우도 있다. 또한 진정 자신의 성향과 맞지 않는 업무를 수행하는 경우도 있다. 리더는 더 큰 문제로 확대되기 전에 이러한 상황을 통제하여야 한다. 즉 면담을 통해 성과부진의 이유를 밝혀보는 것이다. 만약 리더가 부담이 된다면 인사부서의 도움을 요청해서라도 이러한 이유를 밝혀 보아야 한다. 실제 인사부서는 제도적으로 이러한 면담시스템을 갖추는 것이 필요하다. 하지만 제일 좋은 것은 현장에서 직접 일을 하는 리더와 직원의 솔직한 대화를 통해 이유를 밝혀내는 것이 중요하다. 이 과정에서 중요한 점은 왜라는 이유를 밝히기 위해 다짜고짜 '왜 그러냐?'고 한다면 직원은 방어적으로 나올 수밖에 없다. 좀 더 주변 상황과 사실적 정보를 가지고 대화를 하면서 이유를 밝혀 보는 것이 필요하다. 이때 직원들이 말을 많이 하도록 만들고 리더는 경청을 통해 이유를 찾아내는 것이 중요하다. 때에 따라서 리더의 잘못이 있으면 솔직히 시인할 수 있어야 한다. 그리고 문제를 리더 혼자 해결해야 한다는 강박관념을 가질 필요는 없다. 성과에 대해서는 어쨌든 리더와 팀원이 함께 해결하여야 할 문제이다. 가장 중요한 것은 리더는 직원의 입장에서 문제를 파악하고 해결점을 찾는다는 것이다. 그리고 성과부진자에 대해 개선의 기회를 주어야 한다. 때로는 성과부진자가 진정 노력 없이 성과가 부진한 것이 아니라면 인사평가에 최하점을 주기보다 그들의 약점을 보완할 과제를 주고 해결할 수 있도록 도와주는 것이 필요하다.

요즘 회사들을 보면 이러한 과정을 회사 차원에서 성과부진자를 차출하여 그들의 역량을 재평가하고 그중 몇 퍼센트는 다시 갱신할 수 있는 기회를 주어 자기개선계획을 수립하며 혁신주제해결을 수행하는 등의 조치를 취한다. 이를 극복한 지는 다른 부서로 이동배치하면서 업무에 복귀하게 한다. 또한 나머지 성과부진자도 같은 방식으로 평가하고 기회를 주어 자기개선을 할 수 있도록 배려하고, 이를 몇 번 반복하여 최종 성과부진자를 골라내고 있다. 이는 법적 규제에 대한 조치이기도 하지만 한 번만으로 사람에 대한 평가를 하고 조치하지 않는다는 의도가 있어 바람직하다. 특히 제도적으로 상대평가를 하여 하위 저성과자를 골라낸다면 저성과자는 해마다 다시 저성과자가 될 수밖에 없다. 만약 저성과자를 골라내 놓고 또다시 상대평가로 저성과자를 골라낸다면 계속해서 저성과자만 양산하는 꼴이 된다. 이무슨 자승자박(自繩自縛)하는 제도인가. 사람은 사람이기 때문에 실수나 실패를 할 수 있다. 중요한 것은 그들이 이것을 기회로 다시 함께 참여하고 기여할 수 있는 사람이 될 수 있도록 하는 것이 경영이다.

7-7. 조직구성원들이 일하는 직무는 다양한 특성을 가지고 있다. 그러나 이러한 다양성에 맞는 인사정책을 펼치는 경우가 많지 않다. 이유는 공평성이란 개념이다. 예를 들어 모름지기 모든 직원들에게 공평하게 제도를 적용해야지 판매를 촉진하려고 영업만 별도의 성과급을 지급할 수 없다는 생각이다. 그러면 생산성을 위해 생산에도 성과급을 지급해야 하고 제품개발의 촉진을 위해 연구부문에도 성과급을 지급해야 한다는 것이다.

몇 년 전 모방송국에서 '신의 저울'이란 법정 드라마를 방영한 적이 있다. 우리가 어디선가 본 적이 있는 법의 상징인 '정의의 여신상'은 눈을 가리고 저울을 들고 있다. 편견을 가지지 않고 만인이 평등하게 법을 집행한다는 의미일 것이다. 이 드라마의 마지막에서 두 주인공이 서울을 내려다보며 하는 대화가 있다. "이 공동체가 올바르게 이루어지기 위해서는 공평하게 한다. 그러나 예를 들어 연봉 1억 원을 받는 사람과 겨우 기초생활비로 먹고사는 사람에게 같은 100만 원이란 벌금을 내리면 과연 법을 집행하는 사람으로서 공평한 것인가를 생각해야 한다." 이 드라마는 '정의의 여신상'이 들고 있는 저울이 기울어지면서 막을 내린다. 이 짧은 대화에서 우리에게 과연 진정한 공평성의 의미가 무엇인가를 다시 생각하게 해 준다. 공평하다는 것은 기회를 치우치지 않고 고루 가진다는 의미이다. 그리고 진정한 공평은 다양성을 인정하고 그에 맞게 올바르게 조처한다는 것이다. 즉 공정하다는 말이 더 적합하다고 하겠다.

기업에서도 이러한 공정성에 대한 생각을 제고해 보아야 한다. 만약 집단보상을 하는 것이 나은지 개별보상을 하는 것이 나은지 조사를 하면 직원들의 의견은 각양각색이다. 하지만 기능적으로 보면 영업직은 개별보상 쪽으로 연구직 혹은 생산직은 집단보상 쪽으로 기운다. 또한 개인 보상의 차등폭에 대한 의견을 보면 영업직은 개인의 역량에 의해 성과가 창출될 가능성이 크고 개인 간의 경쟁이 조직성과 향상에 유리한 경우가 많기 때문에 차등폭을 크게 하는 것을 선호한다. 하지만 연구직은 프로젝트 형식으로 함께 협력 성과 창출기간이 길고, 많은 실험의 실패를 딛고 성과를 이루어 내는 것이므로 차등폭을 크게 하면 상호 협력이나 창의성 발휘에 좋지 않다고 생각한다. 이와 같이 각 업무의 특성에 맞게 다양성이 존중되어야 공정성이 보장된다. 기업에서 평가보상 제도뿐만 아니라 육성제도도 마찬가지이다. 회사 전체 인재상도 있지만 개별 기능별로 인재상이 다를 수 있다. 그리고 그들의 육성방법이 다를 수 있다. 인력관리 주관부서에서 전체를 운영한다지만 공통으로 운영하어 좋은 것이 있고, 개별 기능이 차별적으로 운영되어야 할 것이 있다. 조직에서 실제 성과에 영향을 직접적으로 끼치는 보상의 문제에서도 다양성을 인정하면 더욱 효과적인 성과관리의 운영이 가능할 것으로 생각된다.

제8장

성과경영의 조건

Q&A

지금까지 경영에서 가장 많이 언급되고 있는 고객가치 창조, 시스템, 전략, 변화, 문화, 사람의 6가지 관점에서 성과관리를 바라보았다. 그리고 각 관점에서 볼 때 성과관리의 여러 이슈들과 그것이 어떻게 올바르게 운영되어야 하는지를 다루었다. 이것들을 성과관리 단계에 맞추어 아래 <표 8-1>로 정리하였다.

　따라서 본 장에서는 지금까지 파악해 본 여러 대책을 기반으로 기존의 성과관리 운영을 넘어, 제1장에서 정의한 성과경영을 성공적으로 이행하기 위해서 어떤 조건을 갖추어야 하는지를 정리해 보고자 한다. 따라서 본 책을 읽는 독자들은 이후 성과관리를 접할 때 좀 더 새로운 패러다임을 가질 수 있게 될 것이다.

《표 8-1》 성과경영을 위한 실행 방안들

경영요소 ＼ 성과관리	계획(Plan)	실행(Do)	평가 및 피드백(See)
가치창조 (제2장)	2-1. 기업목적을 기반으로 한 전략과제의 도출 2-2. 기업미션과 직무미션과의 연계와 적용 2-3. 주기적으로 고객요구의 파악과 대응 가능한 직무 기본목표의 설정	2-4. 직무수행 과정에서의 기업목적 내재화	2-5. 기업목적을 기반으로 한 반성이 설정형 과제를 도출하고 해결 접근
시스템 (제3장)	3-1. 전사 차원에서의 효과적 전략실행을 위한 각 내외부 조직 간의 정렬 3-2. 전사 차원의 기능횡단적 문제는 별도 추진 (수평적 연결) 3-3. 하위목표 간 대립목표에 대해 상위자의 연결 (프로세스 성과의 관리)	3-4. 리더의 자율성 보장과 동시에 목표 달성 몰입을 위한 관여(수직적 연결)	3-5. 피드백과 피드포워드의 주기적이고 의도적 학습
전략 (제4장)	4-1. 논리적이고 객관적인 내외부 환경분석과 전략과제 도출 4-2. 전략목표에 대한 하위조직이나 지원조직에 과제의 전개(조직적 전략과제의 정렬) 4-3. 기본목표와 전략목표의 균형 잡힌 관리 4-4. 중요한 목표에 대해 선택과 집중, 그리고 측정지표에 따른 합리적인 가중치 설정 4-5. 정량적 지표와 정성적 지표의 균형적 적용	4-6. 전략에 초점을 맞춘 탄력적인 직무 역량의 모니터링과 피드백	4-7. 전략의 검토와 조정 (기본목표와 전략목표의 구분 관리)
변화 (제5장)	5-1. 필연적이며 실현가능한 비전 설정 5-2. 건전한 위기감 조성과 도전적인 목표 설정 5-3. 전략과제 해결을 위한 혁신프로그램과의 연결	5-4. 성과달성을 위한 혁신스트레스를 몰입으로 전환	5-5. 혁신성과를 성취하기 위한 합리적 동기부여 조건 구비

문화 (제6장)	6-1. 협력강화를 위한 합리적인 협력목표의 설정과 평가방식	6-2. 목표달성을 주도적으로 실행하기 위한 새로운 심리적 안정감을 부여하는 리더십 6-3. 개인행동 변화를 유도하는 핵심가치 내재화를 위한 피드백 학습과 조직적인 행동개선 프로그램 적용 6-4. 만성적 문제에 대해 기존 성과관리 틀을 벗어난 과제해결 방법의 적용	6-5. 평가면담에서 행동수정을 위한 약점과 강점의 피드백과 연중활동에 구체적 실천 연결 6-6. 상위조직은 상대평가, 개인은 절대평가로 합리적 성과주의 도모 6-7. 수용성이 높은 다면평가의 설계와 적용
사람 (제7장)	7-1. 개인이 열망하는 목표와 기업이 요구하는 목표와의 조화 7-2. 중·단기 개인 역량개발 계획수립과 실천	7-3. 전략에 기여하는 협력적인 창의력 발휘 7-4. Y이론을 바탕으로 한 X이론의 자율관리 7-5. 상대를 존중하는 관점에 서서 상호 성과를 이루는 협력적 갈등해결	7-6. 성과부진자에 대해 조직기여를 위한 기회 부여와 배려 7-7. 공평성과 공정성의 차이인식과 다양성이 인정된 평가보상의 적용

1. 일 중심에서 사람 중심으로 성과를 바라봐라

성과관리를 바라보는 가치관을 일 중심에 두느냐 사람 중심에 두느냐에 따라 성과관리의 의미나 특성이 달라진다. 정확하게 말해 성과관리에 우리가 부여하는 의미가 달라지는 것이다. 일 중심에 가치를 두는 성과관리는 조직에서 일을 처리하는 규율로써 인식한다. 반면 사람 중심에 가치를 두는 성과관리는 사람을 존중하면서 이들의 동기를 이끄는 방식을 우선적으로 생각한다. 물론 후자의 말은 새삼스러운 것은 아니다. 그동안 수많은 이론에서나 현장경험에서 주장되어 온 바이다. 하지만 대부분 조직에서는 여전히 성과관리를 하드웨어(일)에 치중하여 생각하지, 소프트웨어(사람)를 다루는 것을 어려워한다. 한쪽 날개를 잃은 새는 결코 날 수 없듯이 성과관리에서 이 둘의 균형은 무엇보다도 중요하다. 그렇다면 우리는 어떻게 성과관리에서 일과 사람의 균형을 맞추는 의미를 부여할 수 있을까?

첫 번째로 생각할 수 있는 것은 성과관리를 운영하고 있는 많은 조직들이 전략적으로 나아가야 할 방향, 즉 조직의 목적과 핵심가치를 발견하고 비전을 수립하면서, 사람들이 품은 가치를 반영하고 이들의 경험을 담은 전략을 수립하는 데 여전히 미흡하다는 사실이다. 조직에 속한 사람들은 누구나 그 조직에서 자기 정체성을 확인받고 싶어 한다. 비록 실제 그렇지 않더라도 자신이 분명 조직성과에 기여하고 있으며 자신이 많은 역할을 한다고 생각한다. 그만큼 조직에서 자신을 인정받고 싶어 하고 조직과 연결하여 자신이 큰 역할을 수행하고 싶다는 반증이다.

또한 사람들의 기본적인 마음에는 자신의 속한 조직에 물심양면으로 의존하고 있기 때문에 그 조직이 잘 되어 자신의 욕구를 실현시키는 마당이 되길 바란다. 그렇지만 조직은 현실적으로 이러한 사람들의 긍정적인 욕구를 잘 이해하지 못하는 것 같다. 오히려 많은 성과관리의 운영은 이러한 욕구를 배반하고 있다.

조직이 도달하고자 하는 궁극적 목적이나 직원들이 가져야 할 공통된 정신이 최고경영자가 원하는 것이 아니라, 사람들이 모두 갈망하는 조직의 목적과 우리가 가진 강점을 기반으로 가져야 될 공유된 정신을 정립하지 못하고 있다. 비전수립도 마찬가지인데 단순히 기획부서에서 정하고 최고경영자의 결재를 받아 공포하는 것이 아니라, 기본적인 환경분석을 바탕으로 사람들의 여론을 수렴하여 비전을 수립하고 공유해야 하나 이를 잘 못하고 있다. 더구나 상위에서 정해진 전략과제와 KPI를 하달받고 목표치를 합의하며(혹은 목표치가 제시되며) 하위 사람들은 어떤 이유에서라도 그것을 달성하여야 하는 부담으로 느끼는 것이 아니라, 사람들이 참여하여 자신의 경험과 수집한 정보를 이용해 아이디어를 짜서 전략과제를 도출하고 스스로 목표를 수립하는 행위를 잘 이해하지 못하고 있다. 더구나 조직이 내려준 목표만 달성하는 것이 아니라, 상위목표와 연계되어 진정 자신이 하고 싶은 과제를 도출하고 목표를 설정하면 사람들은 더 실행에 몰입한다는 사실을 이해하지 못하고 있다. 이를 종합해 보면 사람들은 조직의 미션, 비전뿐만 아니라 달성해야 할 목표에 대해서 자신과 연결되어 있지 않으면 자기 것이라는 느낌을 가지지 못한다. 즉 성과관리를 운영하는 데 있어 사람들은 조직 속에서 자신의 정체감을 느끼고 자신의 욕구가 반영되고 있을 때 성과를 이루어 낼 확률이 높은 것이다.

두 번째로 생각해 볼 점은 사람들에게 목표달성을 위한 자신감과 목표달성 과정에서 몰입할 수 있도록 하여야 한다. 사람들은 누구나 성공하고 싶어 하지 실패하고 싶어 하는 사람은 없다. 사람들을 이끄는 진정한 동기부여가 바로 여기에 있다. 즉 사람들은 자신이 성공에 대한 성취감을 느끼면 더 큰 도전을 기꺼이 감내한다. 그것이 자신감이고 이것을 인식한 사람은 더 큰 성장을 하게 된다. 하지만 BSC를 비롯한 성과관리의 도구를 도입한 조직들은 성과관리의 효과성에 대해서 비판을 제기한다. 성과관리를 수행하면 사람들이 이를 통해 동기를 받기보다 불만이 더 많아진다고 한다. 무엇이 잘못된 것일까?

많은 사람들이 생각하는 '달성해야 할 목표 수준'은 아무리 열심히 해도 항상 더 높게 제시되므로 상사와 적절히 조율하거나 아예 안정적인 목표를 주장하는 것이 낫다고 생각한다. 그러나 이를 넘어 조직은 사람들에게 경영자의 강한 의지를 담아 목표달성을 왜 하여야 하는지, 그것이 얼마나 간절하고 달성되면 무엇이 좋아지는지를 설명하여 사람들이 비전달성에 대한 사명감을 가지게 해야 한다. 또한 경쟁사의 목표를 재인식하여 경쟁사보다 더 성공적인 성장을 해야겠다는 위기감을 불러일으키며, 성공사례를 공유하는 등 달성 가능성을 이해시킴으로써 자신감을 가지고 도전적인 목표를 수용할 수 있도록 해야 한다.

또한 사람들은 조직의 목표가 제시되고 이것을 달성하려면 기존 일의 방법이나 행동의 변화를 가져오게 되므로, 성과관리 추진에서 방어기제를 만들고 결과에 대해 적절한 변명하기가 일쑤이다. 그러나 이를 벗어나 성과로 향하는 업무수행에서 개인 자신의 일이 조직에서 얼마나 중요하며, 이것이 진전되면서 자신이 변화하고 있고 점차 성장되고 있다는 인식을 하게 한다면 사람들은 몰입하게 되고 자신의 더 깊은 잠재력을 일깨울 수 있다. 또한 리더들은 비록 개인의 목표라도 공동의 달성 책임을 느끼게 하여 협력을 이루어 내며, 달성된 성과에 대해 보상을 공유하고 공동의 노력으로 달성하였다는 의미를 인식하게 하는 것이 중요하다. 그리고 자신의 목표달성 노력이 조직에 기여하고 있다는 것을 주기적으로 인식하게 하고 역량발휘를 위한 조직의 지원을 아끼지 않으면, 사람들은 더욱 자신의 성장에 열정을 발휘하게 된다.

때때로 성과관리에서 조직이 저지르기 쉬운 착각은 높은 목표를 제시하면 이를 받아들이는 사람들이 동기부여가 되고, 적절한 보상이 되면 더 큰 힘을 발휘할 것이라고 생각한다. 그러나 진정 사람들이 큰 힘을 발휘하는 것은 도전목표에 자신감을 가지고, 성과가 완성되어 가는 과정에서의 노력이 자신이나 조직에 기여되며, 자기도 성장되어 가고 있다는 인식이 되었을 때이다. 그러면 사람들은 자기 직무에 만족하게 되고 직무성과뿐만 아니라 조직성과에도 더 큰 기여를 하게 된다. 이를 통해 또 하나의 사람 중심의 성과관리 요소를 얻을 수 있다.

세 번째로 생각해 볼 점은 성과관리가 다른 어떤 요인보다도 사람의 성장에 기여할 수 있어야 한다. 일반적으로 사람들은 조직에서 발표한 비전에 대해 이것이 달성되면 나에게는 무엇이 좋은지를 생각한다. 즉 사람들은 비전을 달성하면, 혹은 성과관리를 열심히 추진하면 자신에게 무엇이 좋은지를 분명히 알기 원한다. 이러한 바람들 중에 제일은 자신의 성장이다. 모든 사람들은 자신의 불확실한 미래가 명확해지기를 원한다. 즉 조직에서 자신의 능력을 인정받고 안정적 미래를 확보하고 싶어 하는 것이다. 사람들은 이것을 자기 성장을 통해 이루고자 한다. 그러므로 사람들의 가장 중요한 욕구는 자기 성장이다. 하지만 대부분 조직에서의 성과관리는 그러한 기회를 제공하는데 미흡하다.

모름지기 경영의 핵심구성요소는 사람이다. 그런데 성과를 이루어 내는 경영 프로세스에서 가장 이해하기 난해한 문제가 바로 사람으로 인해 발생된다. 그러므로 경영에서 사람들이 올바른 성과를 내는 데 주의를 집중해야 한다. 만약 성과관리가 개인의 자기 성장에 분명히 기여한다면 사람들은 여기에 매달릴 것이다. 사람들이 올바른 성과를 내려고 성과관리에 집중한다면 리더도 이에 집중하지 않을 수밖에 없다. 그러므로 성과관리의 핵심성공요인은 개인의 자기 성장이라 단언해도 과언이 아니다.

이에 리더가 고려하여야 할 것은 장래 조직에 필요한 인재확보 목표와 개인의 자기 성장의 목표를 일치시킬 필요가 있다. 그리고 조직목표와 개인목표의 달성을 위해 사람들의 역량개발 계획을 수립하고 이것을 실현하도록 지원방안을 마련하여야 한다. 이는 조직에서 장기적 관점의 육성이라 간과하기 쉬우나 기업과 개인의 장래를 위해서는 절대적으로 필요한 행위이다. 이러한 장기적 육성은 개선 프로젝트 활동, 전략적 이동배치, 신규 사업에 투입 등 어렵고 새로운 경험을 쌓을 수 있는 기회를 통해 이루는 것이 좋다. 동시에 단기적 관점의 육성은 '연간 개인목표 달성을 위해 수행하는 활동'에 필요한 지식이나 스킬을 확보하는 지원이 필요하다. 이것은 교육이라기보다 훈련에 가깝다고 할 수 있다. 이러한 많은 훈련 방법 중 효과적인 것은 리더가 일상에서 사람들이 목표달성 활동을 잘할 수 있게끔 피드백하는 것이다. 또한 연말에 평가면담에서 나온 개인의 약점과 강점을 어떻게 보완하고 강화해 나갈지를 실제 연간 업무활동에 적용하도록 하는 것도 필요하다. 이때 약점을 개선하는 것보다 강점을 더 강화하도록 하는 것이 단기적으로나 장기적으로 사람들의 육성에 유리하다. 사람들은 약점을 고치겠다는 마음보다 강점에 대한 주의집중을 더 잘하는 본성을 가지고 있다. 사람들은 자신의 강점을 알 때 그 강점을 발휘하지 않으면 안 되는 것으로 받아들이는 경향이 있다. 그래서 리더는 이를 발휘할 수 있도록 사례나 자신의 경험을 알려 주어 이를 일깨워 주는 리더십이 필요하다. 또한 조직은 이 모든 행위를 제도적으로나 시스템적으로 성과관리 범위 내에 포함하여 이행하는 것을 고려하여야 한다. 개인 경력목표 수립과 개발계획 수립은 CDP(Career Development Program)이고, 평가면담은 인사평가이며, 육성에서 프로젝트 활동은 혁신팀의 영역이고 이동배치는 인사팀의 영역이라는 등으로 분리하여 생각하면 '장님 코끼리 만지기'식으로 진정 바라는 효과적인 성과관리가 되지 못할 것이다.

2. 전술 중심에서 전략 중심의 성과관리를 하라

성과관리는 곧 경영에서의 일상 활동으로 여겨져야 한다. 모든 조직은 당연히 바라는 성과가 설정되어 있고 이를 이루어 내기 위해 관리해야 하는 그 자체가 일상 활동이기 때문이다. 그러나 많은 조직 구성원들은 실제 성과관리를 도입하고 운영하는 것을 자신의 업무활동과 별개의 관리방식으로 인식하고 있다. 그래서 성과관리를 기존 업무활동에서 추가적으로 수행해야 할 귀찮은 존재로 여긴다. 왜 구성원들은 이렇게 인식하는 것일까?

오늘날 조직은 과거 어느 때보다도 급변하는 환경에 빠른 대응을 하느라 힘들어한다. 하지만 과거 20여 년 전만 해도 기업은 전술경영에 열중하였다. 사업은 예측 가능했고 규모의 크기만 키우면 경쟁력이 있던 시대였다. 생산력의 크기가 곧 이익을 만들었다. 그리고 전략은 최고경영자의 몫이었다. 최고경영자는 전 세계를 다니면서 경제상황이나 해당 산업의 변화를 읽고 신사업이나 새로운 시장에 맞는 신제품 출시하도록 지시하였다. 그리고 조직 구성원들은 그에 맞게 열심히 사업을 수행하면 되었다. 오늘날 기업도 거래처가 정해져 있고 생산된 제품을 납품하면 되는 안정적 환경을 가진 조직은 전술경영에 치우쳐 있다. 이러한 전술경영은 고객의 요구에 뛰어나게 잘 대응해 내는 내부 활동에 초점을 둔 반면, 전략경영은 제품이나 이를 이루어 내는 내부 시스템이 경쟁사보다 더 차별성을 갖는 외부 관점이 강하다. 여기서 한 가지 짚고 가야 할 점은 도요타생산시스템과 같이 오랜 시간에 걸쳐 탁월한 전술경영을 통해 '미국을 따라잡자'는 도전적 목표를 이룬 조직이 있다. 하지만 그들만의 신념을 기반으로 끊임없는 개선과 노력은 전술경영이라 할지라도 그 자체가 자신의 조직역량을 진화시켜 차별화하고자 하는 전략이라고 볼 수 있다. 여기서 전술경영의 의미는 최고경영자의 지휘에 따라 각 부문조직이 각자의 역할에 충실하게 수행하는 점을 강조하고 있다. 반면 전략경영은 전조직이 외부의 변동에 민감하게 대응하고 조직 구성원들이 전략의 수립과 실행에 지속적이며 역동적으로 참여하는 점에서 다르게 보고 있는 것이다.

오늘날 조직은 이렇게 전략경영에 더 힘을 쏟고 있지만 여전히 조직 구성원의 업무수행 방식은 전술경영의 방식에 익숙하다. 이러한 조직 구성원들은 이전 전술경영방식에 따라 자신의 일상 활동을 열심히만 수행하면 되었지만, 이제는 추가적으로 조직의 전략적 대응을 위한 일도 수행하여야 한다. 구성원들은 바로 이러한 점을 어려워하는 것이다. 또한 이러한 전략적 활동을 바로 성과관리가 이끌고 있다. 이에 구성원들은 성과관리에 대한 방어기제를 만들어 '보이지 않은 성'을 쌓고 있다. 결국 성과관리는 전략경영을 리드하고 조직구성원들의 변화를 이끌어 내는 중요한 수단이다. 여기서 전술경영의 업무방식에 익숙한 조직구성원들은 전략경영의 업무방식을 수용하기 어려워한다. 그렇다면 조직구성원들로 하여금 어떻게 전략에 초점을 맞추어 조직성과를 이루어 내게 할 수 있을까?

첫째로 고려할 점은 경영자들의 전략에 대한 실행력이다. 이 말은 성과관리가 문제시 되는 모든 조직 구성원들에게서 들을 수 있다. 즉 경영자는 과제만 제시하고 실행은 하위조직에서 하는데, 그것이 잘못되면 그것을 실행하는 직원능력이 부족한 탓만 한다는 것이다. 또한 직원들은, 경영자는 하라고 시키기만 할 뿐 필요한 자원 제공이나 관심을 보이지 않는다고 불평한다. 전략의 수립만으로는 경영자의 역할을 다했다고 볼 수 없다. 분명히 전략이 실행되고 성과를 내어야 경영자의 역할을 다한 것이다. 실제 전략을 수립하고 실행하는 데 있어 수많은 장애요인들이 존재한다. 이것을 경영자가 나서서 적극적으로 이끌어야 한다.

이를 위해 먼저 수립된 전략이 왜 중요하고 이것을 시도하지 않으면 안 되는 타당성을 공유하여야 한다. 그리고 우리가 비전을 추구하는 데 있어 현재의 상황을 타파하지 않으면 안 된다는 위기감을 직원들에게 부여하여야 한다. 전략의 실행에는 상하가 따로 있을 수 없다. 물론 경영자가 책임감을 갖고 추진하지만 정작 중요한 것은 이것을 실행하는 직원들의 참여를 독려하여야 한다.

또한 경영자는 상위전략의 실행방안을 도출하는 데도 해당 하위조직이 적극적으로 참여하도록 해야 한다. 물론 경영자가 참여하면 직원들이 입을 닫는 분위기가 되면 문제이지만, 경영자가 퍼실리테이터

(*facilitator*)나 조언자의 역할을 수행한다면 문제가 되지 않는다. 오히려 거리감 없이 서로 토론하고 의견을 내는 자유로운 풍토가 된다면 직원으로부터 더할 나위 없이 좋은 실행력을 얻을 수 있다. 이때 경영자는 수립된 자기 목표에 대한 배경과 최종결과의 이미지를 분명히 알려야 한다. 또한 내외부 환경분석에서 전략과제를 도출해 낼 때 목표달성을 위한 흐름에서 벗어나지 않게 하고, 실행에서의 예상되는 문제나 장애요인을 참여자들이 함께 생각하게끔 도와주는 것이다. 이러한 의사소통을 통해 경영자는 미처 생각하지 못한 장애요인을 찾을 수 있고 자신이 중요하게 다루어야 할 전략과제를 성공시키기 위해서 필요한 조치를 파악할 수 있다. 경영자는 목표를 제시하고 하위자는 달성과제를 도출하고 실행하다가 장애요인이 발생되면 보고하여 사후조치하는 것보다 경영자가 미리 실행에서 중요한 장애요인을 예측하여 과제로 추진하는 사전조치 방식이 분명 좋은 성과를 얻을 수 있다.

비록 이렇게 조치를 취했음에도 불구하고 실행과정에서 또다시 예기치 못한 장애물들이 나타날 수 있다. 이때 중요한 점이 바로 신속성이다. 일선 관리자가 즉각적으로 경영자에게 보고하고 이를 대처할 수 있는 방안을 신속히 제시하거나 구성원들과 함께 방안을 발굴하여야 한다. 이렇게 발굴된 방안들은 시스템에 빠르게 통합해 넣어야 한다. 물론 이것은 기존 방식의 변화를 가져오므로 사람들의 저항이 뒤따를 수 있다. 하지만 경영자는 이를 예상하고 빠른 조치를 취하여야 한다. 더더욱 조직의 규모가 크고 분산되어 있을 때 사람들이 어떻게 수용하게 하는가도 해결해야 할 과제이다.

둘째로 고려해 볼 점은 구성원들이 비전 달성을 위한 전략 수립과 올바른 실행을 위해서 외부환경의 읽는 데 익숙해야 한다는 것이다. 『손자병법』에는 "지피지기 백전불태(知彼知己 百戰不退)"라고 했다. 전술경영에 머문 조직은 자기를 아는 데 급급하다. 그들은 생산성을 올리고 이익을 내기 위해 어떤 공정이나 작업방법을 개선해야 하고 원가를 절감하기 위해 어떤 접근을 해야 할지가 중요하다. 그러나 정작 상대를 아는 노력은 부족하다. 고객의 요구변동, 경쟁사의 변화조짐, 협력사의 조직상황, 기술의 변화흐름, 경제적인 변동 등의 요소를 알아내고 이것이 우리에게 어떤 영향을 끼치는지에 대한 내용을 파악하여야 한다. 지기(知己)만 하는 자는 도출된 전략 과제가 한정된 범위와 수준에 머물 수밖에 없으며 우선순위 결정에도 한계를 가진다. 왜냐하면 자신의 문제점을 파악하고 개선하는 것까지는 좋지만 경쟁사의 움직임이나 경기의 영향에 의해 A제품보다 B제품의 생산성을 높이는 것이 더 중요할 수 있고, 제품 개선을 위해 현재 기술보다 새로운 기술적용이 더 필요하다는 것을 깨닫지 못할 수 있기 때문이다. 따라서 '성과'의 정의에서 봤듯이 옳은 것(right thing)을 정하고 옳은 방식(right way)으로 일하는 데 부족할 수 있다.

따라서 최소한 직무를 수행하는 단위조직의 리더라면 지피(知彼)에 익숙해야 한다. 이는 평소 자신의 직무환경에 대해 예민한 눈을 열어 놓고 정보를 받아들이는 데 게을리 하지 않아야 한다. 얼마 전 TV에서 도요타 사장이 나와 전 세계 리콜사태에 대해 선대의 가르침으로 재기하겠다고 밝혔다. 그것이 바로 도요타 현장경영의 원칙으로 통하는 3현주의이다. 현장에 가서 현물을 보고 현실을 파악하라는 것이다. 감(感)으로 생각하지 않고 실체를 파악함으로써 원리를 알고 옳은 방향으로 개선을 시도한다는 개념이다. 이때 현장은 생산현장만이 아니다. 시장, 고객을 만날 수 있는 장소도 현장이다. 예로, 현지에 맞는 제품을 개발하는 과제가 설정되면 바로 비행기를 타고 현지에 가서 고객을 만나고 시장을 파악한다. 우량기업들이 전략 실행력이 강한 이유가 여기에 있다[HP는 현장중심경영을 MBWA(Management By Wandering About)라고 부른다]. 전략을 성공시키는 강한 실행력은 지위고하의 구분이 없다. 조직구성원들은 항상 지피(知彼)를 이해하는 길을 열어 놓아야 어디로 갈지 올바른 방향을 정할 수 있고, 어떤 문제에 부딪힌다면 이를 풀기 위한 열쇠를 얻을 수 있다.

셋째로 고려해 볼 점은 전략과제의 실행에 필요한 자원배분이다. 일반적으로 기업에서는 많은 시간을 들여서 예산편성을 한다. 이러한 예산관리는 매출, 비용 및 투자를 예측하고 이를 통제하기 위해 사용된다. 하지만 문제는 정작 예산관리와 성과관리가 별개로 운영되고 있다. 시간적으로 보면 연중 몇 개월에 걸쳐 예산편성이 끝나고, 이어 연간 목표와 과제가 수립된다. 즉 연간목표 달성을 위한 과제의 수행에 필요한 예산의 예측이 제대로 고려되지 못하고 있다. 그래서 연중 과제수행에서 지원되는 예산이 변변치 않아 형식적인 과제수행에 그치는 경우가 많다. 또한 연중 급변하는 환경변동에 대응하기 위한 새로운 과제의 등장은 이미 수립한 예산의 짜임을 흔들어 놓는다. 그렇다고 재무예측이 무용지물이라는 것은 아니다. 과거 기업들은 반기별로 수정예산을 편성하지만 그것보다 주기가 더 빠른 분기별로 예측을 실시하여야 할 입장이 된 것이다. 이렇게 매분기 업데이트되는 예산은 과거 예산책정 시스템보다 그 유연성이 배가되어야 한다. 이 시점에서 외부환경과 내부성과를 분석하여 새로운 사업기회 파악, 위협요인에 대한 신속한 대처와 성과미달에 대한 차기조치를 수립할 수 있다. 예로, 매출향상을 위해 추진하고자 했던 시장 프로모션 과제가 예상되는 위협으로 인해 연기되면 예산지출을 미루어야 한다. 그와 반대로 새로운 기회가 오면 예산지급이 재빨리 이루어져야 한다. 이것은 성과관리에서의 설정한 목표 및 과제의 수정으로 이어진다. 이렇게 예산관리와 성과관리는 별도로 운영되는 것이 아니라 서로 유연하게 연동될 수 있어야 한다. 유연하다는 의미는 기존에 하던 방식대로 어떤 시점이 되면 예산수정을 하는 것이 아니라 매출목표 달성을 예측하기 위해 평소 연결되어있는 외부루트로부터 나오는 각종 정보를 재빨리 통합해 내는 것이다. 만만치 않은 작업이지만 조직은 일상적으로 자신의 산업에서 어떤 외부정보를 수집하여야 할지 루틴(routine)을 마련해야 한다. 이것은 조직의 기획부문에서 가져야 할 능력이기도 하지만 시장 및 고객과 접점에 있는 구성원들이 가져야 할 능력이기도 하다. 이렇게 유연한 대응조치를 통해 유기적으로 예산관리와 성과관리가 연계되어야 성과를 내기 위한 과제실행에 힘을 얻을 수 있는 것이다.

3. 부문의 성공을 넘어 전체 시너지를 위해 협력하라

사람의 신체는 여러 부분으로 구성되어 있다. 하지만 어느 한 부분(장기)만 탈이 나도 전체가 온전치 못하다. 즉 여러 부분이 균형을 이루어야 전체가 건강하다. 조직도 마찬가지이다. 살아 있는 유연한 조직이 되려면 단지 부분의 집합체로 볼 것이 아니라, 부분들이 질서있는 관계를 구성하고, 환경과의 교류 속에서 생존을 위해 부분들이 지속적으로 변화를 시도해야 한다. 따라서 조직은 단지 부분들이 모여 전체를 이루었다기보다 어떤 목적을 위해 부분들이 관계하여 전체를 이룬다. 조직의 구조도 상호 연결되어 있는 기능들의 집합체이다. 이들 기능들이 어떤 연결로 관계하고 있느냐에 따라 조직 전체가 수행하는 특성이 달라진다. 참으로 비슷한 기능으로 구성된 조직이라도 모두 다른 특성을 가지고 있는 것은 바로 어떤 관계를 하고 있는가에 따라 다른 것이다. 이러한 관계의 근간은 바로 '협력'이다.

이에 대한 단적인 예는 정량적인 측정지표 관리에서 대부분 조직의 고민이 바로 협력적으로 성과를 이루는 것이다. 이들 조직들은 때때로 부분적으로 성과는 이루었지만 전체의 성과는 기대이하일 경우에 부딪힌다. 그래서 이를 보정하기 위해서 상위의 성과에 따라 하위조직의 성과수준을 조정한다. 즉 상위의 결과가 좋지 않으면 하위조직의 성과가 좋더라도 이를 일정부분을 감점하는 것이다. 하지만 이것만으로는 조직구성원의 협력을 이끌어 낼 수 없다. 오히려 하위자는 상위자의 성과부진이 상위자의 리더십 때문이며 오히려 자신의 성과를 인정받지 못하는 것에 불평한다. 그렇다면 조직적 협력을 위해 무엇을 고려해 보아야 하는지 살펴보자.

첫 번째 고려할 점은 참여적 문화를 조성하는 것이다. 조직 구성원들의 참여를 위해서는 자유로운 대화가 가능하여야 한다. 기업의 경영활동에서 항상 문제로 지적되는 부분이 의사소통이다. 더 정확히 말해 자유로운 의사소통이다. 상하 간, 부문 간, 부서 간 의사소통이 안 되는 것은 자유롭지 못해서이다. 자유롭다는 것은 친밀하다거나, 형식을 탈피했다거나, 상대의 차이를 인정한다거나, 자신을 내려놓을 수 있는 자신감이 있을 때 느낄 수 있는 것이다. 우량기업은 이러한 것을 의도적으로 일의 과정이나 일상 활동에서 가능하도록 만든다. 예를 들면 누구나 자유롭게 개선사항을 제안할 수 있으며 이것을 과제화하여 개선활동을 주도할 수 있다. 또한 일상에서도 처리해야 할 사안에 대해 손쉽게 부문 간 사람들이 모여 대화하고 논의한다. 이러한 공식적 교류뿐만 아니라 자율적인 학습회를 운영하는 등 비공식적인 교류도 활발하다. 이것은 우리 몸에 비유하자면 피돌기를 자유롭게 하여 건강한 신체를 유지하는 것과 같다.

특히 리더는 협력을 통해 성과를 실현하는 과정이나 결과에 대하여 공식적 혹은 비공식 인정(recognition)을 할 필요가 있다. 예를 들어 경영진이 전사차원의 기능횡단적 수행과제에 대해 대대적인 관심을 보이고 이를 승인하며, 과정을 점검하고 격려하고, 때로는 과제수행에 필요한 조정, 지원 역할을 한다. 그리고 이에 참여한 팀과 직원이 성과를 내면 그에 걸맞은 승진, 보상을 제공하고 조직 내에서 개인적 명성을 갖도록 조치한다. 이렇게 되면 직원들은 참여를 통해 성과를 실현하는 것이 올바르다는 것을 인식하게 되고 더욱 협력적인 참여에 몰입할 수 있다. 기업이 참여 문화를 만들어 내기 위해서는 반드시 이러한 리더의 촉진제가 있어야 한다. 이는 몸의 피돌기를 더욱 활발하게 하고 몸을 건강하게 만드는 보약 같은 역할을 한다. 이러한 참여적 문화야말로 누구도 벤치마킹할 수 없는 무형의 자산이고 조직능력이라 할 것이다.

두 번째 고려해 볼 점은 이미 사업수행에서 기본임무를 부여받은 직책자에게 전체를 위해 새롭게 부여되는 과제에 협력의식을 부가하는 것이다. 기본적으로 조직은 전체성과를 내기 위해 필요한 하위조직을 구성하고 임무를 부여한다. 하위조직은 실제 돈을 버는 사업부나 기능부문으로 구성되고 이를 지원하는 부서가 존재한다. 따라서 사업수행에 있어 각각의 임무를 기반으로 달성해야 할 목표가 정해진다. 기계적 관점에서 보면 기계 내부의 부품이 이상이 없으면 전체 기계가 완벽하게 작동하듯이, 각 부문·부서의 목표달성이 이루어지면 이를 합한 전체목표는 당연히 달성되어야 한다. 그러나 전체성과는 그렇게 요구되지 않는다. 왜냐하면 단순한 하위조직의 성과 합(合) 이상의 성과가 나와야 조직의 발전을 기대할 수 있기 때문이다. 따라서 근본적으로 조직이 추구해야 할 고객가치 창조를 위해서는 하위조직의 활동을 통합하거나 조정하여 기존 성과보다 더 큰 시너지가 나도록 하는 것이 필요하다. 이때 하위조직은 새로운 전략과제가 부여된다. 예를 들면, 판매 프로세스를 재설정하여 기존 제품의 판매망에 새로운 제품을 공동으로 판매하는 과제를 부여받을 수 있다. 또한 각 사업부가 공동으로 활용하는 기술을 만들기 위해 공조체제를 형성하여 지식교류와 협력연구하는 과제가 부여되기도 한다. 한편 지원부서의 입장에서 보면 각 사업부의 구매를 통합적으로 본사에서 구매하도록 하는 과제를 받기도 한다. 혁신부서는 각 사업부별 혁신활동을 활성화하기 위해 사업부의 우수한 경험을 통합하여 사업부를 지도하는 과제를 부여받을 수 있다.

여기서 중요한 것은 전사차원에서 시너지가 나도록 하위조직을 통합 혹은 조정하여 과제를 부여하는 것은 최고경영진에서 할 수 있다. 하지만 실제 이러한 과제의 성공적 실행을 위해서는 직책자들의 리더십이 요구된다. 그것이 바로 '협력'이다. 기본적으로 자기 과제를 수행하기에 바쁜 입장에서 추가적인 협력적 과제를 수행하기가 쉽지 않다. 하지만 리더들은 기본적으로 전체 혹은 목적 지향적 사고를 가져야 한다. 자신의 과제수행, 즉 목표달성을 위해서도 중요하지만 전체의 목표달성을 위해서 균형을 맞추어야 한다. 그래서 협력을 요청하는 팀의 과제를 자기의 일처럼 여겨 성공적인 성과를 낼 수 있어야 한다. 오히려 상호 협력해야 할 과제를 논의하고 스스로 협력해야 할 과제를 설정할 수 있어야 한다.

　세 번째로 고려할 점은 조직의 일이 상호 의존적인 프로세스로 연결되어 있어 이들의 협력을 유도해야 한다는 것이다. 이전부터 '후(後)공정도 고객이다'라는 말이 있다. 이 말은 조직 시스템은 연속적인 프로세스로 연결되어 있고, 현(現)프로세스와 연결된 후(後)프로세스에게 필요한 시기와 양과 원하는 품질을 제공하여야 전체성과를 낼 수 있다는 의미이다. 하지만 단위조직 내에 있는 사람들은 시스템을 흐름으로 보지 않고 자기중심적 경계를 가지고 있는 업무단위들의 집합체로 보고 있다. 그래서 고객가치를 충족할 프로세스의 최종결과물을 위해 하부 프로세스가 무엇을 해야 할지를 고려하지 않고, 경계 내 업무에서 수행할 무엇에 집중하기 쉽다. 이러한 현상은 많은 기업에서 쉽게 찾아볼 수 있으며, 그들은 부문 간, 부서 간의 대립과 조율에 힘을 쏟는 것을 일상적으로 여기고 있다. 조직에서는 이미 만성적인 것으로 큰 탈 없이 수행하고 있는 듯이 보이나 여전히 협력적 성과에 대한 문제를 안고 있으면서 상호 간 조율을 반복하고 있다. 이러한 문제해결을 위해서는 프로세스 오너(owner)인 상위자의 리더십이 필요하다. 상위자가 대립되는 과제를 직접 관리함으로써 조율비용을 줄여 줄 수 있다. 무엇보다도 중요한 것은 프로세스의 성과를 위해 부문 간, 부서 간의 협력적 과제를 해결해야 하며 상위자는 이를 위한 논의와 해결과정에 직접적으로 나서야 한다. 한편 구성원들도 상대의 입장에 서서 상대를 존중하는 마음을 기반으로 대립되는 이유를 읽고 솔직하게 문제를 논의하면 승승의 게임을 펼칠 수 있다. 내가 존중받고 싶은 만큼 남을 존중하라는 황금률이 여기서 발휘되어야 한다.

4. 계획에 한정되기보다 실행까지 창의적인 방안을 고수하라

조직은 명확한 자기 비전을 기초로 이를 달성하기 위한 전략을 기획하고 세부적인 추진과제를 도출하게 된다(물론 각 설정된 과제마다 측정지표와 목표치가 부여된다). 이러한 조직의 전략과제는 시기적으로 구분되고, 전술적인 과제로 전환하여 하위조직에서 실행하게 된다. 이때 전략과제는 하위조직의 목표가 되고 그 목표를 달성하기 위한 더 세부적인 과제가 도출된다. 물론 하위조직 간에 걸쳐 해결되어야 하는 전략과제는 대개 태스크포스팀(*Task Force Team*) 형식의 프로젝트로 추진되기도 한다. 결국 이러한 전개는 하위 직원까지 이르게 된다. 이것은 조직의 목표를 달성하기 위한 전략과제를 상위에서 최하위직원까지 집요하게 창의성을 발휘하여 발굴하는 과정이다. 이렇게 각 계층별 목표가 설정되면 월별 혹은 분기별 목표를 예측하여 목표치를 분할하고, 이를 달성하기 위한 월별 활동계획을 수립하게 된다. 이때 월별 활동계획서에 기술되는 활동들은 자신의 목표와 과제가 성공적으로 달성될 수 있는 가치 있는 활동이 논리적으로 배열되어야 한다. 드디어 조직 구성원은 전투태세에 돌입하게 된 것이다. 물론 주간 활동계획도 필요하다. 주간 활동계획도 마찬가지로 월간 활동을 성공적으로 실행하기 위한 방안이 되어야 한다. 이렇게 계획하는 일만 놓고 볼 때도 상하 조직적으로나 시기적으로나 창의적인 달성방안을 집요하게 생각하게 하는 과정을 밟아야 한다. 실행과정에서도 상위자는 자신의 목표를 달성하는 과제(실행방안)들을 하위조직이 제대로 달성하였는지 연중 주기적으로(대개 월별) 검토하고 필요한 조치를 한다. 이 과정에서 하위조직 혹은 직원은 월별 목표의 미달문제에 대해 원인과 대책을 수립하고 차기 활동방안을 더 합리적으로 달성하기 위한 창의적 아이디어의 도출의 요구를 받게 된다.

이렇게 조직은 과제나 문제해결을 위해 모인 집단이라 해도 과언이 아니다. 따라서 일의 근간은 창의적이지 않으면 안 된다. 이를 근간으로 조직은 맞닥뜨린 문제를 즉시 해결할 수 있는 유연한 능력을 가지고 있어야 한다. 이를 위해 성과관리에서 고려하여야 할 몇 가지 사항을 살펴보자.

첫 번째 고려할 점은 목표달성을 위한 창의적 방안을 도출하기 위해 구성원 간의 경험을 공유하는 환경을 제공하는 것이다. 조직에서 공유된 경험은 구성원의 상상으로 이어지고 개인이 가지고 있던 잠재를 자극하여 요구되는 아이디어를 발견하게 된다. 참으로 경영에서 이러한 경험이 얼마나 중요하고 이것을 공유하는 것이 다른 사람에게는 얼마나 큰 직관을 발휘할 수 있게 하는 것인지 모른다. 따라서 목표를 달성하기 위한 과제를 도출할 때도, 월별 실적검토를 통해 대안을 도출할 때도, 상하 평가면담을 통해 직원들의 일이나 행동을 개선하려 할 때도 서로가 경험했던 것을 공유하는 것이 중요하다.

대개 사람은 혼자 생각하는 것보다 희한하게 대화를 통해 많은 아이디어를 얻는다. 그리고 사례를 보거나 자신의 일과 전혀 다른 분야를 경험하더라도 새로운 아이디어를 얻곤 한다. 사람들은 자신이 얻고자 하는 것을 다른 경험이나 모습을 통해 맥을 찾는 타고난 능력을 갖고 있다. 따라서 조직은 사람들이 이러한 창의성을 발휘할 수 있는 환경을 만들어 주는 것이 중요하다. 예들 들면 누구나 자유롭게 의견을 개진하고 논의할 수 있는 공간이나 기회를 주고, 목표를 자율적으로 달성하도록 권한을 주며, 목표달성 과정에서도 문제를 협력적으로 빠르게 대응할 수 있는 마당을 제공하는 등의 조직적 배려가 있어야 하겠다.

두 번째 고려할 점은 어떻게 해야 할지 모르면 일단 시도하고 보는 것이다. 이 의미는 완벽한 방법이 있어야 성과가 뒤따른다는 생각에서 벗어나, 좀 덜 된 방안이라도 일단 실행해 보면 훌륭한 성과를 얻을 수 있다는 말이다. 첫 번째 언급한 것처럼 창의적 방안을 발견하기 위해서는 비록 경험을 공유하는 것이 중요하다고는 하나, 우선 실행을 해 보아야 진정 가치 있는 아이디어를 얻을 때가 많다. 단순하게 알고 있는 지식으로 일상 업무를 수행하거나 기존의 행동에서 미시적인 개선이 일어나는 정도를 넘어서려면 일단 무언가를 새롭게 시도하는 수밖에 없다. 이러한 시도는 '실험'이라고 할 수 있다. 예를 들어 어떤 신제품을 개발하거나 어떤 마케팅 전략을 구사해야 할지에 대해 과제를 도출하려면 시장이나 고객이 무엇을 요구하는지 조사할 수밖에 없다. 신제품 개발에서도 머릿속에 머물고 있는 것이 아니라 빠르게 시제품을 만들어 보고 비용이나 품질을 시험하여 완전한 제품을 시장에 내놓는 시도가 필요하다. 목표를 달성하는 과정에서도 부진한 실적에 대해서는 고객과 직접 대화를 나누거나 생산현장에 가서 실제 문제점을 파악해 봄으로써 방안을 찾을 수 있다. 이러한 실험을 통해 조직 구성원들은 그동안 하지 못한 학습을 한다.

조직 구성원들은 이러한 학습을 하면서 현실적이면서 차별적인 아이디어를 이끌어 낸다.

　세 번째 고려할 점은 조직 구성원들이 성과를 이루기 위해 다양한 아이디어를 내려는 동기가 마련되어야 한다. 조직에서는 목표달성을 위해 질적인 과제의 도출을 요구하지만 구성원들은 진심 어린 관심을 두지 않는다. 예를 들면, 열심히 정보를 조사하고 분석하여 과제를 도출하지만 실행에서 상위자들이 제대로 지원을 하지 않는 경우가 해당된다. 도전적이고 어려운 과제를 열심히 수행해 보았자 다른 부서들이 쉬운 과제로 달성한 결과와 나중에 보상 등에서 차이가 없는 경우도 마찬가지이다. 또한 목표가 도전적이라 두려움과 주저함이 앞선다. 하지만 누구도 왜 이 목표를 달성해야 하고 이것을 달성하면 무엇이 좋은지를 이야기해 주지 않아 달성해야 할 목표가 친밀하게 느껴지지 않는다. 어떤 때는 직원들이 문제해결을 위해 달려들어 아이디어를 짜내 보려고 하지만, 필요한 지식이나 시간적 여유를 주지 않아 용두사미(龍頭蛇尾)가 되고 시도를 포기하기도 한다. 또한 인력이 너무 없는 것도 문제이다. 이러한 조직을 들여다보면 최종 성과는 어떻게 되든 바쁘게 계획을 수립하고 실행하는 것에 매달린다. 즉 일을 하는 데만 급급한 것이다. 따라서 진정 중요한 점은 리더가 직원들이 자신감을 가지고 자유자재로 아이디어를 내고 실행할 수 있도록 진심 어린 대화와 배려를 해야 하며, 구성원들이 아이디어를 내고 이를 열심히 달성하려고 시도하는 데 장애요인을 파악하고 이를 타파할 수 있는 도움을 주는 것이다.

5. 자기중심에서 가치 중심으로 실행하라

요즘 조직은 '고객만족'이란 말이 당연히 기업의 기본 사명이라고 인식하고 있다. 하지만 고객만족을 실행하는 관점에서 볼 때 오히려 '고객관계의 밀착'이라는 말이 현실적이라고 생각된다. 고객과 밀착한다는 것은 조직의 모든 기능이나 업무가 고객과 밀접하게 관계되어 있다는 의미이다. 이는 경영의 중심에 고객을 두고, 모든 업무가 어떻게 하면 고객이 원하는 가치를 제공해 줄 수 있는지를 집중하고 실천하는 것이다. 조직 내 각 부문에서는 각자 존재하는 고객들과 당연히 밀착되어야 하겠지만 궁극적으로 조직 전체가 지향하는 고객에게 집중되어야 한다. 이와 같이 조직의 지속적인 경쟁우위의 기조는 바로 고객가치 창조이며 이것이 경영의 본질이다. 하지만 아이러니하게 기업들이 범하는 가장 큰 실수가 바로 고객을 망각하는 것이다. 경영활동에 집중하다 보면 왜 그것을 해야 하는지, 지금하고 있는 일이 올바른 것인지, 과연 이 일이 조직 전체에 기여하는 일인지를 잊어버리는 경우가 많다. 그저 자신의 직무에 주어진 일에만 열중하지 잠시 고개를 한 번 들어 본질을 바라보는 여유가 없는 것이다. 이렇듯 자기중심으로 열심히 한다는 것은 잘못된 것을 열심히 하는 꼴이 되기 쉽다. 올바른 것을 열심히 하려면 반드시 일의 중심에 고객이 있어야 한다. 만약 조직이 이러한 실행력을 갖출 수 있다면 값비싼 혁신프로그램을 대대적으로 실행하지 않더라도 대단히 큰 성과를 얻을 수 있다. 성과관리 활동도 이와 연계하여 몇 가지 살펴볼 점이 있다.

첫 번째 고려할 점은 기업목적인 고객가치 창조를 염두에 둔 '일의 정렬'이다. 대개 전략을 수립하기 위하여 SWOT분석을 한다. 내외부 파악된 정보에 대해 기회와 위협, 강점과 약점 간의 교차되는 관점에 대해 조직의 대응방안(전략과제)을 도출한다. 이러한 전략과제의 도출은 창조적인 일이다. 이러한 창조적인 일에서도 참여자들의 사고 저변에는 조직이 지향하여야 할 고객의 가치창조가 깔려 있어야 한다. 단순히 외부기회에 대한 내부강점으로 어떤 대응이 가능할까라는 발상에서 전략과제를 도출할 수 있다. 하지만 진정 가치 있는 전략과제의 선정을 위해서는 도출되는 전략과제가 본질적으로 조직이 추구하는 고객가치 창조에 적합한 것인지를 고려하여야 한다. 이러한 사고는 직무수행 차원에서도 마찬가지이다. 직무미션도 조직의 미션과 연계되어 정의될 필요가 있다. 이것은 현재 직무범위에서 일의 목적을 염두에 두기보다 더 큰 조직 목적의 맥락과 연계하여 고려한다면 직무수행의 가치를 더할 수 있다. 이렇게 정의된 직무미션이 직무수행의 중심이 된다는 것은 더욱더 고객 지향적인 성과를 이루어 낸다. 따라서 직무수행 과정에서도 주기적으로 고객요구를 파악하고 우리가 제대로 대응하고 있는지 혹은 어떤 대응이 중요한지를 반성하여 우선순위에 맞게 과제를 도출하여야 한다. 이것을 직무의 기본목표로 등장시켜 관리해야 한다. 한편 구성원들도 계획하였던 일을 실행하는 데 있어 아무 생각 없이 추진하는 데만 급급할 게 아니라 주기적으로 왜 이 일을 하고 있는지, 올바른 일은 하고 있는지를 반성해 볼 필요가 있다. 이때 기준이 되는 것은 역시 직무미션, 혹은 조직미션이다.

두 번째 고려해 볼 점은 조직 구성원들의 '핵심가치의 정렬'이다. 일의 정렬을 통해 모든 업무수행 활동이 고객가치 창조에 초점을 맞추는 것이라면, 핵심가치의 정렬을 통해 구성원들이 지속적으로 성과 지향적인 사고와 행동을 형성하는 데 초점을 맞추는 것이다. 이를 통해 그 조직이 지향하는 독특한 신념이 정립된다. 따라서 조직은 자신의 핵심가치를 명확히 정의하고 어떻게 실천할지 행동규범을 정하여 전파하는 활동에 열중한다. 하지만 구성원들이 핵심가치를 신념화한다는 것은 쉽지 않다. 구체적으로 말하면 핵심가치가 구성원들의 일상 활동에서 자연스럽게 사고하고 행동하는 기준으로 작용하도록 하는 것이 쉽지 않다는 것이다. 이를 위해 조직은 핵심가치를 역량화하여 인사평가 기준으로 제도화하고, 이를 기준으로 구성원들을 평가·피드백함으로써 구성원들의 행동에 내재화하고자 한다. 하지만 더 확실한 내재화 방안은 바로 구성원들의 일상에서 자기반성을 하도록 하는 것이다. 그러나 구성원들이 핵심가치를 기준으로 자신을 돌이켜 스스로 반성하기란 여간 어려운 일이 아니다. 그래서 회의나 일과 중이나 모든 경영활동에서 리더의 빈번한 피드백이 중요하다. 이를 위해 리더는 직원들의 업무수행 과정에서 관심을 가지고 관찰할 필요가 있다. 이러한 피드백의 핵심은 직원들이 핵심가치가 정당하다고 인정할 수 있도록 하는 것이다. 그야말로 조직의 핵심가치가 기준이 되어 어떤 일을 수행하는 것이 바로 조직이 바라는 성과를 이루어 내는 데 기여한다는 것을 일깨워 주는 것이다.

세 번째 고려할 점은 과제를 관리하기 위해서는 본질을 측정할 수 있는 지표를 설정하는 것이다. 그래야 가치 있는 일에 집중할 수 있다. 가장 빈번한 잘못은 과제에 대한 이해가 부족하여 과제의 본질을 잘못 짚어 잘못된 측정지표가 등장하는 것이다. 본래 과제를 설정할 때 달성의 이미지를 생생하게 그려 볼 수 있어야 한다. 그래야 무엇이 가치 있는 핵심인지를 잡아낼 수 있고 그것을 측정지표로 삼아야 한다. 이러한 점에서 비록 상위목표를 달성하기 위한 방안으로 과제가 설정되고 측정지표가 정해졌다 하더라도, 하위조직에서는 그것을 달성하기 위해 과제가 다시 도출되어야 하므로 하위 구성원들은 이에 대한 충분히 이해가 있어야 한다. 예로 상하 구성원들이 워크숍과 같은 마당에서 내외부 환경분석과 논의를 통해 과제가 설정된다면 충분히 과제에 대한 배경과 내용을 이해할 수 있을 것이다. 실로 자기가 처리해야 할 일만 있다면 자기 일의 결과물을 측정하는 지표가 중요하다. 하지만 상위에서 제시되는 전략과제나 외부 고객요구의 변동으로 대응해야 하는 과제의 본질은 분명한 내외부 고객요구를 해결하여야 한다. 따라서 이러한 과제들이 지향하는 목적을 분명히 이해하고, 이것이 달성되었는지를 측정하여 개선하는 관리활동이 동원되어야 한다. 그러므로 과제의 본질에 대한 이해는 그 무엇보다도 중요하다.

한편 기업에서는 과제에 대해 측정지표를 설정하는 데 정량적 지표를 나타내기 힘들다는 목소리가 나온다. 특히 관리부문에서 많이 언급되는 대목이다. 하지만 이것도 과제가 실행되어 최종적으로 결과를 받아 가는 고객이 누구이고 그 고객이 요구하는 것이 무엇인지를 생각한다면 정량적인 지표의 표현이 가능하다. 더구나 고객이 요구하는 수준을 알아보는 것도 중요하다. 그래야 목표치를 합리적으로 설정할 수 있다. 여기서 무조건 정량적 지표로 사용하라는 의미는 아니다. 때에 따라서 과제의 본질을 정성적 지표로 판단할 수밖에 없는 경우도 있다. 다만 정량적 지표에서도 과제를 단지 시행했다고 판단하는 지표를 사용하기보다 고객의 요구를 측정할 수 있는 보다 수준 높은 측정지표를 사용하기를 바란다.

분명 측정지표는 과제가 올바로 달성되었는가를 판단할 수 있는

지표이고, 과제를 관리하려면 반드시 올바르게 설정되어야 한다. 영어로도 평가라는 말은 *evaluation*이다. e(끄집어내다)와 value(가치)의 합성어이다. 평가하려면 가치 있는 것을 끄집어내어야 한다는 것이다. 그래서 올바른 측정지표가 설정되었다는 의미는 직원들의 행동을 올바르게 이끈다고 할 수 있다.

6. 실적 중심을 넘어 성과 중심의 리더십을 발휘하라

실적과 성과는 다르다. 실적은 노력을 들여 이루어 낸 결과이다. 이것은 자신의 일에서 자기 노력의 입력 정도에 따라 실적이 달라진다는 가정이다. 그래서 리더는 직원들에게 열심히 하라고 말한다. 반면 성과는 고객이 요구하는 혹은 도달하고자 하는 목표에 대해 달성된 정도를 말한다. 이것은 자신의 일의 도달하는 목표에 대한 방법에 따라 성과가 달라진다는 가정이다. 그래서 리더는 직원들에게 전략(방법)을 제대로 사용했는가라고 묻는다. 여러분이 리더라면 과연 어떤 가정에 입각하여 일을 하고 있는가? 실제 많은 리더는 은연중에 전자에 서 있다. 이제는 리더십이 달라져야 한다.

리더십이란 상호 신뢰를 바탕으로 타인에게 영향을 주는 것이다. 그래서 궁극적으로 성과를 내고자 한다. 따라서 조직에서 가장 큰 영향을 주는 리더의 위치는 구성원들로 하여금 성과를 내는 데 직접적인 영향을 끼친다. 이때 리더가 반드시 고려하여야 할 점은 성과를 잘 내기 위해서 일을 철저히 관리해야 하지만 사람의 성장과 함께하는 성과의 향상을 추구하여야 한다. 이것이 실적 중심이 아닌 성과중심의 리더십이다. 이를 위해서 리더는 통제와 지시를 하고 직원은 따르기만 한다는 사고를 버려야 한다. 리더는 직원들이 조직의 전략을 이해하고 자신의 목표달성이 전략에 얼마나 기여하고 있는지를 알 수 있도록 하며, 그들이 리더의 위치에서 일을 수행하는 안목을 가지도록 하여야 한다. 또한 리더는 직원들이 일을 통해 스스로 전략과 해결책을 찾고 열정을 가질 수 있도록 지도하고 성장할 수 있도록 도움을 주어야 한다. 따라서 성과관리에서도 이러한 점이 이루어질 수 있어야 진정한 성과를 지속적으로 바랄 수 있다. 이를 위한 몇 가지 점을 살펴보자.

첫 번째 고려할 점은 리더는 일의 관리에서 무엇을 선택하고 집중하여야 할지를 명확히 하여야 한다. 조직은 넘쳐나고 있는 정보에 파묻혀 의사결정에 매우 혼란스러워하고 있다. 조직이 조금만 커져도 더욱 복잡해져 무엇에 집중할지가 아는 것이 중요한 일이 되었다. 일을 관리하는 데 있어 중요한 리더의 역할이 바로 이러한 수많은 정보를 단순화시키고 중요한 과제를 선택하고 집중하는 것이다. 한정된 자원에서 가장 큰 효과를 얻기 위해서 어디에 집중할 것인지를 선택하는 것은 경영관리의 규율이자 제일 큰 리더의 능력이다. 리더가 이렇게 하려면 리더의 경험과 직관이 큰 몫을 한다. 그리고 이 일도 직원들과 함께 이루어 내면 금상첨화(錦上添花)이다. 함께 생각하고 논의하면 더 올바른 선택을 할 수 있게 되고, 이것을 미리 공유함으로써 직원들은 목표달성을 위한 집중력이 더욱 강해질 수 있다. 이것은 과제를 파악하고 선정하는 일부터 시작된다. 그리고 이것을 관리하기 위해 측정지표를 선정하는 것도, 이것을 달성하기 위해 실행방안을 도출하는 것도, 그리고 성과검토에 따른 조치를 취하는 것도 모두 선택과 집중의 개념이 직용되어야 한다. 이러한 전체 과정에서 직원들과 함께 논의하고 관리함으로써 조직의 팀워크를 향상시키는 것과 동시에 직원들의 성장도 가능할 수 있다.

두 번째 고려할 점은 리더는 직원들이 학습을 통해서 성과를 내게 하여야 한다. 요즘 조직에서는 코칭에 대한 중요성이 강조되고 있다. 코칭은 리더가 직접 그 일을 수행하여 성과를 내는 것이 아니라 직원들이 자신의 잠재력을 발휘할 수 있도록 도와줌으로써 성과를 내게 하는 것이다. 그래서 직원들이 성과관리 전체 과정, 즉 목표를 설정하고, 실행하고, 성과를 검토하는 데 크게 두 가지 학습이 요구된다. 하나는 기준에 미달한 것에 대한 반성을 통해 대책을 마련하는 피드백(*feedback*) 학습이다. 또 하나는 더 큰 미래의 성장을 위해 일부러 높은 기준을 세워 도달하기 위한 핵심성공요인을 찾아내는 피드포워드(*feedforward*) 학습이다. 이때 리더는 직원과 함께 혹은 직원 스스로 학습할 수 있게끔 지원하여야 한다. 이러한 지원을 통해 직원 스스로가 깨달은 것을 시행하는 것으로 자신이 수행하는 목표에 애착을 가질 수 있게 된다. 자신과 관련되어 있는 문제나 과제는 해결에 열정을 쏟을 수 있지만 나와 무관하다고 생각하는 것은 결코 주인의식을 발휘할 수 없는 것이다.

세 번째 고려할 점은 리더는 다양성 존중하고 이를 통합해 내는 노력이 필요하다는 것이다. 개인의 특성뿐만 아니라 직무의 특성도 다양하다. 리더는 이러한 다양성을 인정하면서 조직의 성과를 이끌어 내는 것이 진정한 리더십이다. 리더의 입장에서는 이러한 다양성에 대응하는 것도 하나의 전략과제이다. 실로 다양성의 내용, 혹은 다양성의 존중은 여간 어려운 일이 아닐 수 없다. 이 중 리더는 '공정성'

이라는 과제에 집중할 필요가 있다. 예를 들면 개인의 직무가 다르다면 그에 맞는 목표를 설정해 주어야 한다. 그리고 그에 맞는 보상의 다양성을 인정해 주어야 한다. 또한 그들의 목표 달성에 필요한 육성 방법도 달리 제공되어야 한다. 따라서 궁극적으로 요구되는 직무역량은 개별적으로 달라야 한다. 왜냐하면 각 개인의 직무목표와 수행방법이 다르므로 그에 맞는 전략적 행동이 다를 수밖에 없기 때문이다. 한편 성과부진자도 다양성이란 관점에서 세심하게 다루어져야 할 부분이다. 리더의 편견을 접어 두고 진정 그들이 성과부진자로 결론이 날 수밖에 없었던 원인을 찾아야 한다. 그래서 어쩔 수 없는 경우를 제외하고 결국 이들이 다시 자신에 맞는 업무에 복귀하여 자신의 잠재력을 발휘할 수 있게 하는 것이 진정한 리더십이다.

참고문헌

제1장

1) J. A. Bigelow(1982), "A Catastrophe Model of Organizational Change," Behavioral Science, Vol. 27, pp.26~42.
2) Aubrey C. Danieis & Jemes E. Denieis(2009). 직무수행관리. 학지사. pp.79~84.
3) 피트 F. 드러커(1995). 성과를 향한 도전. 간디서원.
4) 1번과 같은 책. pp.67~68.

제2장

1) 스튜어트 크레이너(2001). 경영의 세기. 더난출판.
2) 짐 콜린스(2002). 성공하는 기업의 8가지 습관. 김영사.
3) 최인철(2007). 나를 바꾸는 심리학의 지혜 프레임. 21세기 북스. pp.22~25.
4) 조선일보 2011년 7월 14일 목요일 B10면 경제종합.
5) http://news.mk.co.kr/newsRead.php?year=2011&no=273966
6) 노나카 이쿠지로(2010), 창조적 루틴, 북스넷.

제3장

1) 프리초프 카프라(1998). 생명의 그물. 범양사 출판사. pp.58~76.
2) Morgan, G. (1986), *Image of Organization*. Beverly Hills: SAGE, pp.39~76.
3) 잠쉬드 가라제다지(2005). 경영은 시스템이다. 한스미디어.
4) Espejo, R., Schuhmann, W., Schwaninger, M. and Biello, U.(1996), *Organizational Transformation and Learning: A Cybernetic Approach to Management*, New York: John Wiley & Sons Ltd.
5) 2번과 같은 책. pp.77~109.
6) Gareth Morgain(2005). 창조경영. 한올출판사.
7) 4번과 같은 책. pp.104~120.

8) 1번과 같은 책. pp.84~93.

9) 윤정구(2010). 100년 기업의 변화경영. 지식노마드.

10) 정일구(2008). 도요타처럼 생산하고 관리하고 경영하라. 시대의 창.

11) 시바타 마사하루 외(2001). 도요타 최강경영. 일송미디어.

12) 도요타 에이지(2000). 도요타 에이지의 결단. 굿모닝북스.

13) 제프리 라이커(2004). 도요타 방식. GASAN BOOKS. pp.199~220.

14) 몬덴 야스리호(1993). 신도요타 시스템. 기아경제연구소. pp.188~199.

15) 14번과 같은 책. pp.45~73.

16) 와카마츠 요시히토 외(2003). 도요타 인간경영. 일송미디어.

17) 10번과 같은 책.

18) 10번과 같은 책.

19) 14번과 같은 책. pp.333~358.

20) 13번과 같은 책. pp.43~50.

21) 16번과 같은 책.

22) 13번과 같은 책. pp.365~403.

23) 로버트 S. 캐플란 , 데이비드 P. 노튼(2007). 정렬. 21세기북스.

24) 이홍(1999). 한국기업을 위한 지식경영. 명경사.

제4장

1) 모겐 위첼(2004). 경영과 역사. 에코비즈. pp.241~281.

2) Chandler, A. D.(1962), *Strategy and Structure*, Cambridge, Mass: MIT Press.

3) 이장우(1995). 경영전략론. 법문사. pp.33~45.

4) Michael E. Porter(1991), 경쟁우위, 교보문고. pp.15~48.

5) Lado, A. A., Boyd, N. G., Wright, P. and Kroll, M. (2006), "Paradox and theorizing within the resource-based view," *Academy of Management Review*, Vol. 31, No 1, pp.115~131.

6) Eisenhardt, K. M. and Martin, J. A.(2000), "Dynamic Capabilities: What are they?," *Strategic Management Journal*, Vol. 21, pp.1105~1121.

7) 이현(2009). 역동적 능력에서 양면루틴의 효과적 상호작용을 위한 통합루틴. 박사학위논문. 광운대학교.

8) Marco Iansiti and Roy Levien(2004), Strategy As Ecology, Harvard Business Review.

9) 짐 콜린스, 제리 포랄스(1996). 성공하는 기업들의 8가지 습관. 김영사. pp.135~168.

10) 노나카 이쿠지로(2010). 창조적 루틴. 북스넷. pp.191~213.

11) 존 코터(2005). 기업이 원하는 변화의 리더. 김영사.

12) 슈모(2008). 비즈니스 손자병법. 새론북스. pp.67~90.

13) B. M. Bass and B. J. Avolio(1990), "The Implications of Transctiona and transformational Leadership for individual, Team and Organizational Development," *Research in Organizational Change and Development*, pp.231~272.

14) 12번과 같은 책. pp.96~98.

15) 조안 마그레타(2004). 경영이란 무엇인가. 김영사. pp.108~138.

16) Henry Mintzberg(1987), "Five Ps For Strategy," *California Management Review(Fall)*. Vol 30. Iss. 1. pp.S11~24.

17) 샘 월튼(2008). 불황 없는 소비를 창조하라. 21세기북스.

18) 강현수(2009). 카플란과 노튼의 BSC의 모순과 한계 그리고 새로운 대안. 디시전사이언스.

제5장

1) 조안 마그레타(2004). 경영이란 무엇인가. 김영사. p.214.

2) Ed Rosch(2002), "Lewin's Field Theory as Situated Action in Organizational Change," *Organization Development Journal*, Vol 20. No. 2. pp.8~13.

3) Siggelkow, N.(2001), "Change in The Presence of Fit: The rise, The fall, and The Renaissance of LiZ Claibone," *Academy of Management Journal*, Vol 44. No. 4. pp.838~857.

4) Schuman, L. A. (1987), *Plan and Situated Action*, Cambridge; Cambridge University Press.

5) 하바드 경영대학원(2004). 창의와 혁신의 핵심전략. 청림출판. pp.24~38.

6) 김인수(2001). 거시조직이론. 무역경영사. pp.481~485.

7) Beer, M. and Norria, N.(2000), "Cracking the code of Change", *Harvard Business Review*, May-June. pp.133~141.

8) 3번의 논문 참조.

9) 윤정구(2010). 100년 기업의 변화경영. 지식노마드. pp.42~43.

10) 이현(2009). 역동적 능력에서 양면루틴의 효과적 상호작용을 위한 통합루틴. 박사학위논문. 광운대학교.

11) 시오야 미치(1994). 전사원이 참여하는 기업비전 만들기. 명진출판.

12) 곽숙철(2008). 그레이트 피플. 웅진윙스. pp.90~103.

13) 마크 머피(2011). 하드골. 서돌.

14) 미하이 칙센트미하이(2006). 몰입의 경영. 황금가지.

15) LG주간경제. 성과주의 보상제도의 정착요건. 2002.11.27.

제6장

1) 애드거 샤인(2006). 기업문화 혁신전략. 일빛. pp.37~44.

2) 미야타 야하치로(2001). 경영학 100년의 사상. 일빛. pp.279~320.

3) 톰 피터스, 로버트 웨터먼(2005). 초우량기업의 조건. 더난출판.

4) William G. Ouchi(1981), *Theory Z: How American Business Can Meet the Japanese Challenge*: *Reading,* Massachusetts, Addison−Wesley Publishing Co.

5) 1번과 같은 책. pp.44~45.

6) 1번과 같은 책. pp.50~51.

7) 1번과 같은 책. pp.247~249.

8) Ramamoorthy, N. and Carroll, S.(1998), "Individualism/collectivism orientations and reactions toward alternative human resource management practices," *Human Relation*, Vol. 51, pp.571~588.

9) 조 시게유키(2005). 후지쯔 성과주의 리포트, 들녘.

10) 류랑도(2009). 하이퍼포머 팀장매뉴얼. 쌤앤파커스.

11) 조흥주(2006). 다면평가 활용도에 대한 연구. 석사학위논문. 서울대학교.

제7장

1) 김용옥(2011). 중용 인간의 맛. 통나무.

2) 신유근(2005), 인간존중경영, 다산출판사. pp.43~54.

3) 피트 F. 드러커(1995). 성과를 향한 도전. 간디서원.

4) 노나카 이쿠지로(1995). 지식창조의 경영. 21세기북스. pp.23~82.

5) 2번과 같은 책. pp.37~40.

6) 2번과 같은 책. pp.67~70.

7) 조안 마그레타(2004). 경영이란 무엇인가. 김영사. pp.286~289.

8) 제프리 페퍼(2008). 지혜경영. 국일증권경제연구소. pp.43~51.

9) 로버트 S. 캐플란, 데이비드 P. 노튼(2007). 정렬. 21세기북스. pp.381~394.

10) 톰 피더슨, 로버트 워트먼(2005). 초우량기업의 조건. 더난출판. pp.399~465.

11) 신봉호 외(2005). 이제는 사람이 경쟁력이다. 한겨레신문사. pp.130~131.

12) 제프리 라이커, 데이비드 마이어(2009). 도요타 인재경영. 비즈니스북스. pp.26~143.

13) http://100.naver.com/100.nhn?docid=62865 http://www.cyworld.com/silverlining75/3572289

14) Weekly BIZ(2011.4. 9). Cover Story, http://biz.chosun.com

15) 에드 마이클스 외(2009). 성과평가 - 동기부여와 역량개발 중심의 성과평가 시스템 설계. 21세기북스. pp.19~49.

16) 클레이 카(1998). 두뇌기업을 만드는 창의력 경영. 21세기북스.

17) 키스 소여(2008). 그룹지니어스. 북섬.

이 현 ────

한라중공업, 한국능률협회인증원 등 현업에서 품질경영, 기획, 혁신, 인력 부문의 다양한 경험을 쌓았다. 이후 10년간 경영, 인사 분야의 컨설팅 일을 해 오면서 광운대학교에서 인사조직 전공으로 석·박사 학위를 취득하였다.

현재 그는 (주)아이앤씨컨설팅 대표컨설틴트로 재직 중이며, 고객의 미래를 위하여 세계최상급 솔루션을 제공한다는 미션을 가지고 직접 컨설팅 프로젝트를 수행하고 있으며 경영자문과 강의 활동도 하고 있다.

성과관리의 기술

초판발행 2012년 7월 20일
초판 3쇄 2019년 1월 11일

지은이 이현
펴낸이 채종준

펴낸곳 한국학술정보(주)
주소 경기도 파주시 회동길 230 (문발동)
전화 031 908 3181(대표)
팩스 031 908 3189
홈페이지 http://ebook.kstudy.com
E-mail 출판사업부 publish@kstudy.com
등록 제일산-115호(2000. 6.19)

ISBN 978-89-268-3543-2 03320 (Paper Book)
        978-89-268-3544-9 05320 (e-Book)